変革の思想と論理

歴史認識と科学的社会主義

足立正恒　著

光陽出版社

変革の思想と論理——目次

一　歴史認識における進歩と反動

二　変革の立場と知識人の諸相

三　科学的社会主義の擁護

一

歴史認識における進歩と反動

#「靖国」派は日本をどこへ導くか
――日本会議のイデオロギーの本質と矛盾

はじめに

戦後史上はじめて憲法改悪を現実の政治日程にのせると公言する安倍・自公政権による改憲手続法、教育三法強行などの暴走に、国民の不安、警戒が一段とひろがっています。日本共産党の第四回中央委員会総会（二〇〇七年五月一七日）での志位委員長報告は、安倍内閣の平和・民主主義破壊の暴走に厳しい警告を発するとともに、この内閣がつけ加えた新たな危険と矛盾として、「『靖国』派――過去の日本の侵略戦争が正しい戦争だったと思い込んでいる勢力が政権の中枢をにぎったこと」をあげ、日本会議なる改憲・右翼団体が「日本の前途と歴史教育を考える若手議員の会」（「若手」は後にはずされる）などとともに、こうした勢力の総元締めとなっていることを指摘しました。

この日本会議には、呼応する国会議員の組織として日本会議国会議員懇談会（会長・平沼赳夫衆議院議員、会長代行・中川昭一衆議院議員）なるものが組織されています。安倍首相は政界への登場以来、この流れに身を投じ、そのなかでもっとも右翼的な立場をとって突出してきました。そして、安倍氏が首相になると、閣僚のほとんど、さらに首相補佐官や官房副長官にいたるまでを、日本会議など「靖国」派でかためるにいたったのです。いまや日本の政治は、超右翼団体である日本会議などとその極反動イデオロギーによってリードされるにいたったといえるでしょう。安倍首相が売り物にする「美しい日本」なる言葉自体が、じつは日本会議が設立にあたってかかげた「美しい日本の再建」をそのままつかったものであることに、そのことが端的にあらわれています。安倍首相が、「村山談話」「河野談話」の継承を公的に言明しながら、従軍慰安婦問題で「強制連行はなかった」と発言したり、靖国神社の春季例大祭にある意味では参拝以上に重い意味をもつとおもわれる「真榊《まさかき》」を奉納したりしてはばからないのも、その右翼的心情、イデオロギーを如実にしめしています。

本稿では、安倍氏らがよりどころとしてきた日本会議とはどのようなイデオロギーをもっているのか、その根源はどこにあるのか、なぜこんな時代錯誤のイデオロギーが二一世紀の日本で政権中枢に坐るにいたったのか、そのことは内外でどんなに矛盾を広げずにおかないか、このような反動イデオロギーの根を断つには何が必要かなどについて、私見をのべてみたいと思います。

なお、憲法改悪とのかかわりで「靖国」派の考え方の全体像については、『前衛』（二〇〇七年七月号）に掲載された不破哲三「憲法対決の全体像をつかもう――憲法改定はどんな日本をつくろうとしているか」が、関連資料をも豊富に収録して全面的な分析をおこなっているので、参照してほしいと思います。

一　日本会議のイデオロギーの特質と原型

日本会議とはどういう組織か

日本会議は、「元号法制化」「首相の靖国神社参拝」などをすすめてきた改憲・右翼団体である「日本を守る国民会議」と国家主義的な宗教団体などから構成されてきた「日本を守る会」とが、一九九七年に合同して設立されました。北白川道久・神宮大宮司、久璽邦昭・神社本庁統理、白井永二・鶴岡八幡宮名誉宮司などを顧問に、三好達・元最高裁長官を会長にして財界、宗教界、学会などの右翼的人物を網羅しているのが特徴で、全国四七都道府県に組織をもって、憲法改悪、教育基本法改悪、靖国神社公式参拝の定着、夫婦別姓法案反対などのスローガンをかかげて、自公政権の反動化、右傾化の推進役をはたしてきました。

この「日本会議と相提携して憲法、防衛、教育等の国家基本問題について国民的議論を起こし、行動する」（規約）ことを目的に、同年に設立されたのが日本会議国会議員懇談会です。自民党国会議員二〇九人、民主党二五人等が参加しています（二〇〇五年七月現在）。また、これらの団体構成員が中心になって、超党派の国会議員グループ「新憲法制定促進委員会（準備会）」（座長・古屋圭司・自民党衆院議員）、「価値観外交を推進する議員の会」（会長・古屋圭司）、「日本教育再生機構」（理事長・八木秀次高崎経済大学教授）が組織されるなどして、それぞれの問題ごとに、日本会議と共同して、右翼・反動政策、イデオロギーの推進、具体化をはかろうとしています。

日本会議でとりわけ特徴的なのは、自存自衛の戦争論にたった日本の侵略戦争の正当化や、憲法九条改定による「戦争のできる国」づくりとともに、それにとどまらずに侵略戦争を遂行した戦前の国家体制とそれを支えたイデオロギーを擁護し、その復活を図ろうという意図が明確にうかがえることにあります。この点では、同じ「靖国」派の宣伝センターとなっている靖国神社の遊就館が、その施設の性格からいって主としてかつての戦争の正当化を主張することに力点をおいていることとくらべて、いっそう広く危険な反動的諸課題の実現をみずからの使命としているといわなければなりません。

「靖国」派の新憲法大綱案の内容

そのことは、この団体の関係者が中心になって結成された新憲法制定促進委員会（準備会）がこのほど作成し発表した「新憲法大綱案」をみれば歴然としています。そこでは、新憲法前文に盛るべき改憲の趣旨として、「大日本帝国憲法および日本国憲法の歴史的意義をふまえつつ、冷戦後大きく変容した国際安全保障の枠組みのなかで、個人、家族、共同社会、地方自治体、国家及び国際社会の適切な関係を再構築し、日本国民とその子孫がさらなる平和と繁栄を享受することができるよう、国民の名において、新たな憲法を制定する」と明記することがうたわれています。戦前の大日本帝国憲法を積極的に評価し、これをふまえて個人から家族、国家、国際社会にいたるまで、そのありかたを「再構築」するというのです。安倍首相が「戦後レジュームからの脱却」という言葉をよく口にしますが、その真意はここにありとでもいうべきでしょうか。

新憲法に「盛り込むべき要素」としてそこであげられている内容も、驚くべきものです。

——「日本国民が大切に守り伝えてきた伝統的な価値観など、日本国の特性すなわち国柄を明らかにする」「日本国という歴史的共同体の始まりから連綿として続く世界に比類なき皇統を誇り、常に国民とともにあり続けてきた天皇が、その伝統に基づいて、過去・現在・未来にわたり日本国及び日本国民統合の象徴であることを明記する」、天皇が「国家元首」であることを明記し、「天皇の法的地位を明らかにする」(「国権にかんする権能を有しない」という規定をとりはらうことです)。

——「戦力の不保持および交戦権の否認を定めた現行憲法九条二項は、これを全面的に削除する」「自衛のための防衛軍の保持……を明記する」「個別的および集団的自衛権を保持し、これを行使する権利を当然有することが明確になるような表現に改める」「国民の『国防の責務』を規定する」

——「人権制約原理の明確化」「わが国の歴史、伝統、文化に基づく固有の権利・義務観念をふまえた人権条項を再構築」する。「国家的・社会的儀礼や習俗・文化行事などの範囲内で国や地方公共団体が宗教的行事に参画することを可能にする」「わが国古来の美風としての家族の価値は、これを国家による保護・支援の対象とすべきことを明記する」「公教育の目標設定はじめ、公教育に対する国家の責務を明記する」

これらの改憲案の内容が、国民主権と民主主義、基本的人権の尊重という立場にたって国家権力を規制し、国家権力による侵害から国民の権利を守るという近代憲法の考え方と、その立場に立った諸規定とは、根本的に相容れないものであることは明白です。現行憲法における主権在民と基本的人権の高らかな宣言は、「悠久の皇統」にところを譲り、戦争放棄と戦力不保持の九条は、「防衛軍」と集団的自衛権の行使へととって代えられます。婚姻や家族などにおける「両性の平等」に代わって、封建的、家父長的な戦前の家族制度や男女平等の否定などが形を変えて盛り込まれています。

そこで、すべての問題に波及する機軸としての中核的役割をはたしている規範、カテゴリー、あるいは歴史認識は、「日本国の特性すなわち国柄」（戦前の用語でいえば国体）にほかなりません。日本会議の設立宣言は、「明治維新にはじまるアジア最初の近代国家の建設は、この国風（国体のこと）の輝かしい精華であった」「有史以来未曾有の敗戦に際会するも、天皇を国民統合の中心と仰ぐ国柄はいささかも揺らぐことなく、焦土と虚脱感の中から立ち上がった国民の営々たる努力によって、経済大国といわれるまでに発展した」とのべます。日本会議の基本方針も、「一二五代という悠久の歴史を重ねられる連綿とした皇室のご存在は、世界に類例をみないわが国の誇るべき宝というべきでしょう。私たち日本人は、皇室を中心に民族の一体感をいだき国づくりにいそしんできました」として、「私たちは、皇室を中心に、同じ歴史、文化、伝統を共有しているという歴史認識こそが、『同じ日本人だ』という同胞観を育み、社会安定を導き、ひいては国の力を大きくする原動力になると信じています」とのべています。

この国柄（国体）は、歴史を通じて不変であり、世界に類をみない日本独特のもので、日本民族の誇りだとされます。そして、国家のあり方はもとより、国民の人権も、家庭や男女の関係、教育のあり方も、この国柄にふさわしいものであるべきとされて、そのことによって、戦前の大日本帝国憲法に体現された人権の制限、日本的家族制度、教育への国家の介入などがすべて合理化されるのです。すなわち、「わが国の歴史、伝統、文化に基づいた固有の権利・義務観念をふまえた人権条項の再構築」、「わが国古来の美風としての家族の価値」の「国家による保護」といった具合です。

これらの文書が、以下のような論理で共通していることも見落とせません。わが国は皇室を中心にした悠久の歴史と伝統のもとに世界に冠たる日本をきずいてきた。しかし、敗戦後の経済的発展にもかかわらず、「かつての崇高な倫理観が崩壊し、家族や教育の解体など深刻な社会問題が生起し、国のあらゆる分野に衰退現象が現出している」「特に行きすぎた権利偏重の教育、わが国の歴史を悪しざまに断罪する自虐的な歴史教育、ジェンダーフリー教育の横行は、次代をになう子供達のみずみずしい感性を麻痺させ、国への誇りや責任を奪っています」（日本会議設立趣意書）。そうしたなかで、悠久不変の国柄をはっきりさせ、この国柄にふさわしい国家、社会、家庭、教育のありかたを確立する必要がある、というものです。「戦後失われようとしている健全な国民精神を恢弘《かいこう》し、うるわしい歴史と伝統にもとづく国づくり」（同前）をすすめるというのです。

そこでは天皇中心主義に加えて、自然との調和、親子の情、おもいやりなどの徳性、「対立」ではなく「和」を尊ぶ精神などが、排他的な、日本ならではの国柄の要素としてあげられているのも特徴的です。「かつて日本人には、自然を慈しみ、思いやりに富み、公共につくす意欲にあふれ、正義を尊び、勇気を重んじ、全体のために自制心や調和の心を働かせることのできるすばらしい徳性があると指摘されてきました」（設立趣意書）。「また、和を尊ぶ国民精神は、脈々と今日まで生き続けています」（同）などです。

原型を戦前の「国体の本義」にみる

身近に目に映るさまざまな否定的な社会現象（そのなかには不当にそうした非難の対象としているものもありますが）をあげて国民の危機感をあおり、警鐘を鳴らし、「国柄」としての「歴史と伝統、文化」をこれに対置して、その復活・再生を強調する。そして、その実体として天皇中心の万世一系、万邦無比の「国柄」の無条件の擁護と礼賛を国民におしつける。ここに、日本会議のイデオロギーの最大の特徴があるといってよいでしょう。そして、じつはこれこそ、戦前・戦中に国民に無条件に押しつけられ、侵略戦争に国民を駆り立てる最大のよりどころとされた「国体」という観念、思想そのものにほかなりません。そのことは、日本会議の主張のどれもが、戦前・戦中に来る日も来る日もマスコミで、教育で繰り返された「国体」論に根をもっていることを見れば明らかです。たとえば、戦前の「国体」観念の集大成として一九三七年に文部省思想局が作成し、国家公認の思想指針として国民におしつけられた歴史的文書に、『国体の本義』がありますが、日本会議の主張の多くは、その内容、論理をそっくりそのままむしかえしているところに、きわだった特徴があるといえるのです。

戦前、「満州事変」(一九三一年)による中国東北への侵略などと一体となって、軍国主義勢力が台頭し政治の実権を握るなかで、学会の多数学説で天皇を国家の機関とする美濃部達吉氏らの天皇機関説を排撃し、皇国史観にたつ天皇神格化、絶対化を主張する蓑田胸喜らの「国体明徴運動」が、右翼、軍部、マスコミをまきこんで広がり、帝国議会でもとりあげられるにいたりました。その結果、一九三五年、ついに政府が二度にわたる「国体明徴声明」をだして、天皇機関説を退け「統治権の主体が天皇にある」ことを改めて宣言するにいたります。こうして天皇現人神《あらひとがみ》の観念を軸にしたファナティック(狂信的)な「国体」イデオロギーが国定の思想、イデオロギーとして国民に強要されるにいたります。中国への侵略が全面戦争に拡大するなかで、この「国体」思想を政府の手で集大成したのが文部省編纂による『国体の本義』です。これはその後、政府によって全国に普及され、中学校や師範学校の副読本、教師のサブテキストとして強要されるなどして、「教育勅語」などとともに、国民を天皇への絶対忠誠のもとに侵略戦争へ駆り立てる最大のイデオロギー的よりどころのひとつとされたのです。

そこでは、最近の社会的思想的混乱の根源に「西欧近代思想の根底をなす個人主義」があるとしてこれをしりぞけて、「真にわが国独自の立場に還り、万古不易の国体を闡明《せんめい》」するとして、万世一系の神格化された天皇とこれへの絶対忠誠、一体化、親、兄弟の情愛から〝孝〟を媒介に家族、国家への忠誠を導く道徳、あらゆる対立をこえた和による調和といった精神が、欧米に優越するわが国固有の「国体」の内容として示されます。たとえば以下のとおりです。

「大日本帝国は、万世一系の天皇皇祖の神勅を奉じて永遠にこれを統治し給ふ。これ、我が万古不易の国体である。而《しこう》してこの大義に基づき、一大家族国家として億兆一心聖旨を奉体して、克《よ》く忠孝の美徳を発揮する。これ、我が国体の精華とするところである」「我が天皇と臣民との関係は、一つの根源より生まれ、肇《ちょう》国《こく》以来一体となって栄えて来たものである。これ即ちわが国の大道であり、従って我が臣民の道の根本をなすものであって、外国とは全くその選を異にする」

「実に忠は我が臣民の根本の道であり、我が国民道徳の基本である。我等は、忠によって日本臣民となり、忠に於《お》いて生命を得、ここにすべての道徳の根源を見出す」「我が国に於いては、孝は極めて大切な道である。孝は家を地盤として発生するが、これを大にしては国を以ってその根底とする。孝は、直接には親に対するものであるが、更に天皇に対し奉る関係に於いて、忠のなかに成り立つ」「孝は東洋道徳の特色であるが、それが更に忠と一つとなるところに、我が国の道徳の特色があり、世界にその類例をみないものとなっている」「わが国に於いては、夫々《それぞれ》の立場による意見の対立、利害の相違も、大本を同じうするところより出づる特有の大和によってよく一つとなる」「この和は、人と自然との間の最も親しい関係にも見られる。わが国は海に囲まれ、山秀で水清く、春夏秋冬の季節の変化もあって、他国には見られない美しい自然をなしている。……そこに自然を愛する国民性が生まれ、人と自然との和が成り立つ」「天皇の聖徳と国民の臣節とは互いに融合して、美しい和をなしている」

みられるように、今日、日本会議のメンバーがよく口にする観念や言葉――「皇室を中心にした歴史、文化、伝統の共有」「日本固有の家族のあり方」「自然との調和」「和の精神」などのいずれも、その原型をこの『国体の本義』にみることができるのです。もちろん戦前と異なり、日本会議の文書には「大日本帝国は、万世一系の天皇これを統治す」というあからさまな天皇主権の主張や現人神といった表現は見当たりません。しかし、「一二五代という悠久の歴史」「私たち日本人は、皇室を中心に民族の一体感を抱き国づくりにいそしんできました」(「日本会議のめざすもの」)といった表現など、神代から続くとされるその天皇中心主義が「歴史と伝統、文化の尊重」というオブラートに包んで限りなく国民主権の否定に接近していることも事実です。

『国体の本義』に集約された戦前の国体観念は、神話と史実とのちがいもぬりつぶした、非科学的で狂信的な皇国史観にもとづく天皇への絶対忠誠を、当時の社会になお根深く残っていた儒教的道徳や家族観、さらに「和」によるいっさいの社会的階級的矛盾の調停、和解という思想的詐術によって、国民におしつける指導観念としての役割をはたしたのです。そして、「天皇の御稜威《みいつ》(=御威勢)にまつろはぬ(従わぬ)ものを『ことむけやはす』(平定する)ところに皇軍の使命があり、所詮《しょせん》神武とも称すべき尊き武の道がある」として、対外侵略軍への忠誠が神聖な国民の義務とされたのです。「日清、日露の戦役も、韓国の併合も、又満州国の建国に力をつくされたのも、……四海に御稜威を輝かし給はんとの大御心の現れに外ならぬ」（『国体の本義』）というわけです。

その結果が、アジア・太平洋戦争によるアジア諸国、諸国民への多大な加害と犠牲にくわえて、国民多数の生命、財産を奪い、国を未曾有の破局に導いた歴史であったことは、動かすことのできない事実です。その思想を擁護し復活させようというところに、日本会議の恐るべきアナクロニズムがあるのです。

二　なぜ二一世紀の日本で政権の中枢に座るようになったのか

問われなければならないのは、戦後半世紀以上を経た二一世紀の日本において、なぜこのような復古的右翼思想が息をふきかえし、政権の中枢を占めるまでにいたったのか、なにがそうしたことを可能にしたのか、ということです。

もちろん直接的には、一つには、日本の支配層が、憲法改定によってアメリカとともにたたかう国づくりをすすめるうえで、過去に日本がおこなった戦争を否定しつづけるのでなく、これを正当化し、軍国主義を擁護する国民意識を広げたいとの強い志向をもつにいたったという事情があり、もう一つには、大企業の利益擁護を最優先する新自由主義路線の政治によって貧困と社会的格差が拡大し、家庭や地域社会の崩壊、社会的モラルの荒廃などがすすむもとで、かつて国民のなかに浸透していた復古的イデオロギーによって、こうした事態を反動的方向で打開しようという動きが強まっている、ということができるでしょう。

同時に、そうした試みがなぜ可能となるのか問うとき、より根本的には、戦後日本において、侵略戦争とそれを推進した国家体制、イデオロギーがどのように清算され克服されてきたか、つまりドイツでいう〝過去の克服〟がどのようになされてきたかという問題に突き当たらざるをえません。

日本における〝過去の克服〟はどのようになされたか

たしかに戦後、連合軍の占領下ではありましたが、民主化が進められ、主権在民・恒久平和を原理とする現行憲法が制定され、国民はこれを積極的に受け入れ、以来その原理にもとづく国づくりに努力してきました。今日、憲法改悪の策動に反対して組織された九条の会が全国に根を張り、大きく広がっているところにも、その到達点を見ることができます。しかし、その一方で、日本会議のような団体の存在自体が、わが国において過去の侵略戦争とそれを推進した国家体制、イデオロギーのきちんとした総括、反省、克服がきわめて不十分であったことの証とみることができるといわなければなりません。

まわりの国々からきびしく責任を追及された戦後のドイツとちがって、日本の場合、周囲のアジアの国々が日本帝国主義から解放されて独立をかちとり、自国の国づくりに手が一杯で、日本の戦争責任を追及する余裕もなかったという当時の国際的環境や、主権をもった国民が自分の意思でナチスに参加したドイツと違って、日本国民が、天皇の命令に臣民として従うしかなかったという、国民の置かれた立場の違いなども考慮されなくてはならないでしょう。

しかし何よりも決定的なのは、日本を事実上単独占領したアメリカが、一九四九年の中国革命の勝利へとすすむアジア情勢の激変という事態に直面してアジア戦略の変更を迫られ、日本をアジアにおける最前線拠点として位置づけなおし、軍事的にも経済的、政治的にも日本を最大限に利用し育成するという方針に転換したことです。この政策転換によって、制定されたばかりの憲法を早くもふみにじる再軍備とともに、極東軍事裁判は打ち切られ、戦犯として追及されるべき人々が相次いで免罪、釈放され、公職追放も解除されました。極東軍事裁判で死刑に処せられた七人以外は、四七年には戦犯容疑者二四人、四八年には岸信介氏ら一七人が釈放され、終身刑などに服していた一八人（獄死をのぞく）も五〇年代に全員釈放されます。公職追放を解除された人の中には後に首相になる鳩山一郎氏や読売新聞社長の正力松太郎氏、財界人の伊藤忠兵衛、五島慶太氏らが含まれていたことは周知のところです。

こうして、侵略戦争を推進した中心人物が、ほとんどそのまま戦後の政界をはじめ各分野に復帰するというきわめて異様な事態がおこったのです。そしてこの人たちを媒介にして、戦前的価値観、世界観あるいは戦争観、アジア観がそのまま戦後政治にひきつがれていったのは無理もないことでした。加えて、極東軍事裁判は、アメリカの対日占領政策によって戦争の最高責任者であった昭和天皇（裕仁）の戦争責任をいっさい不問にするという枠組みのなかでおこなわれました。その結果、戦争責任はごく一部の高級軍人などについてのみ問われ、その他の軍人、政治家、経済人、司法家、ジャーナリスト、教育者などの責任は、それがどのように重大なものであっても追及されないまま、事実上免罪されてきました（極東裁判を勝者の裁判として批判する人がいますが、米軍による広島、長崎への原爆投下や空襲による民間人の無差別殺戮、ソ連によるシベリア抑留など重大な国際法違反が訴追されなかったこととあわせて、その後の日本における〝過去の克服〟との関係でいえば、天皇の免責こそこの裁判の根本問題であったといわなければなりません）。

最高責任者が罪に問われないなかでは、他の戦争責任の追及も、戦前の国家体制、イデオロギーの真剣な批判、克服も一部の人々による努力にもかかわらず、まともにとりくまれずに、それらはいわば脇に置く形で、温存され、今日にいたっている面がたぶんにみられるのです。ここに、日本会議のような復古イデオロギーが今日の日本で息を吹き返す最大の原因があるといってよいでしょう。

戦後の若い世代になぜ

それにしても、日本会議の参加者をみると、戦前派にとどまらず、一九五四年生まれの安倍首相をはじめ五〇歳前後の若い政治家が多く名前を連ねています。中川昭一氏は五四歳、古屋圭司氏は五四歳です。これはなぜかといった疑問が当然生じます。これについて私は、次のように考えています。

これまでみてきた事情はあるにしても、直接戦争の被害を体験したり、兵士として侵略と植民地支配の一端をになわされ、みずからも生死の境をさまよった世代の人たちにとっては、みずからの体験からしてあの戦争を正当化したり、戦前の国家体制やイデオロギーを改めて擁護することはとうていできません。

ところが、こうした体験を持たずに、また戦前・戦中の歴史ときちんとむきあうこともないまま、一九六〇年代から七〇年代の日本経済の高度成長のなかで育ち、大国としての日本と日本人という意識をおのずから身につけた人たちが出現します。この人たちが、経済、社会のグローバリゼーションに直面して、国際社会のなかでいろんな局面で日本人としての、日本のアイデンティティーを問われるようになります。グローバル化は、一方で国境を越えた経済的、社会的活動の広がりを意味しますが、もう一方で、それぞれの国家、民族のアイデンティティーや自己主張を強く求めるからです。
そこで、日本の過去、伝統、文化への回帰、憧憬という事象が生まれ、そこから、占領軍によって奪われたそれらの回復を、ということで日本の歴史、伝統といっしょくたにされた戦前的な価値観、イデオロギーへの回帰がすすむ、こうした回路が働いているのではないでしょうか。アメリカとともにたたかう国づくり、新自由主義による社会的貧困、格差の拡大とそこからくる様々な否定的社会現象が、そうした志向に拍車をかけていることについては、すでにふれたとおりです。その背景に、公にではないにしても戦前的価値観が一部の人々の間で無傷のまま生き続けてきたという日本的特殊な事情が厳然としてあるように思います。
たとえば、安倍首相はその著書『美しい国へ』の第一章「わたしの原点」のなかで祖父・岸信介氏について次のように書いています。「祖父は、幼いころからわたしの目には、国の将来をどうすべきか、そればかり考えていた真摯な政治家としか映っていない。それどころか、世間のごうごうたる非難を向こうに回して、その泰然とした態度には、身内ながら誇らしく思うようになっていった」（14ジペー）
もちろん、一九六〇年の安保闘争のときに幼児だった安倍氏に、そうした追憶があるのを一概に非難するわけにはいかないでしょう。しかし、日本の首相になることを前提に公表したこの著書のどこをみても、祖父・岸信介氏が政治家として果たしてきた過去の役割について、客観的に考察した形跡はどこにもみられず、あるのは祖父への憧憬と誇りだけだというのは、驚くべきことです。この一事からも、安倍氏の歴史認識がどのようなものかをうかがわせるに十分ではないでしょうか。

「美しい国へ」と岸信介

ちなみに岸信介氏は、戦前、商務省で超国家主義的〝革新官僚〟として頭角を現し、一九三六年から三九年まで、日本のかいらい国家『満州国』において、東條英樹が関東軍参謀長を勤めたもとで、関東軍と密接な連携のもとに経済・産業の実質的な最高責任者として権勢をふるい、産業五カ年計画による鮎川財閥の導入などによって資源の略奪をはじめ植民地支配をほしいままにしました。〝二キ三スケ〟（東条英機、星野英樹、岸信介、鮎川義介、松岡洋右）の名で恐れられたのも、この時期です。この時期「満州」経済は裏でアヘン取引によって莫大な利益をあげていて、そこからの巨額の資金が岸信介氏を介して東條にわたり、それが東條が首相になる工作につかわれたとの説もあります（原彬久『岸信介――権勢の政治家』〈岩波新書〉、太田尚樹『満州裏史――甘粕正彦と岸信介が背負ったもの』〈講談社〉など）。

岸氏はその後、一九四一年、東條内閣の成立とともに、東條がもっとも頼りにする盟友として商工大臣、軍需次官（大臣は東條が兼務）をつとめ、国家総動員体制、国家統制による軍需生産増進、〝大東亜共栄圏〟の自給自足体制確立など戦時経済体制推進の施策をすすめます（戦局悪化のなかで東條との関係はこじれます）。この岸氏が戦後A級戦犯容疑者として戦争責任を問われたのはごく自然のことでした。しかし、岸氏がみずからの戦前・戦中の役割を反省するどころか、正しい行為とみなす世界観、価値観を終生かたくなにもちつづけました。そのことは、戦犯容疑者として収監されるさいに、恩師から「自決」を促す短歌をおくられ、返歌に「名にかへてこのみいくさ（聖戦）の正しさを来世までも語りのこさむ」と書いたことにもあきらかです（原彬久前書）。

岸氏のこうした戦前・戦中の役割を冷静に客観的にみるとき、いくら肉親とはいえ、安倍氏がただ憧憬のまなざしでだけこの人物をとらえ、「誇り」を語ってはばからないことに、一国の首相として寒々とした感慨を禁じえないのは、わたしだけではないでしょう。戦争体験を欠く安倍氏にとって、「満州国」経済の最高責任者、東条内閣の重要閣僚が手放しの礼賛の対象でしかないことに、わが国における〝過去の克服〟がどんなに不十分であったかが如実にしめされているというべきでしょう。安倍氏が『美しい国へ』で、知覧から飛び立った特攻隊員の手記にふれて、「戦後生まれのわたしたちは、……国家のためにすすんで身を投じた人たちにたいし、尊崇の念をあらわしてきただろうか」と問うとき、そこには、あの戦争がアジア諸国民に想像を絶する苦しみと被害を与えた侵略戦争だったという事実にも、敗戦必至という絶望的な戦局のもとで、この若者たちを有無をいわせず無謀な死に追いやった勢力とその人々の責任にも、考えのおよばない氏の歴史認識の欠如と、それによるゆがんだ主観的心情が率直に表れているというべきでしょう。

三　日本会議のイデオロギーと内外での矛盾のひろがり

安倍内閣が首相以下ほとんどの閣僚を「靖国」派でかためたことは、日本の政治にこれまでにない重大な危険をもたらしました。同時に、日本会議のイデオロギーにみるように、「靖国」派がその姿をあらわにすればするほど、国の内外で矛盾を広げずにはおかないことも事実です。

アメリカ下院外交委員会の決議が意味するもの

従軍慰安婦問題で、アメリカ下院外交委員会が二〇〇七年六月二六日、日本に謝罪を求める決議を圧倒的多数の賛成で採択したことは、そのことを端的にしめしています。

この問題では、従軍慰安婦の「強制連行はなかった」との安倍首相の発言が、韓国、中国などアジア諸国にとどまらず、アメリカのジャーナリズム、議会あげての激しい非難を呼び起こしました。安倍首相は、就任後初めての四月訪米を前にして、アメリカのメディアを前に謝罪を表明、日米首脳会談でも遺憾の意をあらわにして、沈静化に努め、それなりにとりつくろったかにみえました。ところが、日本会議国会議員懇談会のメンバーら自民党、民主党などの国会議員四四人らが、六月一四日付の『ワシントン・ポスト』に改めて「強制連行はなかった」「慰安婦たちへの待遇は良かった」などとする全面意見広告を掲載し、これにたいしてアメリカはもとより国際世論の激しい怒りが改めて沸騰しました。この広告には、チェイニー米副大統領まで不快の念を表明しました。米下院外交委員会の決議は、こうしたアメリカ国内の世論を背景に成立したもので、本会議でも採択は必至です。

国内ではどうでしょうか。日本の侵略戦争を肯定・美化する「誇り」と題するアニメーション〝靖国DVD〟を使った教育事業が、文部科学省の研究委託事業に採択され、全国の学校などにもち込まれようとしていることを、石井郁子・日本共産党衆議院議員が衆院教育再生特別委員会でとりあげたのは、五月一七日でした。この問題はその後、「しんぶん赤旗」でも報道されました。このDVDを作成したのは、日本青年会議所です。以来、一カ月余りの間に地方議会で追及されるなど全国で党派の違いをこえたきびしい批判の声があがりました。その結果、日本青年会議所は、六月二〇日、ついに文科省との委託契約を辞退するにいたりました。こうして政府公認のアニメの映像をつうじて侵略戦争の美化、礼賛を子どもたちに教え込もうとするたくらみは、ひとまず頓挫せざるをえませんでした。この事実は、「靖国」派のたくらみが、それが明るみになるなら圧倒的な国民の良識によってきびしく批判されざるを得ないことを物語っています。

憲法改定問題でも、その危険なねらいとともに、その策動がじつは「靖国」派に主導されていることが明らかになるにつれて、改定に反対する世論が年を追って増え、とくに九条改定に反対する声が大きく広がっていることも注目に値します。「読売新聞」（二〇〇七年四月六日付）の世論調査では、九条一項については、八〇％の人が改定は「必要ない」と答え、二項についても五四％が「必要ない」と答えています。「朝日」（五月一日付）では、「憲法九条は平和に役立ってきた」と答えた人が七八％におよんでいます。党派の違いを超えて九条改定反対の一点で結集する九条の会が全国六〇〇〇を超えて広がっていることが、そうした世論をもりあげる大きな力になっていることはいうまでもありません。

改憲勢力内部の矛盾も

改憲勢力の内部でも、「靖国」派の策動によって矛盾と亀裂が広がらずにおかないことも明らかです。ちなみに現在の自民党の改憲案と「靖国」派が発表した新憲法案とを比較してみれば、そのことは歴然とします。

現在の自民党案は、二〇〇五年一一月の結党五〇周年記念党大会で発表された「新憲法草案」です。これは現行憲法を前文から書き直しているものの、当初の案にあった「靖国」派的主張、財界の新自由主義路線にもとづく露骨な主張などをできるだけ抑え（それでも重大な反動的内容はのこっていますが）、当初案に比べればできるだけ九条改定にしぼった案となっているということができます。

ここにいたるには曲折があり、それ以前の一年半ほどの間に、自民党内では、五つの改憲案（論点整理、改憲草案大綱〈たたき台〉、小委員会要綱、要綱第一次素案、草案第一次案）が出されています。たとえば、二〇〇四年六月に発表された憲法調査会、改憲プロジェクトチームによる改憲のための「論点整理（案）」や二〇〇五年七月に新憲法起草委員会による「要綱第一次素案」には、自衛軍の保持、集団的自衛権の規定とともに、天皇や共同体を重視する、家族の規定をもりこむなどがあげられていました。しかし、それらがあまりにも復古的であることなどから、マスコミでも厳しく批判され、改憲勢力内からも批判が続出してひっこめざるをえませんでした。こうして、公明党、民主党などをふくめて改憲勢力が一致できる可能性があり、国民投票で争える案としてようやくまとめられたのが、「新憲法草案」なのです。

これとくらべたら、大日本帝国憲法をふまえることなどを明記する「靖国」派（新憲法制定促進委員会準備会）の新憲法大綱案の復古的反動的内容は際立っており、これが改憲勢力のなかで合意を得ることがきわめて難しいことも明白です。自民党案にたいして日本会議は、これを評価しつつも、「前文においてわが国の国柄に触れないことは、『新憲法』制定を提唱した意義を低下させる」とし、また「天皇の元首規定」「家族の保護規定」「国家の教育権」などが入っていないことへの批判をもりこんだ声明を発表しています。「靖国」派がもし、自分たちの改憲案をあくまでおしとおそうとするなら、国民の批判はもとより、改憲勢力内部の矛盾を一段と激化させ、亀裂を広げずにおかないでしょう。

現に改憲勢力の内部で、こうした方向にはっきりノーの態度を表明している国会議員、地方議員なども少なくありません。たとえば、自民党の新憲法起草委員会事務局次長をつとめてきた参議院議員・舛添要一氏（現都知事）は、「憲法は、多様な価値観を認め、普遍的に主権者である国民の権利を最大限に守るものでなければならない。道学者的に国民の立ち居振る舞いを規制したり、日本的価値観や伝統を定義したりするものではない」（「毎日新聞」二〇〇七年六月一六日付）とのべています。氏がここでいう憲法観を実際にどこまで改憲論議のなかでつらぬくかは別として、「靖国」派の憲法論に対する明確な拒絶表明であることは明らかです。

また、直接憲法を論じたものではありませんが、「最近は、自民党内の若い議員を見ても、怖い。過去の戦争を『すべて正しかった』と考えていて、頭は大丈夫かと疑いたくなる。日中戦争は明らかに侵略戦争だし、韓国併合は植民地化で……」（石破茂・自民党衆院議員、「毎日新聞」鳥取県版、二〇〇六年九月二三日付）といった発言もあります（石破氏がその後、安倍氏らに接近したことは周知のところですが）。

財界戦略との矛盾も

日本会議路線と財界の主張との関係も問われなければなりません。日本経団連は、二〇〇五年一月に「わが国の基本問題を考える――これからの日本を展望して」を、二〇〇七年一月には「希望の国、日本」（いわゆる御手洗ビジョン）を発表し、日本経済の展望にとどまらず、政治、行政、教育などにたいする財界としての要求、主張をあからさまにのべています。

「わが国の基本問題を考える」では、日本経団連としてはじめて憲法改定について態度表明をおこない、九条を改廃して自衛軍の保持を明確にするとともに、集団的自衛権の行使を明記するとしています。御手洗ビジョンもこの点では同じです。また「わが国の歴史、文化、伝統などの固有性、独自性を十分踏まえた国家理念の提示」（「わが国の基本問題を考える」）、「日本の理念や伝統、国際社会において日本が果たすべき役割などをふまえ、幅広く検討する」（御手洗ビジョン）といった表現もあります。アメリカの同盟者として、世界のどこででもともに肩をならべてたたかえる軍事強国をめざす意図は自民党や「靖国」派とも共通しており、国家や教育、家族観などで「靖国」派の見解に同調する可能性も決して軽視はできません。財界の基本路線である新自由主義路線とは、規制緩和や小さな政府、競争と効率主義などを特徴としていますが、同時に、財界が望むなら莫大な軍事費でも、銀行救済のための巨額な国家資金の投入でも、ちゅうちょしない、つまり大企業のもうけのためならば手段を選ばないというのが、この路線の特徴です。したがって、それが財界に有利とあらば、「靖国」派のイデオロギーを全面的にとりいれるということもありうることで、その危険は決して軽視できません。

にもかかわらず、現時点での財界の要求、主張が、日本会議の主張のような時代錯誤の戦前的価値観そのままの復活と同じではないことも、注視しておく必要があります。グローバル化のいちじるしい国際社会のなかで、国際競争にかちぬくことを至上命令として新自由主義路線をとるとともに、アジア諸国との必要な協力関係をも重視する財界人の多くにとって、国際社会の常識とあまりにもかけ離れた復古主義や、排他的な国家主義が、歓迎されないことも明らかです。同じ財界団体である経済同友会が二〇〇六年五月に「今後の日中関係への提言」をまとめ、そのなかで首相の靖国参拝をひかえるようもとめるとともに、「戦争による犠牲者すべてを慰霊し、不戦の誓いを行う追悼碑を国として建立する」よう提言したのも、その一例といってよいでしょう。

このようにみてくると、「靖国」派のイデオロギーは、世界でも日本でも特異な時代錯誤の反動的主張として良識ある人々のきびしい批判をまねき、孤立し、破綻せざるを得ないことは明白だといってよいでしょう。その意味で、安倍内閣の中心に「靖国」派が座ったことは、重大な危険を意味するとともに、憲法改悪反対をはじめ、民主主義と平和、基本的人権の擁護を求める国民のたたかいを大きく広げ、発展させる新たな条件をうみだしているといってよいでしょう。いまそのことに確信をもって「靖国」派に正面からたちむかい、その野望をうちくだく世論と運動を、九条の会のいっそうの発展を軸に大いにすすめることが大事になっています。

四　「靖国」派の根を断つために

安倍内閣、自民党政権の反動的暴走がエスカレートする今日の情勢のなかで、「靖国」派のイデオロギーを打ち破り、その根を断つたたかいは、憲法改悪を阻止するうえでも、教育への国家介入や特定の徳目のおしつけ、両性の平等や基本的人権の侵害を許さないたたかいをすすめるうえでも、いよいよ重要になっています。その点で、とくに二つの点を強調しておきたいと思います。

一つは、日本会議などのイデオロギーの反動的本質と欺まん性を、広く国民に明らかにし、国民的な共通認識にしていくことです。その点で、まず強調したいのは、日本会議など「靖国」派が最大の売りものにする日本の民族的誇りや歴史、伝統、つまり「愛国心」についてです。この勢力は、あたかも日本の独立や祖国への愛情、日本国民としてのアイデンティティーをなによりも大切にするかのようにふるまいます。しかし、第二次世界大戦での日本の敗戦とそれに続くアメリカによる占領支配の延長線上で、半世紀以上も続いているアメリカへの国家的従属と、それによる日本の重大な主権侵害には、いささかの異議もとなえようとしないばかりか、これを容認し、さらに強化しようとしているのです。こんなイデオロギーを、言葉の本来の意味では、国家主義とかナショナリズムと呼ぶことさえ適切ではないでしょう。そのことは、明治時代のナショナリズムが、欧米諸国からおしつけられた不平等条約の解消を、党派の違いを超えて最大の民族的課題として追求し続けた事実と比較しても明らかです。今日、異常な国家的従属からの脱却は、二一世紀の日本の政治の最大の課題の一つです。これにまともにとりくもうとしない者に、日本の政治を本来の意味で語る資格はないからです。

なお、外交でも軍事でもアメリカいいなりという「靖国」派の立場が、じつに弱いものであることも明らかです。従軍慰安婦問題でのアメリカからの批判とそれに対する「靖国」派の困惑や、一部の人たちによる『ワシントン・ポスト』への意見広告によって、重ねてアメリカの議会、ジャーナリズムあげての憤激を招き、火に油を注ぐ結果になった事実が、そのことを端的に示しています。

過去の侵略戦争とこれを推進した国家体制、イデオロギーに正面からむきあい、その反動性、欺まん性を徹底的に暴露、批判して、きちんとした歴史認識を国民の間に確立することも、とくに重視する必要があります。この問題では、あの戦争と植民地支配によってアジア諸国、諸国民におよぼした日本の加害責任を具体的な事実にもとづいて明らかにすること、戦前の天皇制国家による専制支配と人権抑圧の実態を国民的認識にすること、皇国史観を中心にとする「国体」論の非科学性と欺まんを、親子の情愛、自然との調和といったそれ自体としては当然尊重されなければならないことがらや徳性をもとりこみつつ、天皇への忠誠、国家への忠誠に流し込んでいくレトリックなどをふくめて、きちんと明らかにすることが不可欠です。

真の愛国者の立場とは

もう一つは、日本の歴史と伝統、文化についてです。日本会議派が日本固有の歴史と伝統、文化の守り手、擁護者としてふるまい、みずからを売り込もうとすることは、すでにのべました。しかし、歴史と伝統、文化には、継承し守り発展させるべきものと、そうでないものとがあることを、この種の議論は意図的に無視しています。そこから、皇国史観や戦前の家父長的な家族制度、女性の劣悪な地位などまで、良き伝統として擁護するのです。これは、自国の歴史と伝統、文化に対する不当な態度であって、民主主義と社会進歩の立場からきびしくしりぞけなければなりません。

さらにいえば、いったいわが国のすばらしい伝統や歴史的文化的遺産、自然を、開発や都市化、あるいは米軍基地強化のなかで破壊してきたのは誰かという問題があります。それこそ、大企業とその要求を代弁した開発優先政治、米軍基地温存・強化など対米従属路線をとってきた自民党政治ではないでしょうか。それらに対するまともな反省もないまま、これらの勢力が歴史と伝統、文化を語ることの欺まんとまやかしをこそ、しっかりと見抜ききびしく批判する必要があります。

この点で、日本の国土と自然、歴史と伝統、文化を本当の意味で尊重し、継承、発展させる立場にたっているのはだれかということも、この際はっきりさせておきたいと思います。

日本共産党は、党綱領に「わが国の進歩と変革の伝統」をうけついで党が創立されたことをうたい、独立・民主日本の実現とともに、「文化各分野の積極的伝統を受けつぎ、科学、技術、文化、芸術、スポーツなどの多面的な発展をはかる」ことを明記しています。対米従属から脱却して、国の主権を本当の意味で確立することを大前提に、日本と日本国民の民族的誇りとアイデンティティーを大切にし、歴史と伝統、文化の破壊と正面からたたかい、それらの積極的な擁護、継承、発展をはかる――日本共産党のこの立場こそ、国を愛する広範な国民の気持ちと要求を真の意味で代表しうる立場であって、その意味でこれこそ真の愛国者の立場であるということができます。

戦後半世紀以上をへた今日、この間の歴史をつうじて、とりわけ日本が世界に誇るべき伝統の第一に数えられるのは、平和な国際秩序をめざす二一世紀の世界で、その実現のための先駆けとなってリーダーシップを発揮できる日本国憲法、とりわけその第九条を現にもっていることです。この憲法を民族の誇りとして擁護し守りぬく立場こそ、わが国の歴史、文化を大切にするなによりの証ということができます。私たちは、そのことに確信と誇りをもって、憲法改悪を許さないたたかいを大きく発展させ、「靖国」派のえせ愛国主義のまやかしを徹底的にうちやぶろうではありませんか。

首相の靖国参拝を許さない国民の歴史認識を

——〝過去の克服〟ドイツと日本

小泉首相の靖国神社参拝問題で内外から批判の声が高まっていますが、この流れの国内での起点になったのが、日本共産党の不破哲三議長が「日本外交のゆきづまりをどう打開するか——戦争終結六〇周年、アジア諸国との最近の関係をめぐって」と題しておこなった時局報告会での講演（二〇〇六年五月一二日）でした。そこで不破議長は、靖国問題、歴史教科書などで中国、韓国をはじめアジア諸国との間で日本外交が八方ふさがりとなっている問題の根源が、過去の侵略戦争に正面から向き合えない小泉首相らの態度にあること、これを抜本的に改めさせることなしに問題の解決の道がないことを明確にし、首相の靖国神社参拝の中止、「植民地支配と侵略」への反省を教科書に反映させる、アジア近隣諸国との平和の関係を探求する大戦略をもつという三つの具体的提案をおこないました。そして、「政府にこういう転換をさせるためにも、日本の国民自身が声をあげることが重要です」と強調しました。

不破議長はつづいて、「とくに歴史認識の問題では、私たちはドイツの文献を読むたびに、日本は国民的討論がドイツとくらべてあまりにも遅れていること、それが、世界では異常な、時代逆行的な『日本の戦争は正しかった』論などの横行を生み出している要因の一つとなっていることを、痛感します。今年、第二次世界大戦終結六〇周年の年に、『あの戦争は何だったのか』、国民一人ひとりが、この問題に正面から取り組み、考えようではありませんか。そして、歴史の事実に背をむけて『日本は正しい戦争をやった』という見なおし論を無理やり持ち込み、日本を平和をめざす世界的流れから切り離そうとする動きを、大もとから断ち切ろうではありませんか」とよびかけました。

二一世紀に日本がアジア諸国、諸国民とともにあゆみ、力をあわせて平和な世界をきずくうえで、この提起は日本国民自身の歴史的責務の核心をついたものとして、きわめて重要な意義をもっていると、私は考えます。そこで、第二次大戦後、ドイツとドイツ国民がナチス・ドイツの過去をどう国民的に克服してきたのか、その点が日本ではなぜ決定的に遅れているのか、その原因はどこにあるのかをさぐり、いま、歴史認識の問題で国民がとくに力を入れてとりくむべき課題と方向を考えたいと思います。

一　ドイツはどう過去を克服したか

まず、ユダヤ人の大量虐殺・ホロコーストなどによって史上最悪の残虐な犯罪をおかしたヒトラー・ナチズムの血塗られた過去を、第二次大戦後、ドイツとドイツ国民がどう克服してきたかをみてみましょう。さきに、第二次世界大戦終結六〇周年にあたって、シュレーダー首相は、「ナチスの恐怖政治と戦争の犠牲者すべてに対して、その責任を負っているのはわれわれである」と自認したうえ、次のように語りました。

「われわれは、自国の歴史を前にした責任、そして自国の歴史に対する責任を担う。たとえ個人的な罪はなくとも、過去を心に刻むものだけが、自分たちの歴史に責任感をもってたちむかうことができる。これこそ、われわれそしてわが国にとって良き未来をつくっていくうえでの前提である」（「ミッテルバイエリッシェ・ツァイトゥンク」二〇〇五年三月二六日付）

ドイツでは、すでに一九七〇年の第二次世界大戦終結二五周年記念式典で、社会民主党のブラント首相が、「民族にはみずからの歴史を冷静に見つめる用意がなければなりません。なぜなら、過去に何があったかを思い起こせない人は、今日何がおきているかを認識できないし、明日何が起きるかを見通すこともできないからです」とのべていました。

一九八五年五月八日の終戦四〇周年記念式典では、キリスト教民主同盟の大統領・ワイツゼッカーが、「罪の有無、老若いずれを問わず、われわれ全員が過去を引き受けなければなりません」「過去に目を閉ざす者は、結局のところ現在にも盲目となります。非人間的な行為を心に刻もうとしない者は、またその危険に陥りやすいのです」と語っています。

大統領や首相のこうした発言が象徴するように、ドイツでは国民的な討論を重ねるなかで、ナチス・ドイツの犯した犯罪、害悪にたいして、一人ひとりの国民がまともに向き合い，みずからの問題として考え、反省する態度を国民的規模で確立するにいたっています。

一つは、ナチスの犯罪追及です。戦後ドイツは、一九四五〜四六年のニュルンベルク国際軍事法廷とは別に、ドイツ人みずからの手でナチスの犯罪を追及し、有罪判決を下しただけでもその数は六〇〇〇人を超えます。一九六〇年代〜七〇年代にかけて、度重なる国民的討論を通じて、ナチスの犯罪にたいして謀殺罪などの時効を認めない刑法改正をおこないました。二つ目に、とくに六〇年代から七〇年代にかけて、歴史教育をつうじて次代をになう若い世代にナチスの犯罪についてきちんと伝える運動と教育改革もおこなわれてきました。その結果、一九七〇年代末には、どの学校の生徒も、ナチズムの政治体制と迫害、絶滅政策について、授業を受けることなく卒業することはなくなったといわれます（石田勇治『過去の克服――ヒトラー後のドイツ』白水社）。ナチスの収容所施設の保存や、歴史資料館の設置・充実もはかられ、ベルリンにはいま、何年がかりかの大論争のすえホロコースト警鐘碑もたてられています。

ナチスによる迫害を受けた国民にたいする国家の補償もおこなわれています。一九五六年に連邦補償法が制定され、つづいてこれを外国人にもひろげてきました。補償はその後、国内外の強制労働の被害者や、迫害されたシンティ・ロマ（ジプシー）、同性愛者、などにたいしてもおこなわれるようになっています。周辺諸国、諸国民への謝罪と補償のための基金も設置されています。一九九一年のドイツ＝ポーランド和解基金、九三年のドイツ＝白ロシア和解基金、ドイツ・ウクライナ和解基金などです。

ドイツにおけるこうした事態は、靖国神社・遊就館の宣伝物にみるように、「あの戦争は正しかった」という、ヨーロッパではネオ・ナチズムとしかとられない議論が横行する今日の日本と比べて、あまりにも大きな違いです。ドイツが今日、フランス、ポーランドなどかつて多大な被害をあたえた周辺諸国、諸国民から容赦され、それらの国ぐにの信頼を得て、安定した協力関係をきずき、ＥＣの中核となっているのも、ナチスの犯罪、侵略戦争という過去にたいして、それを克服しつぐなうためにこうした真摯な態度をとってきたからであることはいうまでもありません。

二　ドイツもはじめから過去と正面から向き合ったのではない

同時に、私が注目したいのは、歴史認識の問題でドイツは、はじめから今のような態度を国民的に確立していたわけではなく、そこにいたるまでには、この問題に消極的な傾向や、逆流とのせめぎあいのなかで、長い時間と国民的論議の積み重ねが必要だったという事実です。つまり、この点で、日本とドイツの間にははじめから決定的な違いがあったわけではなかったということです。

若干の事実をみてみましょう。ヒトラーのナチスといえども、ユダヤ人の迫害とその反民主主義・反共のイデオロギーにもかかわらず、はじめからホロコーストをおこなったわけではありません。むしろ、第一次世界大戦後のワイマール体制下でのドイツの民族的抑圧に立ち向かい、民族的誇りの回復と経済のたてなおしで、国民的な支持を集めた側面もあったのです。そのなかで、多くのドイツ人が、心からか心ならずかにせよ、ナチ党員になり、ユダヤ人迫害に協力し、周辺諸国への侵略に手を貸してきました。それは、政界はもとより、教育界から法曹界、ジャーナリズムにもおよび、どこも例外ではなかったのです。そしてこの事態は、ナチスの敗北によって、ある日、一挙に変わるというわけにはいかなかったのです。

戦後、政府は対外的にはナチスの犯罪を許さない態度を表明し、そのための措置もとりはしたものの、ドイツ国民のなかには、みずからのナチとのかかわりをふくめてナチ時代のことに口をつぐみ、タブーにし、家庭でも学校でもできるだけふれないようにする風潮も色濃くありました。もちろん、哲学者のカール・ヤスパースのように、早くからナチスの犯罪にたいするドイツ国民としての罪責を主張した人もいなかったわけでありません。

しかし、西ドイツの最初の政権であるアデナウアー政府は、占領下で有罪判決を受けたドイツ国民にたいする恩赦政策をとるなど、ナチスの犯罪追及の手をゆるめ、むしろ旧ナチ党員を官僚に復活させるなどして彼らの力を借りて戦後復興にとりくむといった姿勢を強くもっていました。司法界も教育界も、ナチ時代の裁判官、教育者がそのまま居座り、ナチスの犯罪にたいする裁判でも、なかなか有罪判決をくださないといった状況もあったようです。

一九五〇年代にいたって、ドイツでネオ・ナチズムが台頭し、ユダヤ人にたいする暴言で裁判にかけられた議員が、元ナチ党員の裁判官のもとで無罪判決をかちとり、支持者に熱烈な拍手と花束で迎えられるといったこともあったのです。

一九六〇年代も後半から

ドイツでこうした状況が大きく変わり、国をあげて歴史問題にまともに向き合うようになるのは、じつは、一九六〇年代も後半になってからでした。そこには、およそつぎのような要因がはたらいていたといわれます。

一つは、世代交代によるナチズムとも侵略戦争とも直接かかわりのない若い世代の登場です。新しい世代の若者たちは、ポーランドでおこなわれたアウシュヴィッツ裁判や、内外で出版されたホロコースト関連の著作が明るみにだす恐るべき事実などを衝撃をもって受けとめ、諸外国からのナチスとドイツにたいするきびしい批判にも率直に耳をかたむけるようになります。とくに国際的なベトナム反戦運動のなかで、ドイツでも空前の広がりをみせた学生運動は、一部に極左的な反社会的行動に走る部分もみられたものの、若い世代がナチスの過去と向き合ううえで大きな役割をはたしました。こうしたなかで、著名なノーベル賞作家であるギュンター・グラスなど知識人の発言も、世論に大きな影響を及ぼしていきます。

シュレーダー首相は大戦終結六〇周年にあたって発表した論文のなかで、ドイツ人がナチスの敗北を最初から「解放」とうけとめたわけでなかったと指摘しつつ、「とりわけ六〇年代と七〇年代に、学生運動が断固として主張したこともあり、ナチズムの過去とわが国の最悪の恥辱の時代にたいする批判的きり結び(Aufarbeitung)がすすんだ。それはゆっくりとした苦しいプロセスであり、概して世代間の対立という形をとった」(「南ドイツ新聞」二〇〇五年五月七日付)と述べています。

もう一つは、こうした世論の変化を背景に一九六九年、社会民主党のブラント政権がうまれたことです。ブラントは、ナチス政権成立前夜の一九三一年にドイツ社会民主党を離れ、ナチ反対をかかげる社会主義労働者党(SAP)の創立に参加し、ヒトラー政権が誕生するとただちにノルウェーに亡命し、そこで反ナチ闘争にたずさわった経歴の持ち主でした。戦後、ジャーナリストとして帰国し、連合国がナチスの犯罪を裁いたニュルンベルク裁判を取材し、ナチスの犯罪を改めて確認もしています。政権についたブラントは、野党の激しい反対をしりぞけて、ソ連、東欧との関係改善をはかり、戦後未解決だったポーランドとの国境を確定するワルシャワ条約を締結します。一九七〇年一二月七日、条約調印式典にのぞんだブラントは、ポーランドのゲットー（ユダヤ人隔離居住区）の跡地に建つユダヤ人犠牲者追悼碑の前に跪き、ドイツ首相としてはじめて謝罪の意を表明しました。

第三に、周辺諸国をはじめとする国外からのきびしい批判をあげることができるでしょう。一九六一年にイスラエルではじまった、元ナチス親衛隊員でユダヤ人の国外追放にたずさわったアイヒマンの裁判は、その代表例でしょう。裁判は、ナチスによる大虐殺の記憶を全世界でよみがえらせ、ナチズムの影から抜け出せない西ドイツにたいする国際的批判が一段とつよまりました。

国際的な世論はいまもつづいています。二〇〇〇年一月には、スウェーデンのストックホルムで、反ホロコースト教育を主題とする「ホロコースト国際会議」が開かれ、世界の四八カ国とEUなどから六〇〇人が参加するなどの動きもあります。そこでは、ドイツのナチスの犯罪だけでなく、ナチス占領下のフランスでナチスに協力したフランス人の責任などもふくめて、ひきつづいてナチスの犯罪が追及されています。こうした国際世論が、ドイツ国内での国民的討論を促進するうえで大きな役割をはたしていることもまちがいありません。

オーストリアでもワルトハイム事件をきっかけに

つけ加えれば、戦後ドイツのこうした歩みは、けっしてドイツだけではなく、お隣のオーストリアにもみることができます。ハプスブルク王朝が支配したオーストリアでは、一九世紀末から二〇世紀はじめにかけて反ユダヤ主義が国をおおいました。そういうこともあって、オーストリア国民のなかにはドイツのナチス政権にたいする親近感が強く、一九三八年にはナチスの軍事的侵攻のもとでですが、国民投票で有権者の九九パーセントという圧倒的多数の支持で国をあげてナチス・ドイツに合併し、ナチス・ドイツとともに第二次世界大戦をたたかい、敗戦を迎えるという歴史をもっています。

それだけに、この国では戦後、自分達を「ナチの犠牲者」とみなしはしても、ナチスへの協力・加担問題は総括されず、国民のあいだにナチ容認の態度を広くのこし、国民一人ひとりのナチスへの協力・加担の事実をふくめてナチズムの問題をタブーとし、できる限りふれないようにしてきました。一九八六年に、国連事務総長を歴任したワルトハイム氏が、ナチ党員だった経歴を暴露されたにもかかわらず、大統領に当選し、アメリカがワルトハイム氏の米国への入国ビザを拒否するなど各国からきびしい批判が集中するということがおこったのも、そうした背景からです。

しかし、オーストリアでは、このワルトハイム事件がきっかけになって、自分たちが過去を克服していないことに気づき、論議が始まり、それまでのナチズムへの態度にたいする反省がおこります。そこから、被害者への補償、ユダヤ人の大量虐殺がおこなわれたマウトハウゼン強制収容所など収容所施設の保存や記念館づくり、それまで戦争について教えることのなかった歴史教育の改革への取り組みなどがすすみます。一九八八年には、ワルトハイム大統領自身、ドイツへの合併五〇周年の記念日をまえにして謝罪を表明し、「私達がナチスと関係ないという考えは捨てなければなりません。オーストリア共和国の大統領として、私はオーストリア人が加担したナチスの犯罪に対して謝罪をしたいと思います」とのべました。

政府による加害責任を認めるのが遅れたオーストリアの歴史的事情は、ナチスを賞賛するハイダー(現ケルンテン州知事）の率いる極右・自由党の政権参加をもたらす背景の一つともなって今日にいたっています。しかし、国内外の強い批判をあび、二〇〇二年の選挙でこの党は大敗を喫しました。ここにも、時間はかかっても、国民的な討論をへて過去を克服しつつある国と国民の姿をみることができるのです。

三　日本で国民的討論がなぜ遅れたか

以上みたところから、ドイツやオーストリアにたいして、過去の侵略戦争にたいする認識と対応で日本の決定的な遅れはあきらかです。靖国神社が、侵略戦争の反省どころか、これを正当化し「大東亜戦争」としてアジア解放の「聖戦」とたたえ、それを自民党などの政治家が容認・支持する態度をとるのも、その背景にはそうした国民的な討論と認識の遅れが一因となっていることは否めないでしょう。

だいたい、日本の政府がまがりなりにもあの戦争を侵略と公式に認めたのは、戦後半世紀近くをへて一九九三年の細川首相が初めてです。朝鮮に対する植民地支配と、加害にたいして、なんらかの反省を政府が表明したのも、一九九〇年代になってからです。一九九五年八月一五日、終戦五〇周年にあたっての村山首相談話は、「過去の一時期の日本の国策」を「植民地支配と侵略」とまとまったかたちで特徴づけ、これへの反省をのべました。しかし、この村山首相でさえ、「侵略戦争」という言葉はあえてさけたばかりか、国会で日本共産党の吉岡吉典議員に、この談話が日韓併合は「自由な意思、対等な立場」でおこなわれたというこれまでの政府の公式見解を改めたことを意味するのかとただされて、「韓国併合条約は当時の国際関係の中で法的に有効に締結されたものであると認識しています」と答弁しています。韓国併合についてのこうした政府の見解は、今日までひきつがれています。歴代の閣僚や自民党幹部の口から、あの侵略戦争と植民地支配を肯定したり、弁護する発言もいぜんとしてあとを断ちません。

国民に容認されるとの判断が

二〇〇五年六月二日の衆院予算委員会での質疑で、志位委員長が、靖国神社が「日本の戦争は正しかった」とする史観に立っていることを知っているかとただしたのに対して、小泉首相は、「承知している」と答えたうえ、「靖国神社には靖国神社の考えがあるだろうが、これは政府と同じものではない」「靖国神社の考えを支持しているんだととらないで欲しい」「戦争をした責任については、日本は戦争を起こしたわけですから、戦争責任は日本にある」と答えました。この答弁が、小泉首相の真意なら、ではなぜ靖国神社に参拝するのかと誰もが不審に思うのは当然です。「私は戦争の犠牲者への追悼の気持で参拝しているだけだ」というのが、小泉首相の答弁でした。この答弁が、論理的に筋のとおらない、説得力を欠くものであることはだれの目にも明白です。ここには、あの戦争への評価を明確にできず、靖国神社や、その歴史観にきちんと立ち向かえない小泉首相らの歴史認識の弱点が露呈しているというべきでしょう。

同時に、内外の批判をおしての小泉首相らの靖国神社参拝が、その背景に、靖国神社を参拝しても国民の多くからきびしい非難を浴びることはなく、容認されるとの判断がそこに働いていることも見逃すわけにいきません。その意味では、あの侵略戦争に対する国民自身の認識と姿勢も問われているといってまちがいではないでしょう。毎年、八月一五日の終戦記念日になると、戦争体験が繰り返し語られてきました。それはそれとして大事なことです。しかし、戦争によって自分がこうむった被害や苦しみは語られても、日本がおこなった戦争によって、中国や朝鮮、東南アジアの人々に対して、あの戦争でどんな被害と苦しみをあたえたのか、それにたいしてどういう反省と償いがなされてきたのかについては、政財官界などではもとより、一般の国民の間でも、語られることがあまりにも少なかったのではないでしょうか。

従軍慰安婦問題にもみるように、その問題をとりあげた国際法廷の報道番組を、ＮＨＫが政治の圧力に屈して自主的に改ざんし、教科書会社が教科書から従軍慰安婦の記述を抹殺してしまうという事態もおこっています。自民党など政治家の圧力やこれに屈する報道機関、教科書会社の姿勢に最大の問題があることは言うまでもありません。同時に、世論の力でこれを封じることができないところに、歴史認識についての国民的討議の遅れとそれを反映した批判力の弱さがあることも否めません。自民党などの執ような教科書攻撃にも抗して、歴史研究者や教師たちの貴重な努力が重ねられてきたとはいえ、戦後今日まで、侵略戦争の史実がわが国の歴史教科書で、どれだけ子どもたちにきちんと教えられてきたかといえば、お寒い限りです。そうしたことが、日本国民自身の歴史認識の弱さを生む要因になってきたことも直視しないわけにいきません。

今日、歴史認識では、中国、韓国や東南アジアの人々と少なくない日本人のあいだに大きな落差が生まれていて、それがアジア諸国、諸国民と日本との国民レベルでの友好、連帯を促進するうえで一つの障害にもなっています。最近の中国での反日感情の強まりの背景に、日本の若者たちと接触・交流する機会が多くなった中国の若者たちが、あの戦争について日本の若者たちがあまりにも知らないことに驚き、いらだちを抱くということがあるのだと、日韓中合同歴史教材づくりにとりくむ歴史学者が語っています。不破議長がさきの講演で、首相の靖国参拝の中止を要求するとともに、歴史認識の問題での国民的討議の遅れを指摘し、侵略戦争の事実を教科書に反映させることなどを提案しているのは、その意味できわめて重要な意味をもつといわなければなりません。

なぜ歴史認識が立ち遅れたのか

では、なぜ侵略戦争についての日本の歴史認識がこうも立ち遅れたのでしょうか。それには、それなりの理由があります。戦争終結当時、日本をとりまく国際環境が、周辺諸国がこぞってナチスの犯罪をきびしく告発したドイツのそれと異なり、中国にしても韓国にしても、あるいは東南アジアの諸国にしても、それぞれこれから国づくりにとりくむという時期で、国際社会で強い発言力をもって日本の侵略と植民地支配を告発するような状況にありませんでした。そうしたことも、客観的条件としてあげなければならないでしょう。同時に、日本に即していえば、少なくも以下の点を指摘できるでしょう。

戦犯政治がまかりとおる

第一に、第二次大戦後、日本を事実上単独占領したアメリカの対日政策の転換です。日本を事実上単独占領したアメリカは、中国革命の成功によるアジア情勢の激変のなかで、日本の非軍事化、民主化を定めたポツダム宣言の厳正実施という立場から、日本をアジアにおけるアメリカの戦略拠点として経済的にも軍事的にも利用し、育成するという方針に大転換しました。その結果、一九四六年にはじまった極東国際軍事裁判(いわゆる東京裁判)で死刑の判決を受けて刑を執行された人物をのぞいて、戦争犯罪に問われ勾留されていた人物や、公職を追われていた人々をあいついで、釈放、追放解除しました。具体的には、四七年には二四名の戦犯容疑者が釈放され、一九四八年一二月には、岸信介氏ら残された一九人の戦犯容疑者が釈放されたのです。公職追放を解除された人のなかには、後に総理大臣になる鳩山一郎氏などが含まれています。また、死刑以外の終身刑などで服役していた一八人も、獄中で死亡した人をのぞいて全員が一九五〇年代に釈放されています。こうして、あの侵略戦争の遂行に責任を負う人びとが堂々と戦後政治の中心にすわり、アメリカを後ろ盾に戦犯政治がまかりとおることになります。

鳩山一郎氏が一九五四年に首相になると、A級戦犯として禁固七年の有罪判決を受けた重光葵氏が外務大臣に起用されます。東條内閣の商工大臣でA級戦犯容疑者の岸信介氏が、一九五五年の保守合同で生まれた今の自由民主党の初代幹事長におさまり、その後、日米安保条約改定にたずさわる内閣の総理大臣になります。一九六三年には、東條内閣の大蔵大臣でA級戦犯として終身禁固の判決を受けた賀屋興宣氏が池田内閣の法務大臣になっています(賀屋氏は一九六二年から七七年まで日本遺族会会長の座にもありました)。これは、少なくともナチスの指導者を一掃することから始まったドイツの戦後史と決定的に異なる日本特有のものです。

戦争犯罪が追及されつづけるどころか、赦免され、戦争の責任を問われるべき人物たちが、堂々と、戦後日本の政治の中心に座ってしまったのですから、あの戦争についての正しい歴史認識にもとづいて、戦争への反省と被害国、被害国民への補償がまともに行われるはずがありません。事実、戦後半世紀にわたって、歴代首相はあの戦争を侵略戦争とみとめず、朝鮮併合を国際法的に適法的におこなわれたものと強弁してはばからなかったのです。ここに、日本で歴史認識の問題での国民的討議を妨げ、遅らせてきた最大の要因があるといえるでしょう。

第二に、米軍占領下の極東国際軍事裁判が、アメリカの対日占領政策によって、昭和天皇（裕仁）の戦争責任をいっさい問わないという枠組みのなかでおこなわれたことを指摘しないわけにいきません。この裁判は、もちろんポツダム宣言などにしめされた戦争と平和にかんする当時の国際社会の到達点、合意点にもとづいておこなわれたもので、一部の人々が言うように勝者の一方的裁判という面からだけ批判するのは当を得ません。日本軍のおぞましい戦争犯罪の実態は、この裁判をつうじて初めて国民の知るところとなりました。

しかし、アメリカの広島、長崎への原爆投下をはじめ、空襲による無差別攻撃など民間人にたいする大量殺戮、ソ連によるシベリア抑留などの国際法に反する犯罪をはじめから訴追の対象としなかったこととあわせて、日本の侵略戦争の最高責任者であった天皇の責任をいっさい不問にした点で、重大な欠陥をもっていたといわなければなりません。日本の戦争犯罪を裁く国際法廷でありながら、中国、朝鮮をはじめ日本の侵略と戦争の最大の被害者であるアジアの諸国からの判事等の任用が欧米にくらべて極端に少なかったこと、それが中国や朝鮮での日本軍の戦争犯罪への告発が弱いという欠点となっていることも、ついでに指摘しておきます。

昭和天皇の免責をはじめとするこうした欠陥は、極東軍事裁判に大きなゆがみをもたらすとともに、その後、戦争責任をごく一部の高級軍人などにおしつけて、その他の戦争犯罪、戦争責任の追及を国民的規模ですすめる機運をそぎ、むずかしくする大きな要因となっていきます。実際に、最高責任者の責任さえ問われない以上、戦時中にどのような地位にあろうと責任は不問にされて当たり前という風潮を生み、戦争へのみずからのかかわりとまともにむきあうことを回避する心理的な機運を、一般国民をふくめ日本の各界にかもしだしていったことは否定できない事実です。

ただし、天皇自身についていえば、この裁判で戦争責任を問われることはなかったものの、新しい憲法の制定によって、明治憲法での絶対的権力をもつ主権者の地位を奪われ、国政にかんする権能を有しない単なる〝象徴〟となったのですから、政治的にはそれなりの責任をとらされているといえます。この点は、戦犯がそのまま戦後政治の中心にすわったことと同列におくわけにいかないことも、確認しておきたいと思います。

主権者でなかった日本国民

第三に、ドイツでヒトラー政権が誕生したのは、ワイマール憲法下で主権者・ドイツ国民が自らの意思でヒトラーを政権につけたからでした。これにたいして、日本では大日本帝国憲法のもとで、国民は主権者ではなく、主権者である天皇の臣民に過ぎず、臣民としてのごく制限された権利しか行使できなかったという事情をあげなければなりません。ドイツでは、ワイマール憲法が制定されて日が浅かったとはいえ、国民が国民主権を行使してナチスを政権につけたわけですから、その責任から国民自身が逃れることはできなかったのは当然でした。それでも、この事実にドイツ国民がまともに向き合うには時間がかかったことはすでに見たとおりです。これにたいして、主権者でなかった日本国民のばあい、敗戦とそれによる悲惨な事態のなかで、〝二度と戦争はいやだ〟〝軍国主義勢力にだまされた〟と強く意識こそしても、自分たちも戦争の一端を担い、アジアの諸国、諸国民に多大な被害をあたえたという側面にはなかなか目を向けられなかったという事情があるのです。ですから、世論調査でも「一般の国民は、軍国主義の教育や情報にだまされ、ひどい目にあった被害者であって、国民に責任がない」との答えが第一位をしめるのです（「日本人の平和観」内閣総理大臣官房広報室編「全国世論調査の現況・昭和五八年版」）。

たしかに日本のばあい、国民は一方的な軍国主義教育をおしつけられ、新聞、ラジオをふくめて戦争推進勢力の側からの一方的な情報しか与えられず、正確な認識をもてないまま、一切の批判の自由を奪われ、戦争に駆り立てられたことは事実です。だから、ドイツのばあいと同じような意味で国民の戦争責任を問うことは妥当ではないでしょう。それはたしかです。しかし、にもかかわらず、この戦争によって多大な被害を与えたアジア諸国、諸国民との関係では、やはり侵略戦争をおこなった日本の国民として、その責任から無縁ではありえないのです。困難ではあっても、またつらいことではあっても、国民一人ひとりがそのことにまともに向き合わなければ、本当の意味で過去を克服することができないのではないでしょうか。

なお付け加えていえば、戦後最初の東久邇内閣が、一億総懺悔論をとなえて、戦争責任を国民全体に拡散させようとして、世論のきびしい批判をあびたこと、また、一九五〇年代に論壇の一部で、こともあろうにあの戦争に命がけで反対した唯一の政党である日本共産党にたいして、戦争を阻止できなかった責任を問うといった的外れな批判がおこなわれたことも、戦争責任についての国民的な討議をすすめるうえで、障害となってきたことを指摘しておきたいと思います。

四　国民的な討議の前進こそ二一世紀のアジアに生きる道

終戦から六十年を経た今日、いまさら過去の戦争や植民地支配の問題を蒸し返す必要がないのでは、という声もきかれます。しかし、そうではありません。二一世紀の日本が生きる道がなによりもアジアの諸国、諸国民との友好、連帯のうちにこそあることは、経済、文化、社会のあらゆる分野でこれらの諸国、諸国民との交流が活発になるなかで、日々、ますます強く実感させられるところです。これらのアジアの諸国、諸国民のなかには、日本の侵略の爪あとがいまもいたるところに残り、その記憶は消えることなく生きているのです。この歴史的事実に対して、日本は政治的にも道義的にも深い責任を負っているのであり、これらの国、国民とつきあい、相互の信頼と理解をふかめていくうえで、歴史認識の問題はどうしてもさけてとおれません。

その点で、日本国民にとってとりわけ重要なのが、あの戦争は日本がおこなった侵略戦争であったという動かしがたい事実の認識とともに、この侵略戦争と植民地支配によってアジアの諸国、諸国民にどのような被害と苦しみ、犠牲をもたらしたのか、その事実を直視し、これとまともに向き合い、日本の過去の過ちにたいする責任をきちんと自覚して行動することではないでしょうか。

この問題では、私たち自身がもっともっと学ぶ必要があると思います。私の知人で韓国の若者と交流のある女性が、韓国の若者のほうが日本の若者よりよほど歴史をよく知っている、と驚いていました。私自身の体験でも、最近ソウルを訪れる機会があり、限られた時間でしたが世界文化遺産に登録されている朝鮮王朝の宮殿であった昌徳宮《チャンドックン》を見学する機会をえました。流暢な日本語を話す若い女性のガイドさんの説明を聞きながら、ふと一八九五年に日本の軍人らが宮廷に踏み込んで日本にたいして批判的な立場をとっていた人々の中心になっていた王妃・閔妃を殺害した事件を思いおこし、ガイドさんに知っているかと聞いてみました。すると、もちろん知っているとのこと、その舞台はここかと問うと、ここではなくもうひとつ別の宮殿・景福宮《キョンボックン》だとの答えがすぐ返ってきました。よく知っているのです。

帰国して、『観光コースでない韓国―歩いてみる日韓・歴史の現場』（小林慶二著、高文研）というガイドブックをみると、王宮には「閔妃の碑」があり、ソウルの南山には伊藤博文を殺害して義士とされる安重根の像と記念館、近郊には、韓国の〝ジャンヌ・ダルク〟といわれる、三・一独立運動で捕らえられ、一八年に満たない不屈の生涯を終えた女性・ユガンスン（柳寛順）の生家と銅像があり、その近くにある独立記念館には日帝侵略館があるなど、日本の植民地支配とこれへの抵抗を記念する碑や施設がいたるところにあるのに改めて認識を新たにしました。この点では、中国でも、シンガポールでもマレーシアでも共通しています。

二一世紀のアジアに生きる日本と日本の国民が、加害責任をふくめあの戦争にたいするきちんとした歴史認識をもち、過去を反省する立場にたたないかぎり、これらの国と国民とのあいだに本当の意味で心を通わせ、信頼をうることは難しいでしょう。またそのことなしに、二一世紀の日本がアジアで安定した地位を得て繁栄することはできないでしょう。その意味で、歴史認識での国民的討議の前進がいよいよ重要になっているといえるのです。

そのさい、戦争から時間がたったとはいえ、自分自身が中国戦線や南方戦線におくられ、住民への加害に手を染めるとともに生死の間をさまよった、思い出すのもつらい記憶をもつ人のばあいはもちろん、夫や兄弟、父が、あるいは祖父が戦死したり、あるいは心身ともに傷ついて復員し、家族ともども苦しんだなどの体験をもつばあい、その体験とむきあうことは、決して容易なことではありません。しかし、ここにまともに向き合わなければ、リアルな事実にもとづく本当の意味で思想的に深められた歴史認識をもち、首相の靖国参拝などにたいして毅然として批判の態度をつらぬく国民世論をそだてることはむずかしいのではないでしょうか。

私自身についていえば、戦時中、父がある県の県庁職員として、中国人から強制的に奪った土地に日本の農民を入植させる「満蒙開拓」の仕事にたずさわっていました。戦後職を解かれた父が実家に引き上げてくるさいに、「満州」から命からがら引きあげ、身よりもなく、そのうえ重い肺結核を患っていた一人の青年を連れて帰り、家族の一員として何年か暮らしました。晩年父は、保守系の地方自治体の首長をつとめながら、日中友好協会の活動に参加していました。そこには、自分の戦時中の行動に対する父なりの反省があったのだろうと、いま推測できます。しかし、父は生涯にわたり戦時中の行動についてかたくなに口を閉ざし、家族もそれに触れることを暗黙のタブーとしてきました。そのことへの釈然としない思いから私は生涯逃れられないでしょう。敗戦当時、国民学校（今の小学校）一年生だった私に、直接の戦争責任はないでしょう。しかし、この父のことを抜きにして、私は中国や、韓国の人にむきあうことはできないと思っています。

二重の悲劇をくりかえさないための私たちの責務

アジアの諸国への加害者となった将兵たちが、中国戦線でも、南方諸島でも、ビルマでも、軍指導部の無謀な作戦により兵站もない大陸奥地や南方諸島、ビルマなどの戦線に送られ、現地住民の略奪によって飢えをしのぎ、物資を調達しつつ、辛苦のかぎりを強いられ、その多くが餓死、病死していった冷厳な事実から、目を背けるわけにいきません。そのとき、そこには、少なくとも靖国神社が宣伝するような〝英霊〟の介在する余地はありません。そのことを直視し、このような加害と犠牲という二重に無残な悲劇を二度と再びくりかえさないために、私たちが全力をつくす決意をかため、その決意を貫くこと、そして、そのためにも、あの戦争をだれがどういう目的のために計画し、どのような手段で国民を駆り立てたのか、その結果、アジアの諸国民にどんな被害と苦しみを与えたのかを、きちんとみきわめること、ここにこそ、戦没者を本当の意味で追悼し、その〝死〟にむくいる国民の責務があるといえるでしょう。憲法前文の「政府の行為によって再び戦争の惨禍が起こることのないやうにすることを決意し」という立場にしっかりたって、九条の改悪を許さないことはその大事な前提となるでしょう。こうした立場から、戦没者たちの犠牲を〝名誉の死〟とし、そのおかげで今日の日本の繁栄があるとする、靖国の飛躍した論理の陥穽を見抜く理性の目をもつことがもとめられています。

この間、中国で細菌戦のための人体実験をおこなっていた七三一部隊の生きのこった隊員のなかから、みずからかかわったつらい体験の証言がおこなわれたり、従軍慰安婦問題へのとりくみがひろがるなど、日本の侵略戦争の実態を直視し、これとまともにむきあう流れがひろがっています。高齢化したかつての兵士たちのなかから、自分の生涯のしめくくりに、あの戦争での自分の体験を率直に書き残す人も増えています。一九八五年には、その論点すべてに同意するわけではありませんが、日本の戦争責任の全体像を国際的にも国内的にもあきらかにしようとした歴史学者の家永三郎氏の『戦争責任』（岩波書店）といった労作も公刊されました。

こうしたなかで、あの戦争を侵略戦争とみとめる国民が少しずつ増えているという事実もあります。一九八〇年代、九〇年代に入っての政府による対外発言の変化も、たんに対外的配慮だけでなく、そうした国民的な歴史認識の深まりと広がりが背景にあります。ドイツやオーストリアに比べて、歩みは遅くとも日本でも〝過去の克服〟はできるし、どうしてもこれはやらなければならないと思います。

家永三郎氏は先の著作を次のようにしめくくっています。「過去に生じた『戦争の惨禍』は、それが人間の生命と心身とに与えたものについては、永久に回復できず、その責任を、加害者の処罰や加害国の物質的賠償によって償わせたとしても、失われた生命や傷つけられた心身を元通りにすることの永久に不可能な以上、もっとも有意味な償いは、将来における『惨禍』の再現を阻止する責務を達成することにあると考えざるを得ない。その目的を果す努力こそが戦争責任を自覚するものにとって、最高の償いとなるものと信ずる。」

私は最近『ハルモニからの宿題――日本軍「慰安婦」問題を考える』（冬弓舎）という本を読み、日本の若い人たちがこだわりのない態度であの戦争に正しくむきあい、真摯に行動することができることを実感しました。この本は、神戸女学院大学で石川康宏教授のゼミナールに学ぶ女子学生たちが、従軍慰安婦問題を通じて日本が朝鮮にたいしておこなった侵略と植民地支配の歴史を一年かけて学び、そのしめくくりに韓国を訪れ、かつての従軍慰安婦たちが集団生活をする「ナヌムの家」をたずねる記録集です。あの戦争になんの責任もない彼女たちは、歴史を学ぶことをつうじてかつて慰安婦にされていたハルモニたちに心をかよわせ、老いた彼女たちが今も毎週水曜日におこなう日本大使館への抗議行動にいっしょに参加し、その集会で発言を求められます。そのとき彼女たちが自分たちの意思で自発的にかかげた横断幕には、「私たちも謝る。日本政府も謝れ！」とハングルで書かれていました。私は、二〇歳前後の女性たちのこの言動に、いま私たちに求められる歴史認識とそれにもとづく正しい対応が象徴的にしめされているように思います。わが国でも歴史認識の遅れを克服し、首相の靖国参拝などを絶対に許さない国民世論をつくりあげることが可能であることを、若い女子学生の学びと行動から学び、意を強くしていることを最後に報告して、この稿を閉じます。

侵略戦争と真摯に向き合い、未来をひらく

——日本共産党綱領に学ぶ

（一）

日本共産党の基本路線を示す綱領は、「戦前の日本社会と日本共産党」から始まります。一九二二年、日本の進歩と変革の伝統を受けついで創立された日本共産党にとって、戦前の活動は立党の原点であるばかりか、今日の問題に直接結びついているからです。日本がおこなった戦争に命をかけて反対したたたかいは、その主な内容の一つです。

第二次世界大戦が日本の敗戦で終結したのは一九四五年八月、私が国民学校（今の小学校）に入学した年です。いまから七〇年近くも昔です。たいていの歴史的事件はこれくらい時間をへると評価が定まります。ところが日本では、日本がおこなった戦争が明々白々の侵略戦争であったにもかかわらず、その事実を認めず、「自存自衛の戦争」だとか「正義の戦争」だったという主張がいまもまかりとおり、安倍首相や閣僚、

主要政党の幹部によって公然と擁護されています。そのことが、中国や韓国など日本の侵略によって多大な犠牲を強いられたアジアの国々はもとより、アメリカをふくむ世界の諸国から非難と冷笑の的にされ、日本がまともな外交をすすめるうえでも大きな障害となっています。かつての戦争を擁護し礼賛する宣伝センターの役割をになう靖国神社への首相らの参拝、真榊の献納、従軍慰安婦問題での河野談話見直しなどの言動はその端的な例です。

過去に目を閉ざすものは

その異常さは、日本の同盟国として第二次世界大戦を戦ったドイツが、ファシズムと戦争への深い反省に立って、周辺諸国と友好、信頼関係をうちたてているのと際立った対照をなしています。ドイツの敗戦四〇周年にあたってワイツゼッカー大統領（当時）は連邦議会で演説し、ナチスによるユダヤ人虐殺と無謀な戦争への真摯な反省と謝罪を表明し、「過去に目を閉ざすものは、結局のところ未来に盲目になります」「若い人たちにかつて起こったことに責任はありません。しかし、（その後の）歴史のなかでそうした出来事から生じてきたことには責任があります」とのべていました。この立場は、その後今日まで歴代大統領、首相に引き継がれています。犠牲になったユダヤ人らに対する補償、ポーランドはじめ侵略し被害を与えた国々への賠償と補償も誠実におこなわれてきました。いったいなぜこんな違いがおこったのでしょうか？

歴史的に置かれた条件の相違などいくつかの問題がそこにはあります。ドイツが戦後、侵略戦争への反省ぬきに周辺諸国との関係を築けなかったのに対して、日本の周辺では、韓国、中国、インドネシア、インド、ベトナムなどの国も、植民地支配から独立の過程か独立したばかりで、日本の戦争責任を真正面から追及する状況になかったこと、ドイツのばあい、一九三三年のヒトラーによる憲法の事実上の停止までは国民主権で、国民は主権者としてナチスを選んだ責任を直接負ったのにたいして、日本では主権は天皇にあり、国民は天皇の臣民（家来）でしかなかったといった違いもあります。なにより決定的なのは、戦後、日本を占領したアメリカ軍が、その占領政策から日本の侵略戦争の最高責任者であった天皇の戦争責任を不問にしたことです。そのため、政治、社会、経済、教育など社会のあらゆる分野で戦争責任が棚上げにされ、うやむやにされました。さらに、一九四九年、中国革命が勝利するなかでアメリカがアジア戦略を転換し、日本をアジアにおける反共の拠点として育成するため、戦争責任を問われた戦犯を釈放し、利用する政策に転じたこともあります。東条内閣の商工大臣等をつとめA級戦犯容疑者として収監されていた岸信介が釈放され、首相に復帰したのもその一例です（この岸の孫で、岸への最高の尊敬を公言しているのが現安倍首相です）。

なぜ正面から向き合うことが大事か

それだけに、直接戦争に責任もなければ体験もない若い人たちをふくめて、日本がおこなった戦争にまともにむきあい、戦争についてのきちんとした知識を身につけ科学的な認識を育てるとりくみが、いよいよ重要になっています。

綱領には、「他のすべての政党が侵略と戦争、反動の流れに合流するなかで、日本共産党が平和と民主主義の旗を掲げて不屈にたたかい続けたことは、日本の平和と民主主義の事業にとって不滅の意義をもった」

とあります。これまでのべた日本の歴史的な現実を見るとき、戦前の日本共産党のたたかいの今日的意義はあらためて強調されなくてはなりません。また、その伝統を生かし、戦争美化と擁護を許さず、歴史の真実を学び広げるために真価を発揮することが、党の重要な責務となっています。

もちろんドイツと条件は違っても、戦後、日本でも戦時中の自らの体験をもふまえて、日本がおこなった戦争の真実に迫り、これを告発する世論と運動が広がり、それが今日、侵略戦争を正当化、美化する動きを許さない良心と理性の輪を形づくっています。

同時に、日本の多くの政治勢力、国民が、戦争の真実についての認識を欠いたまま戦後を迎えた事実は直視されなければなりません。加えて、こんにちにいたるまで、少なくない教師たちの努力にもかかわらず、小中高の教育のどのレベルでも、日本の近現代史について学ぶ機会がきちんと保障されてこなかったことも、見落とせません。そのことと結びついて、戦争でどんなにひどい目にあったか、苦難をしいられたかは繰り返し話題になっても、アジアの諸国、諸民族、人々に日本がどんな大きな犠牲を強い、被害をあたえたのか、それがどんな償いに値するのかについては、あまり語られてこなかったという現実もあります。戦争の歴史と正面からむきあう重要性は、ここからも明らかです。

歴史の真実を学ぶ学習を

安倍首相や靖国派の人々がどういおうと、歴史の真実は変わりません。日本がおこなった戦争が、人類史上まれにみる犠牲をアジア諸国、諸国民に強いた侵略戦争だった事実を直視し、その事実の正確な認識のうえに、これへの反省と謝罪、再びそうした戦争をおこさない不退転の決意と姿勢を確立することこそ、日本がアジアをはじめとする国際社会で信頼と友好をかちとり、その平和な発展に寄与する大前提です。

あの戦争の歴史と真実について、みなさんの今後の学習に期待します。志位和夫『綱領教室　第一巻』(新日本出版社)、不破哲三『日本外交のゆきづまりをどう打開するか――戦争終結六〇周年　アジア諸国との最近の関係をめぐって』(日本共産党出版局)、歴史学者の著作としては、宮地正人監修『日本近現代史を読む』(新日本出版社)をおすすめします

そのことを前提に、ここでは日本の侵略戦争の特徴にしぼってごく簡潔にのべるにとどめます。①日本がおこなった戦争は、日清、日露戦争以来すべて領土、植民地の獲得を目的におこなわれた戦争でした。②戦争のやりかたが、無法、野蛮のかぎりをつくしたことです。中国大陸や太平洋上の諸島に大軍を送って大規模な作戦を展開しながら、兵站(後方支援)と補給を欠いたのが日本軍の特徴でした。必要な物資は現地調達、すなわち掠奪にたよったのですから、無法、残虐性は不可分のものでした。朝鮮や中国の女性たちを強制的に性奴隷にした従軍慰安婦問題にもそうした無法はつながっています。③犠牲と被害の大きさで際立っていることです。日本人の戦没者は三〇〇万人ですが、アジア諸国民の犠牲者は二〇〇〇万人にのぼる事実が物語っています。

近年、年老いた元兵士たちの口から、戦争の真実が生々しく語られています。私事になりますが、私の父は戦前、戦中、ある県庁の職員として中国東北部に日本がつくったかいらい国家に農民を移民として送り込む〝満蒙開拓団〟の仕事をしていました。私はこどものころ、開拓団というから中国の未開地を開墾するのだと思っていました。事実はそうではなく、長年住みついている中国農民を力ずくで追いだし、その土地を

日本の農民に提供して耕作させていたのです。文字どおり、中国の農民を犠牲にしての植民であり、植民地支配です。父は戦後亡くなるまで、戦前自分が携わった仕事について黙して語りませんでした。しかし、保守系の首長を長年務めた父は、晩年、日中友好協会の活動に参加していました。思うところがあったのでしょう。小学一年で終戦を迎えた私は、自分に戦争責任があるとは思いません。しかし、父と中国とのかかわりについて、反省と謝罪の気持ちなしに中国や朝鮮の人々に向きあうことはできないと、考えています。

（二）

日本共産党綱領は、侵略戦争に反対した党の主張とたたかいについて、「党は、ロシア革命と中国革命にたいする日本帝国主義の干渉戦争、中国にたいする侵略戦争に反対し、世界とアジアの平和のためにたたかった。党は、日本帝国主義の植民地であった朝鮮、台湾の解放と、アジアの植民地・半植民地諸民族の完全独立を支持してたたかった」と、ごく簡潔にのべています。

進歩と平和の歴史に不滅の光

日清戦争（一八九四～九五年）、日露戦争（一九〇四～〇五年）をへて朝鮮、中国へ支配の手を伸ばしていった日本は、一九一〇年には朝鮮を併合して植民地にし、一九一七年にロシアで革命がおこると、英、仏、米国などと協力して干渉に乗りだし、シベリアへ大軍を送って、一九二二年まで居座り続けました。生まれたばかりの日本共産党は、一九二三年の綱領草案で、ロシア革命と中国への干渉に反対し、朝鮮、台湾、中国からの「軍隊の完全撤退」をかかげました。これは、侵略と戦争に反対する党の立場の明確な表明でした。

党の中央機関紙「赤旗《せっき》」が創刊されたのは一九二八年二月一日ですが、「赤旗」は創刊以来、一貫して反戦・平和の旗を、自由と民主主義、国民の権利と生活擁護とともにかかげ続けました。天皇制政府は、一九三一年に関東軍がでっちあげた鉄道爆破事件（柳条湖事件）を口実に中国への本格的な侵略戦争を開始します。日本共産党は、戦争の開始二ヵ月以上前から、戦争準備がすすんでいることを「赤旗」紙上で告発し、これとのたたかいをよびかけました。戦争が開始された翌日の九月一九日付では、「中国満州における日本軍隊軍艦の即時撤退！　一人の兵士も戦線に送るな！」と訴えました。続いて九月二〇日には、中国共産党と「共同声明」を発表し、両党が連帯して侵略戦争に反対してたたかうことを宣言しました。

侵略戦争に反対するたたかいは、労働者、農民、知識人のなかでねばり強くすすめられました。小林多喜二の作品「党生活者」には、軍需工場へひそかに反戦ビラを持ちこみ、労働者に配る共産党員の活動がえがかれています。反戦活動は、軍隊のなかでもおこなわれました。党は、東京、大阪の陸軍連隊や横須賀の軍港、長門、榛名などの戦艦のなかにも党組織をつくり、反戦活動をすすめました。「兵士の友」「聳えるマスト」といった新聞も発行されました。一九三七年に戦争が中国への全面侵略にエスカレートします。日本共産党はこの時すでに弾圧で中央組織を失っていましたが、各地で党員、支持者がたたかい、中国大陸では、日本人の捕虜などによる在華日本人反戦同盟が組織されました。これらのたたかいは、天皇制の暗黒支配に反対し主権在民の主張をつらぬいた活動とともに、日本と世界の進歩と平和の歴史に不滅の光を放ち続けています。

青年たちに支えられた不屈のたたかい

日本共産党の戦前のたたかいについて、ここでは二つのことを指摘しておきます。一つは、これらの活動がいまでは想像もできない困難で過酷な条件下で、それをのりこえる先輩たちの理性と勇気、気概、自己犠牲の精神のもとでおこなわれたということです。戦前の日本では、「大日本帝国は万世一系天皇之を統治す」と憲法で定められ、立法、司法、行政の区別なく国を統治する権限はすべて天皇がにぎっていました。国民は天皇の臣民（家来）にすぎず、天皇制への批判はもとより、天皇が指揮する戦争への反対は、最悪の犯罪とされていました。

日本共産党の創立を恐れた天皇制政府は、一九二五年、治安維持法をさだめて、これをさらに改悪して「国体（天皇制のこと）の変革を目的」とする結社（政党）を組織したものに、死刑または無期刑を科すとしました。そのうえ特別高等警察（特高）という残虐きわまりない政治警察の網の目を張り巡らして、日本共産党とその支持者らに存在することさえ許さない暴力と専制支配の体制をしいていたのです。

ですから戦前の党の活動は、生命の危険を覚悟しての、非公然で過酷な条件のもとにおかれました。一九二八年三月一五日、天皇制権力は一六〇〇人におよぶ党員と支持者をいっせいに検挙し、野蛮な拷問をくわえました。小林多喜二の「一九二八年三月十五日」という作品に、そのときのようすがリアルに描かれています。党はこの弾圧にめげずに再建されますが、翌二九年の四月一六日に、再び襲われ逮捕者三〇〇人、ひきつづく弾圧で検挙者は一〇〇〇人をこし、壊滅的な打撃を受けます。それでも党は立ち上がり、反戦平和のたたかいにいどみます。その過程で、特高の拷問で虐殺されたり獄死した党の指導者、活動家も少なくありません。党中央委員の国領五一郎、同岩田義道、上田茂樹、野呂栄太郎、あるいは小林多喜二といった人たちです。市川正一という指導者は、一九四五年三月、一六年におよぶ獄中闘争の末、日本の敗戦を目の前にして獄死しています。戦後、党の委員長、議長をつとめ、今日の党をつくる上で大きな貢献をした宮本顕治さんは、一二年間獄中でたたかいぬきました。

もう一つ指摘したいのは、戦前の日本共産党の活動の多くが、青年たちによって担われていた事実です。さきにあげた人々のうち、スパイの手引きで逮捕され消息を絶った上田茂樹は三一歳でした。逮捕され拷問で四日後に死亡した岩田義道は三四歳、優れた経済学者でもあり病身をおして活動中スパイの手引きで逮捕され、虐殺された野呂栄太郎は三三歳でした。拷問でなぶり殺された小林多喜二は、二九歳です。民青同盟の前身である日本共産青年同盟の委員長であった川合義虎（二一歳）は、関東大震災（一九二三年九月）のどさくさにまぎれて、多くの朝鮮人、中国人らとともに東京・亀戸署で惨殺されました。

そのなかには若い女性たちの姿もありました。幼くして紡績工場で働き、一六歳のときにストライキ闘争の先頭に立ち、工場内で日本共産党に入った飯島喜美さんもそのひとりです。党の中央婦人部の任についたこともある飯島さんは、一九三三年五月、スパイの手引きで検挙され、拷問と虐待に屈せずに頑張りますが、患っていた結核が悪化し、同年一二月、二四歳の誕生日の翌日、獄死しています。現金一円一銭と「闘争死」と自分で刻んだコンパクトが残されていました。

諏訪市の小高い丘に記念碑も立つ伊藤千代子さんは、東京女子大に学び、一九二八年二月に日本共産党に入党します。中央事務局という部署で活動中、二八年三月一五日のいっせい検挙で逮捕されます。女性に対する卑劣な辱めや拷問に屈せず獄中でたたかいぬき、党の幹部だった夫が弾圧に屈して党を裏切るという精神的苦痛にも直面し、一九二九年九月、獄中で短い生涯を閉じます。やはり二四歳でした。千代子さんは郷里の従妹にあてた手紙に、「真に生きようとすればするほど、この目の前にある不公平な社会をなんとかよりよいものにしようという願いはやむにやまれぬものとなってきます。私の勉強もそのやむにやまれぬところから生まれてきました」と書いています。恩師で歌人の土屋文明は、千代子の死を悼んで歌を残しています。

「こころざしつつたふ（お）れし少女よ　新しき光の中に置きて思は（わ）む」

いまの党に生きる先駆者たちのたたかい

党の不屈の歴史と伝統が、先人たちのこうしたたたかいに支えられていることを、決して忘れることはできません。あらためて強調したいのは、そのたたかいが平和と進歩をめざす世界と日本のたたかいの歴史にいまも不滅の光を放つばかりか、今日の党が国の内外で社会進歩の道理と大義に立つ発言と行動を堂々と展開する大事ないしずえとなっていることです。

日本共産党の戦前の反戦、平和、民主主義の主張は、第九条をはじめいまの憲法の根本原理、条文に実っています。安倍政権による憲法否定の集団的自衛権容認、青年を戦争へと駆る戦争する国づくりへの暴走を許さないために、日本共産党がたたかいの先頭に立つことができるのは、戦前からの歴史の裏付けをもっているからでもあります。首相らの靖国神社参拝を許さず、侵略戦争へのきっぱりした反省の立場を明確にして、アジアと世界の諸国との平和と友好の関係を主張できるのも、反戦平和の不屈の伝統に支えられているからです。そうした意味から、戦前の党のたたかいの今日的意義を学び、若くして尊い命を犠牲にした青年たちをはじめとする先人たちの遺志を未来につなぐ決意をあらたにしたいと思います。

二

変革の立場と知識人の諸相

狂気・理性そして現実
――三島由紀夫の〝自殺〟をめぐって

一　三島をめぐる狂気と理性

今日、中間諸階層の内部の思想的特徴をみる場合、どうしても見落とせないものとして、アナーキズム、生の哲学の復活があげられるであろう。そして、そのもっとも特徴的な傾向は、ニセ「左翼」や全共闘などいわゆる「新左翼」のうちにみることができる。そしてこれらの思想潮流は、少なくとも一九六〇年代前半までは、主として科学的社会主義の個々の命題や、個々の党・指導者に批判を集中していたのであるが、七〇年を前後してそれらは次第に、科学的社会主義をふくむ現代の思想的原理そのもの、文明の原理そのものを否定し、それとまったく別の次元になにか新しい思想の原理をうちたてようとする志向を濃厚にしてきている。そしてその極端な一つが理性の放棄による〝狂気の復権〟の主張である。

たとえば山本正和は「『狂気』は人間の本質的な部分であり、……『狂気』を不当に迫害しようとすれば、

『狂気』はわれわれの文明にたいして過剰な反撃を加えて復讎をとげるのである」(『中央公論』一九六九年四月)などと書いている。また、ニセ「左翼」らが人民の反戦と平和の願いをこめた「わだつみ像」を破壊したとき、奈良本辰也は、その行為を、「平和とか民主主義とかいう理想のもとにすべてが硬直化してしまっている」「日常性」にたいする狂気の反逆として賛美し、「時代を動かし、文化や思想に新しい息吹を与える力はすべて人間のこの狂気に発しているといってよいであろう」(『潮』六九年夏季特集号)と書いた。

ここでは、かれらが「狂気」にいかほどの内実を付与しているかはどうでもいいのであって、現実の世界を理性の支配する動きのとれない重苦しい世界としてとらえ、それをつき破るものとして、反理性的な衝動、情念、あるいは激情を対置させていることが問題である。それは、けっして人間の意志や熱情への正当な接近ではなく、みずからの理性の破綻への絶望の裏がえしにされた表現に他ならない。それは、なんら歴史の推進力とはなりえない妄動しか生みださず、しかも全共闘のように反共主義と合体して展開されるとき、どんなに権力側にやすやすと利用されることになるかは、ここ一、二年の現実がいかんなく証明してくれた。

にもかかわらず、理性への不信は、一部の知識人や学生のなかにますます広がっているのが現実である。それは、「管理社会」といわれ、「情報社会」といわれる今日の国家独占資本主義のもとで、科学的な近代装備で武装された強大な権力、コンピューターを駆使する精緻な支配のための管理、情報システムの完備、といったような人類の理性・科学の創造物による人間の支配にたいする、絶望的な意識の表現であり、労働者階級と結合することのできない知識人・学生のその巨大な力にたいする理性の無力の裏返されたあらわれにほかならない。

さらにそれは、人民の理性や良心、希望を理不尽にふみにじってすすめられていく軍国主義・帝国主義復活、「高度経済成長」のもとで生みだされる公害をはじめとする資本主義の途方もない腐敗現象、社会的混乱、無政府性の増大などの屈折された意識への反映であるともいえよう。そこでは、ますます重苦しく圧迫される現実の壁を一挙につき破るような激情、衝撃を待望する心情が生みだされるのは一定の必然性があるということができよう。

自衛隊にクーデターを呼びかけて割腹自殺した三島の思想と行動は、広範な人民の理性とはまったくあいいれないものであり、その政治的理念は、いうまでもなくきわめて反動的なものであった。だからこそ、多くの人々がかれの行動をみずからの民主主義と理性の立場から〝狂気〟とみなしたのは当然であった。しかしかれの行動を〝狂気〟とみなしながら、なおそこになんらかの共鳴にも似た心情をみいだす人々がいるのは、右にのべたような思想状況が一部に根づよく形成されているところから理解されよう。もちろんニセ「左翼」や「新左翼」の内部からの三島にたいする礼賛は、のちにのべるように、右と「左」のちがいはあるにせよ、その思想と現実にたいする共通の論理から生まれるものであり、右のような心情とは一律にならべるわけにはいかないことはいうまでもないことである。

ところで理性にたいする不信というばあい、「プラグマチズム」や「論理実証主義」のようなえせ「科学性」のうちに理性をみ(近代合理主義にたいする反逆ということばが一定の積極性をもつとすればそこにある)、これにたいするアンチ・テーゼとして主張されることも無視しえない。このばあいの理性への不信は、帝国主義段階での観念論に伴う虚構としての理性への不信であり、そこから真実の理性をさぐり当てるか、あるいはそれに機械的に対立して科学を放棄し主観的・神秘的な生の哲学へゆきつくかは、決定的な分岐となる。労働者階級をはじめとする人民の理性は、労働と生活のなかに、歴史の進歩をめざすたたかいのなかで、たえざる検証をへて、現実とその発展の法則を科学的に認識し、未来への正確で明るい展望を切り開いていくところにその真に偉大な力をもっている。その理性は、各人の意志や欲求、情熱を一部の人々がいうように抑圧しおさえつけるのではなく、共通の認識のもとに、科学的に展望された大きな歴史的目標に結びつけ、意志や情熱に確固とした方向をあたえ、確信をあたえる。科学的社会主義の理論として結晶した労働者階級の理性は、たしかに、個々の労働者の革命的エネルギーが、直接的な対象への盲目的な怒りとしてあるいは衝動として発動し、無益な消耗をとげることを止揚する。それは、個々の意志や欲求を、革命的エネルギーを、歴史の創造のためにもっとも有効に発動するように組織し方向づけるのである。それは怒りを真の敵にたいする怒りに高め、情熱を真の解放のための情熱に高める。そしてまた逆にそのような意志や情熱は、現実のたたかいのなかで働くだけでなく、みずからの理性をより高い次元に、より科学的な理性にたえず高めゆく推進力になるのである。このように理性と感情・意欲・情熱などとは、相互に作用しあい、高めあい、革命運動の全体をつらぬくのである。

それゆえ、たとえ歴史上、しばしばブルジョアジーによって狂気のごとく非難された大衆の革命的行動についてレーニンはのべている。

「人民大衆自身がその処女のような素朴さで、単純な、いくらか荒っぽい決意で、歴史を創造し『原理と理論』を直接、ただちに生活のなかへ実現しはじめると、ブルジョアは恐怖を感じて、『理性が後景にしりぞく』と泣きごとをいう。……このような時期こそ、個々人の理性ではなく大衆の理性が歴史のうえに現われるのではないか」(「カデットの勝利と労働者党の任務」)

革命的大衆行動はブルジョアジーにとって〝狂気〟のごとく映った。これは逆にいえば三島の行動は、労働者階級と人民の「大衆的理性」には〝狂気〟のごとく映るということであろう。それは人民の民主主義をめざす目の確かさの証である。しかし、三島の事件にかんするかぎりこれを〝狂気〟としてかたづけてしまってよいかどうか。つぎの逆説的な指摘のもつ重要性ははっきりさせておかなくてはならない。

「狂気は三島によって始ったのではなく、すでにどえらい形で進行中なのだ。これほどの公害状況の下で公害対策諸立法を制止して成長経済を死守しようとする狂気、とりわけ防衛産業というぼう大な利潤源を、平和や民主主義の名で体制的に固執する狂気……、安易に公認された自衛隊や防衛産業の論理がまかり通り、まさに根源的な狂気を疑わない善良な市民が、泡沫のような狂気にだけ火事場見物のようにさわぎたてるのか、私は悲しく、心配である」(「朝日新聞」「声」一一月二八日)

たしかに、事件直後、少なからぬ文学者や知識人が、ことばにつまり、三島美学の破綻とか、あるいは完結とかに思いをめぐらし、あるいはとりあえず追悼のことばを口にしていたとき、佐藤首相は「気が狂ったとしか考えられない」と語り、中曽根防衛庁長官は「国家の民主的秩序を破壊し、常軌を逸したことはきびしく糾弾されなければならない」(「朝日新聞」一一月二五日夕刊)と語った。しかし、三島に「われわれの父であり、兄である」(「檄」)と死の瞬間までしたわれていたのは、自衛隊であり、その長官であり、自衛隊を育てた自民党政府であった。だとすれば、三島から「父であり兄である」としたわれたその「父」や「兄」から〝気ちがいざた〟とされたにもかかわらず、三島の正気の口から出た「父」「兄」ということばのうちにこそ現在の日本で進行している事態の本質を発見すべきではなかろうか。

ちなみに、三島の「檄」と防衛庁作成の公式文書をくらべてみよう。

「生命以上の価値なくして何の軍隊だ。今こそわれわれは、生命の尊重以上の価値の所在を諸君の目に見せてやる。それは自由でも民主主義でもない。日本だ」（「檄」）

「真の愛国心は、単に平和を愛し、国を愛するということだけではない。国家の危急に際して身を挺して国を守るという熱意でなければならない。戦後の風潮は、戦前の行き過ぎた国家主義に対する反動から、国を愛するという自然で人間的な感情をあえて否定するかのごとき傾向が強かったが、われわれは戦後二五年にしてみずから反省すべき時期に到達したと考えられる」（防衛庁「日本の防衛―防衛白書」）

前者は「生命以上の価値」といい、後者は「身をもって国を守る」という。また前者が「日本だ」と絶叫するところを後者は、「真の愛国心は……」という。前者が「今こそ……諸君の目に見せてやる」というところを、後者は「みずから反省すべき時期に到達したと考えられる」と説く。両者の全文を通読するなら、表現や力点のおきかたのちがいはあるにせよ、民主主義と自由を憎悪し、露骨な軍国主義、国家主義を説く、思想の根本的な論理において見事な共通性を発見できるのである。

それだけではない。「檄」の文章は、〝子どもっぽい性急さ〟で書かれているのにたいし、「防衛白書」は「父であり、兄である」ことばで書かれているのである。まさに三島にとって自衛隊は「父」であり「兄」である。

だが事態の本質は、三島は、文学者であり、せいぜい「楯の会」を組織し、政治的には幼稚で、反動支配層のめざす道の露ばらいの役をひきうけたにすぎなかった。実際に自衛隊をにぎり、国家機構をにぎって軍国主義・帝国主義の道をまっしぐらに走っているのは独占資本と自民党政府である。ただ三島の思想は、それがどんなに体制内の異端として復古的な虚構の美の衣裳をまとっていたにしろ、命を絶つ行為をつうじて、現在の独占資本や自民党のイデオロギーの原理から、それが階級闘争の現実のなかで不可避的におおわれている虚飾をはぎとった姿を露呈してみせたのである。だからこそ、佐藤首相や中曽根長官が、たとえ、三島の行為を〝気ちがいざた〟といったとしても、そこから三島と佐藤・中曽根とが無縁のものとはいえないのである。むしろ、その発言は、三島を〝狂〟とすることによってみずからを〝正〟とし、そのことによって三島が露呈してみせたかれらの思想の原理の危険な本質を国民の目からそらそうというきわめて政治的意図につらぬかれているといってよかろう。その意味では、かれの死を単純に〝狂気〟としてかたづけることは、事件のもつ意義を理解できなくしてしまうことになりかねないのである。

二　理性と現実の背離の底にあるもの

三島の思想と行動が単純に〝狂気〟としてかたづけられないことはすでにのべた。それは、かれはかれの立場からかれなりの論理、それなりの「一貫性」をもとうとしたということであろう。かれの目には、戦後日本の歴史は、かれの理念——反動的な国家主義、排外主義的・復古主義的ナショナリズム——から一歩一歩遠ざかっていくように映った。「みんな危機感なんか忘れて、いまの生活に満足している。それにおれはたえられないのだ」(『週刊現代』臨時増刊号)というかれのことばは、単に一部の人びとがいうように乱世を好み、戦乱を愛し、戦闘のなかでの壮絶な死に至高な美を見出すかれの美意識の問題としてだけ考えることはできない。「われわれは戦後の日本が、経済的繁栄にうつつをぬかし、国の大本を忘れ、国民精神を失い、本を正さずして末に走り、その場しのぎの偽善に陥り、自ら魂の空白に落ち込んでゆくのを見た」

（「檄」）というかれの認識は、「行きすぎた国家主義に対する反動から……」という「防衛白書」の認識と根本において共通していることは前にみたとおりである。だがかれが死をもって訴えたその底には、右のことばが示すように現実にたいするかれの危機感がずっしりと横たわっていた。

「われわれは四年待った。最後の一年は熱烈に待った。もう待てぬ……」（「檄」）というかれの焦燥は、自衛隊のクーデターによって現在の日本の階級関係を一挙に逆転することへの期待に転化していったのである。かれはその期待を大学闘争の最中、全共闘にすらつないで、天皇をさえ支持してくれれば安田講堂にいっしょに立てこもろう、とまでいった。かれは全共闘にたいして「いまの日本ではあなたがた自身が天皇をもちださなければ共産党に対抗できませんよ、いまの状態では論理的に。私は前からそう思っていた」（『対談・三島由紀夫・東大全共闘』新潮社）といい切った。

戦後日本にたいするかれの危機感は、昭和元禄をのろい、平和をのろい、大衆社会をのろうことばで語られてはいるが、それは疑いもなく共産党を中心とする民主勢力、労働者階級を中心とする反帝・反独占の民主主義勢力の台頭と前進への恐怖であった。その意味では、三島の現代にたいする危機意識は、民主勢力にたいする米日支配層の危機意識を象徴的に体現しているといえよう。そして政府や自民党が、根本において自分と同じ思想と理念を共有しながら、政治家としての政治的打算から、敵味方の力関係をおしはかりつつ、憲法と自衛隊との関係にみられるように、実際の力関係にそくして現実に対処していくことはさけられないことが、かれの目には、支配階級内部での理性と行動との背離とうつった。かれはつぎのように書いている。

「現代政治と社会、政治理念と行動との間における真黒な深淵が暗示されている。われわれは、いまその深淵の上を閉ざす弥縫な『平和』にたぶらかされているが、やがてその深淵は人間精神の上にもっとも恐ろしい形で再現することは十分予期されるのである。それは認識と行動とのギャップ・認識と行動とが相纏し相疎外するアンビヴァレンツ的関係の始まりであり、政治的理念が無効性のかなた、およそ銀河系のかなたに追いやられる如く、追いやられていくこちら側に、理念不要の現実政治の退屈きわまる術策と妥協とが横たわり、一度精神の問題に思いいたすと、人々はこの二つのものの間の目くらむほどの深淵に直面せざるをえない状況がきているのである」(『行動学入門』文芸春秋社)

かれにとって、政治の世界は政治的理念と精神が無効性のかなたに追いやられる行動の世界である。そして、これにたいして一方の極に理念と精神の世界がこれと絶対的に断絶して定立される。

かれは、現実の政治の世界で、支配階級の階級的理性がどのように働くかを〝理解〟できない。というよりむしろ容認できなかったというべきであろう。そこでは支配階級の理性は醜悪なかれらの現実の行動をつうじてしか体現されないのであるが、かれは、支配階級をしてそのような欺瞞や偽善、論理的な破綻を余儀なくさせている人民の力、民主勢力の力を真実のところで計量することができなかったということであろう。かれは支配階級のなかに精神なき現実をみ、この現実と自分の精神の間にこえることのできない断絶をみたのである。そしてかれはこの断絶をみずからのうちにも発見する。つまり、かれはこのかれにとって許しがたく思えた理性から断絶された行動の世界のなかにあってものを書くことのむなしさ、悲哀をみたのである。こうして、かれは青白きインテリから、五〇年代後半にはじめたボディービルへと、からだをきたえ、行動しうる人間へとかりたてられていった。が、それは、一種のナルシズムにすぎなかったのである。

そして六〇年安保闘争をへて民主勢力の前進に直面して、かれの危機意識は自分のからだをきたえるだけではだめだ、自衛隊にはいって軍事技術を身につけなくてはとなり、さらに「楯の会」の発足、自衛隊自身の決起による力と行動の誇示へと拡張されていく。それはかれをして「もしどうしても私が戦いを欲するなら、芸術においては砦を防衛し、芸術外において攻撃に出なければならぬ。芸術においてはよき守備兵であり、芸術外においてはよき戦士でなければならぬ」(「太陽と鉄」)と語らせ、「文武両道」「菊と刀」という志向をつのらせ、「武士道とは死ぬことと見つけたり」という「葉隠」への傾倒、「知行合一」をとなえる「陽明学」への心酔へ、ここでかれは支配階級の論理のもっとも尖鋭な体現者として再生する。それは自衛隊の合憲、天皇制の復活のために自衛隊が決起すること、すなわち権力の中枢をかれの論理に従わせることにほかならなかった。

だがそれは、〝狂気〟として支配階級の側からすら断罪された。かれは、支配階級の策術、妥協のなかに、階級支配の本質、かれらのブルジョア的理性が貫徹されていること、また根本において民主主義的な人民の意志と理性が、広範な大衆を結集して物質的な力となって支配階級を圧し、そのような理性と行動をしいていること、これらのなかにこそ、現実の思想と行動、すなわち現実の論理が働いていることをけっしてみとめようとはしなかった。かれはそのような現実と断絶した主観のうちに絶対者をうちたてようとしたのである。

このような「虚構」においては、現実がいわば「不純」とされればされるほど観念は「純粋」になり、現実がみにくければみにくいほど、それは美しいものになっていく。だが、その「純粋さ」とか、「美しさ」とかこそがかれにとってのもっとも大きな陥穽であり、アキレス腱であった。それは現実の化石化であり、形骸化である。このような三島の虚構にとっては、人民の民主主義と平和の力をそれなりにみとめ現実的に対処する支配階級の政治家たちとは異なって、その観念の世界は、そこに三島の個人的特質がもちろん付加されているにせよ、一挙に支配階級の現実と行動の理想化された世界へと転身をとげていき、逆に「化石化」され、形骸化された現実をかれの観念の世界に強引にひきよせるための行動へとかれをおいたてることになるのである。

だがこのように複雑な階級的・政治的力関係、歴史的諸条件に規制される現実をこばむ虚構を現実に転化することは、必然的に破綻せざるをえず、しかもその破綻のうちにこそかれの〝狂気〟があったといえるであろう。

政府や自民党の政治家たちは、たとえ極端な主観的観念論の信奉者であっても、実際政治の過程ではかれらの階級的立場から現実の諸関係を考慮にいれざるをえないのであるが、三島はかれがうちたてた理性を至高のものとして絶対化することによって支配階級の論理を「純化」しようとしたのであった。したがってそのような「純化」された観念は、現実のなかで行動する人間の観念ではなく、行動することによってしか現実と結びつきをもてない主観的理性であった。それはちょうど「自己否定」とか「根底的な問い」とかを現実にそくすることなしに主観の内部でリフレインしていった結果、現実からどんどんかけ離れたところに自己の精神を追い込み、現実との結合の回復のためには絶望的な一揆的行動しかなくなってしまった、全共闘にも共通している。そのような理性は、主観の内部における論理としてはいくら一貫していても、社会的には〝常軌を逸した〟ものとならざるをえない。それを狂気とよぶかどうかは単にことばの問題にすぎないのである。

ただし、全共闘のばあいは、その論理は現実によって壊滅的な打撃をうけ、主観の内部における論理としての理性すら破綻し、ことばの真の意味での狂気にひきよせられていったのであるが、三島のばあいは、それは〝死〟によって閉じられたのである。

それはともかく、こうして三島の死は、現在の支配階級内部に深まる論理と行動の矛盾、ことばと現実との矛盾を体制の側からもっともたんてきに表現してみせたのである。そしてそれは支配階級をそのような困難においこんでいる民主勢力への逆上した攻撃にほかならなかったのである。かれの〝死〟は、かれの美学の終焉、文学の破綻である以上に、実のところ人民の民主主義的力という現実への敗北であり、そこに、人民の民主主義的運動の前進を前提に現代日本の支配階級のきたるべき敗北への予見をよみとることができるのである。

三　現代日本における行動の論理

三島の死について野坂昭如は、「その生を語るにせよ、死をあげつらうにせよ、言葉のこれほどの虚しさを知らされたことはない。そのうつろな言葉にすがって、生きつづけなければならぬ先ゆきを思えば、またあらためて呆然としてしまい、ぼくにできることは、ただ喪に服するのみ」（『週刊現代』増刊号）とのべた。この野坂について、三島は生前、野坂が〝三派全学連〟への心情的支持を放棄すると表明したことについてつぎのように書いている。

「彼は行動が人をどこまで連れていくことができるかを知らなかったのではなくて、むしろ知りつくしているから強引にとめてしまったのではないかと思われる」（『行動学入門』）

三島にとって行動とは常に死とうらはらのものである。かれは、知識人、文筆家にたいして行動へのしりごみを非難している。「葉隠」「陽明学」への共鳴はすべてかれにあっては、死すなわちニヒリズムと裏はらになった行動へのファナティックな礼賛につながっている。

かれが陽明学において、その「行動的な側面があらわになるのは、結局、太虚をテコにして認識から行動へ跳躍するその段階である。もし太虚がなければ、われわれは認識のうちに没して、ついに知性主義、認識主義を脱却することができない」(『行動学入門』)という結論をひきだすとき、それは「退路をたって背水の陣をしけ」と叫ぶニーチェの能動的ニヒリズムにつながり、「連帯を求めて孤立をおそれず」と絶叫する全共闘の絶望的な行動へのニヒルな妄動とまったく共通する、認識と行動の関係のパターンをあらわすのである。

かれがもっとも忌みきらうのは、いわゆる認識主義であり知性主義である。そしてかれは、行動する人間のうちにのみ人間としての存在意義をみとめるといい、そのような人間の理想を「死を仕事とする」武士のうちにみいだすといっている。『葉隠入門』でかれは、「武士とは全人的な存在であり、芸能をこととする人間はファンクション(機能)に堕した一つの機械的な歯車にすぎない」とのべている。

もちろん武士を理想とするアナクロニズムが論外であるにとどまらずに、行動する人間のうちに「全人的な存在」をみることで、三島が極反動的な政治路線の上でのその具体的行動化をめざすところに、われわれはこんにちの日本の一般的な思想状況の一つの特徴をみとめる必要がある。

六〇年安保闘争と七〇年代安保闘争のちがいが、前者においては安保条約が改定されるにしろ阻止されるにしろ、直接的には安保条約そのものは存続しつづけることは事実であったのにたいし、七〇年代の安保条約をめぐる闘争は、その存続か廃棄かをめぐるたたかいにほかならない。この事実は、六〇年代をつうじての民主勢力の力強い前進を主要な前提として、七〇年代の階級闘争が一段と緊迫した対抗関係のなかであらわれているという現実を端的に示すのである。

階級闘争において、またとくにそれが尖鋭化するとき、支配する階級のなかにも支配される階級のなかにも、みずからの階級的力をもっとも集約されたかたちで結集しようという志向がつよまるのは歴史の必然であろう。それぞれの階級は、みずからの知力も、感情も、意志もすべて結集し、みずからの階級的力量を最大限に発揮する必要にせまられる。三島はそういった総力の結集を、行動する人間のうちにみいだし、行動への礼賛の哲学をつくりあげたのである。

またそのような事態は、公害という現代資本主義の生みだす深刻な問題にも関連する。階級闘争においては、経済闘争、政治闘争、思想闘争が、それぞれ独自の任務をもちながらも、より緊密にむすびつき、それらが総合され、一体となって一つの階級的な力を形づくるのであるが、このことは今日国家独占資本主義のもとではその特徴をいつにもましてますますつよめていく。三島の「行動主義」は、こうした諸矛盾を反動的方法で切りぬけようとする独占資本、反動勢力の志向を〝先取り〟したものにほかならない。

他方、一般の民衆、青年の側にも、七〇年代にはいって、階級闘争の一段と激化していくなかで、科学的知性と一体となった感情と意志を、そしてその集約された表現である行動を、そしてそのための目的を、という志向がつよまってくる現象がある。いわゆる「生きがい論」の流行は、その可否はともかく、生活そのもののなかで示される態度・行為そのもののなかにこそ生きがいがあるということであり、このいまだ見出しえぬ目的をつかめたら、そのためにはいかなる困難な行動をもいとわないという考え方がひろがりはじめている思想状況をしめしている。そこに、階級的対立の激化が横たわり、人民の行動・闘争への意欲のたかまりもひそんでいることをみなければならない。それは正しい目標が設定されるならば歴史を急速に進展させる大きな力である。

行動において、実践において、人間は、自分の体力、知性、判断力、感情、意志の全機能を集中し総合して一つの目的をなしとげる。そこにおいてひとりの人間は全人的存在としてみずからを開示するのである。とりわけ、民主主義的変革の闘争において人びとは、みずからの行動・実践の一秒たりともごまかしのきかない全人的存在としてたたかうのであり、さらにこのような現代において、各個々人は、いかに行動しても行動の理想たるその全人的存在は、人民の民主的諸組織においてはじめて体現されるのである。そこにおいて各個々人のそれぞれの能力や特質は集約され、巨大な力となって歴史を動かすのである。文学にしろ科学にしろ各人の専門や技能は、民主的諸組織においてもっとも有機的に生かされていく。そこには、連帯と歴史における個人の役割についての誇らしい自信が生まれる。

ところが、行動がかかるものとして歴史的にも積極的な役割をはたすには正しい目標という前提があり、この前提を欠くとき、その行動はおそるべき悲劇的泥沼にひきこまれる。三島の「行動主義」はまさにそのようなものであった。

歴史の進歩にさからう支配体制のなかにあって、その体制をいっそう急速にいっそう反動化させようとする点においてのみ体制内異端者であった文学者三島は、かれが自衛隊に絶望したとき、かれが〝狂気〟におそわれたと想像することは容易である。「武士道とは死ぬことと見つけたり」ということばに、無類の共感を示すのをみるとき、かれの行動がなにゆえ、死とだきあわせになったニヒリズムを体現していたかはあきらかであろう。かれは、体制内にはあっても孤立した知識人として、筆の無力を反動的な行動への礼賛に転化し、死にいたる反動的な行為の瞬間における生の燃焼のうちにしか、自分の行動の意義をみとめられなかったのである。

三島とは対照的にみえながらも、同様に、民主勢力に敵対する「全共闘」などいわゆる「新左翼」を名のる個人にあっても、巨大な敵にたいして、自分の知識の無力、理性の無力、文学の無力が対置され、それらをかなぐりすてた〝狂気〟のごとき瞬間の行動のうちにのみ生の燃焼を感ずることしかできなくなっている。

一般の人のあいだで、もしかりに三島の死になんらかの共鳴するものがあるとすれば、おそらくそれは、多くの人にとってはかれの政治理念ではなく、かれがとにかく、〝からだをはった〟という点にあるだろう。書くだけでなく、しゃべるだけでなく、実際の行動によって身をもって体当たりした、という点に、かつて第二次大戦末期に特攻隊が礼賛され、あるいはいまでも同情されるのと同質の感情を素朴に心のどこかに生みだすかもしれない。

しかし、問題の核心は、かれがいったいなんに体当たりしたのかにこそある。一見、自衛隊に体当たりしたかのごとくみえるが、そうではなく、かれは自衛隊をとおして、民主主義と自由に、それを願うすべての人々に、かれは「全人的」に体当たりしたのである。かれは民主勢力へ、ファシズムという武器をもって切りこもうとしたのであった。その意味でかれは、かれの属する階級と政治勢力の論理にあまりにも尖鋭的に忠実であった。そのためにかれは、支配階級の現実からすら遊離し、その断絶をうめるために〝早まった〟あるいは〝それしかない〟行動にでた。そして、かれはみずからの死をきっかけに、援軍が戦闘態勢を整えることを願ったにちがいない。かれが今後の歴史のなかで一時的にもせよ、英雄の座に祭られるか、真の意味で〝狂死〟として歴史から抹殺されるかは、人民の民主主義のたたかいと世論の前進に確実にかかっているのである。

現代市民主義の展開と限界
――小田実氏の思想と「ベ平連」

はじめに

一九六五年四月、「ベトナムに平和を！　市民連合」すなわち「ベ平連運動」がはじまり、以来約八年間つづいて先頃解散した。この運動が六〇年代後半にさまざまな姿をとって登場した市民運動のなかでも、その思想的、政治的影響力の点において注目すべき存在であったことは、ジャーナリズムの報道を待つまでもない。

この運動は、「ベ平連には会員などというものは存在しない。綱領がなく、規約がなく、役員選挙がなく、したがって役員はいない」（小田実編『ベ平連』三一新書）といわれるように、従来の大衆運動、大衆組織とは大きく異なる原理をもつものとして登場してきたのである。この運動は実際行動の面においては、六六年の「ベトナムに平和を、日米市民会議」開催、米空母イントレピット号からの反戦水兵脱走の援助などから、花束デモ、東京フォークゲリラ、反戦反博など奇抜なアイデアによる多彩な行事にいたる活動を展開してきた。この運動には知識人、学生、勤労市民、未組織労働者、いわゆる「新左翼」派の活動家などが参加したが、いわゆる既成組織に結集されていない人々をベトナム戦争反対の行動に結集するなどの面では一定の「積極的役割」をも果たしつつ、他面、しばしばトロツキストなどと同調したり、反共・反党分子を運動内に包含したりして日本の民主運動に否定的な作用をもあたえてきたのである。

わたしは、小田氏らによる市民主義運動、とりわけ「べ平連」のこのような活動が、六〇年代を通じて一定の社会運動として、その評価の可否はともかくとして、生きつづけたという事実のもつ意味を明らかにすることをこの論稿で試みてみたいと考えるのである。そこには、小田氏が、戦後の近代主義、あるいは市民主義の伝統の上に立脚しながら、六〇年代の歴史的・社会的条件の変化のなかに提供したなんらかの新しい要素があるにちがいないのであり、そのことによって、小田氏の思想と行動は、他の多くのそれ以前からの市民主義者の枠を越えて現実的な影響力をもつにいたったとみなければならないであろう。だからわたしはなによりもまず、六〇年代の社会的・歴史的条件の変化・発展のなかで小田氏の思想をとらえる努力を試みなければならないと思うのである。(注1) そして、そのことを前提としたうえで、小田氏の思想と戦後日本の市民主義思想との共通性と異質性を検討してみたいと考える。結論的にいうならば、氏の思想は基本的な原理の大枠においていわゆる市民主義の伝統的な思想原理を継承していることが、まず第一に確認されるであろう。そこには、市民的自由、平等の理念に導かれながら、国家に対する個人の優位、組織に対置された自由の原理、社会に対する歴史的・階級的把握にかかわる等質の個人の集合体としての社会といったような基本的観点が、貫徹されているのである。(注2)

しかし右の点を確認したうえで、六〇年を前後して伝統的な市民主義がその社会的影響力の点で後退していったなかで、小田氏らの市民主義思想がそれにとってかわったようなかたちで急速に社会の表面に現れ出て、一定の社会勢力をまで形成した理由はなんであったのかが問われねばならない。そこには、このような現実を生み出し促進した六〇年代の社会的、歴史的背景とともに、小田氏がそのような社会的条件とどのようにかかわったのか、またそのかかわりのなかで氏らを一定の社会勢力にまで仕立てることを可能にした、小田氏の思想の新しい要素はなんであったのかを解明することが求められるであろう。

わたしは、この問題にたいして、一つは小田氏の人間観・社会観と六〇年代に顕著に現れたベトナム戦争や「高度経済成長」のもたらした諸変化などの社会的諸条件とのかかわりで検討してみることにしたい。そしてつぎに、小田氏の個人主義思想をかつての「大衆社会論」との対比においてとらえ、その積極面とともに、その本質的な限界をみてみることにしたい。さらに小田氏にみられるプラグマチックな思想と実践の特質を検討の対象にすることにしよう。

これらによって、小田氏の思想の一定の新しさが今日の日本の革新運動にとっていかなる意味をもつかを明らかにするとともに、小田氏の思想が示す実践的展望のうちに、ひとつ間違えばきわめて危険な道に踏み出しかねない要素の存在を示すこと、そこにこの論稿のねらいがある。「ベ平連」は最近組織的には解散し、運動のあらたな方向を模索するということがいわれている。それだけにこの運動が今後いかなる方向に向かうかは、われわれとしても黙過できない問題であり、したがって小田氏の思想の分析は、その意味からも少なからぬ意義をもつものと思われるのである。

わたしは、小田氏の反戦運動などに示された熱意とそのバイタリティーを評価するにやぶさかではないが、それゆえにまた、氏の思想のもつ弱点が、氏らの行動を日本の真の革新のためのたたかいから結果的にそらせ、あるいはマイナスの作用力に化してしまうことをおそれるのである。このことは、「べ平連運動」が、これまで各種の民主勢力の統一行動にさいしてどのようなかかわり方をしてきたかをふりかえってみるならば、けっして根拠のないことではないであろう。そこでは、しばしば小田氏自身の主観的意図をのりこえて「べ平連」が民主勢力の統一した闘いに対置される役割を果たすような局面を認めなければならないのである。そしてそのような危険性を許す弱点が、小田氏の思想それ自身の弱点と無関係ではありえないこともまた否定しがたいのである。わたしは氏の主観的な善意と信念に期待するがゆえに、これらの点を率直にえぐり出し、参考に供したいと考えるのである。

なおことわっておかねばならないのは、本稿は小田氏の思想の政治的・哲学的側面についてだけ検討の対象とするのであり、氏の文学上の主張や作品については、対象からはずしてあるということである。この点については、現在のわたしには論を展開する準備も資格もないことを許していただきたいと思う。

注(1) 小田氏の論集は六五年以後の主なものだけでも次のようなものがある。

『戦後を拓く思想』(講談社)、『平和をつくる原理』(講談社)、『義務としての旅』(岩波書店)、『人間・ある個人的考察』(筑摩書房)、『終結のなかの発端』(河出書房新社)、『人間のなかの歴史』(講談社)、『難死の思想』(文芸春秋)、『世直しの倫理と論理』(岩波書店)、『生きつづけるということ』(筑摩書房)他。

注(2) 上田耕一郎氏は「日本型プラグマチズム変質の限界」(『文化評論』一九六二年六・七・八月号)で次のような弱点をあげている。

「(1)アメリカ帝国主義にたいする従属と、民族独立の課題にたいする無視ないしは過小評価、(2)独占との全戦線にわたる対決という課題を、極反動あるいは官僚独裁に抵抗する民主主義的権利擁護というせまい課題に矮小化する傾向、それと結びつく改良主義および保守主義への傾斜、(3)労働者階級の組織的指導性を軽視して運動を自由主義的知識人の非組織的指導に従属させようとする傾向、(4)前衛党にたいする不信とシニズム、(5)平和運動における絶対平和主義的、あるいは中立主義的傾向、(6)階級闘争における権力および暴力の問題にたいする無政府主義的傾向、(7)小ブル的焦燥によるトロツキズム的傾向、(8)運動の無原則的な多元主義。」

一　六〇年代と「べ平連」

わたしはまず、六〇年代の世界史の展開と日本の諸条件とのかかわりのなかで「べ平連」および小田氏の思想の若干の特徴を示すことからはじめたい。

六〇年代以後の世界史が、一口にいってベトナムに対するアメリカ帝国主義の侵略とそれに対する国際反帝勢力の闘争を中心に展開されてきたことはいうまでもない。そして帝国主義に反対する闘争は、ベトナムにおけるアメリカ帝国主義の侵略にたいするたたかいとして全世界の民主勢力の結集を要求し、十分とはいえないいまでもそれを実現した。これは日本においてもとりわけそうであった。「べ平連」が「ベトナムに平和を」という政治的にはかなり不明確なスローガンのもとに運動を展開したことも、全体としてはベトナムを中心とした世界の反帝民主勢力の結集という六〇年代世界の大きな流れのなかでとらえられることは、まず第一に確認しておかねばならない。この意味では、小田氏がいかに考えようと、「べ平連」は共産党や労働者階級の組織的な反帝闘争の前進を強いインパクトとして生まれたものである。(注1)

ところが小田氏によれば、「べ平連」は「人びとが労働組合単位、あるいは政治団体単位、学生団体単位で動くという習慣をやめ」「主体的自由を基底として」「市民」として活動するところから成立する(『朝日ジャーナル』六八年一〇月二七日号)とされ、ベトナム支援闘争の主軸となってきた組織勢力と意識的に自らを区別する。ここには、労働運動や政党に対置して、等質な市民・人間の自由な連合のうちに変革の主体を求める市民主義の志向が強く働いており、同時に、六〇年安保闘争以後、知識人の一部に生じた否定的な現象との深い結びつきがうかがえるのである。この点について上田耕一郎氏は一九六二年につぎのような指摘をしていた。

「日本の無党派的市民民主主義の内部で従来の共産党あるいは社会党のシンパサイザー、あるいは社共の統一を支持し推進しようとする立場に代わって、いわゆる『既成組織・既成政党にたいする不信』とか、既成前衛党の『前衛機能喪失』とかいう旗印のもとに、共産党や社会党の政治活動から、『原理的』に独立した独自の無党派的政治勢力を形成しようとする志向が強まってきた……」(「日本型プラグマチズム変質の限界」)

右のような事情のため、「べ平連」は平和と民主主義という理念においては共産党や労働組合と共通する目的を多分にもちながら、トロツキストやいわゆる「新左翼」と心情的に通じあう体質をもって形成されたのである。このことが第二に確認しておきたいことである。

第三に、民主勢力のベトナム支援闘争の前進、六〇年代のいわゆる「高度成長」に伴う生活の破壊、環境の破壊など矛盾の激化のなかで、従来共産党や労働組合とは無縁の存在であった広範な人々のあいだに、政治的・社会的行動へのエネルギーが急速に蓄積されてきたことである。これは今日、全国津々浦々で展開されている住民運動をみれば明らかであろう。このような状況のなかで、「べ平連」運動を通じて、ベトナム問題などで社会的実践のなかから発言する小田氏の、実践する知識人としてのあり方と発言が注目を集めることになるのである。従来、日本の伝統的な社会的・歴史的条件のもとでは、マルクス主義者以外の知識人は多かれ少なかれ実践から遊離し、たとえ社会的実践にのりだすことがあっても、やはりそれはその人の知的活動に従属したものにすぎないばあいが多かった。これにたいして小田氏は、あくまで実践のなかから、生活のなかから発言するのであり、そこに従来の非マルクス主義インテリゲンチアに見られない特質がうかがえるのである。そして今日の日本のアカデミズム知識人のかなりの人々が国民の政治的・社会的要請から遊離しがちな存在からぬけだせないなかで、小田氏は強烈な反アカデミズム意識をもって一定の人々にうったえるのである。かれは、氏の立場から理論の実践からの遊離を鋭くつき、そのような議論にたいしては「えらいたいそうなこと言うてはりますなあ。それでわたしはどないなりますねん。そしてあなたはどないしなはりますねん」(『世直しの倫理と論理』)とひらきなおる。(注2)

わたしはここに、かつて『思想の科学』などが追及した「実生活者民主主義」の流れをみると同時に、六〇年代後半に百八十万人にまでふくれあがった大学生に象徴される日本の知識層の量的質的変化をも読みとれるように思うのである。というのは、この莫大な大学生に象徴される層は社会においてはその多くが技術者となりホワイトカラーとなり、知的自由業者となるのであって、かれらは知識だけによって生きる知識人ではなく、現実の生産過程、生活過程のなかに深くくみこまれ、そこで実務にたずさわりながら、生活しながら考えたり知的活動に参加するのである。いわゆる作業服を着たまま、生活のなかで、仕事のなかで考える層である。

小田氏が大学の先生ではなく予備校の教師であることを売りものにし、背広に対してジャンパーを、標準語にたいして大阪弁を対置し、伝統的な知識人特有の専門的・抽象的思考と論理に対して、感覚と非論理性を対置するのも、右のような層の生活感覚と対応しているのであるといえよう。そしてこのような小田氏が今日の中間層のなかでオピニオンリーダーのひとりとして影響力をつよめてきたという事実のうちに、いわゆる「論壇知識人」のなかにみられる社会的影響力の後退現象とあいまって、六〇年代におこった知識層の量的・質的変化の一側面が具現しているように思われるのである。

第四に、小田氏および「べ平連」組織の特異な性格をなしている無定形の組織という見解である。「べ平連」には運動があって組織がないといわれるように、その組織ぎらい、自由主義、個人主義は極端な形にまでつきすすめられている。ここにもわたしたちは、今日青年層の一部に形成されている極端な個人主義・自由主義とのつながりを確認できるとともに、そのような無定形の組織論のために、運動自体がきわめて雑多な思想潮流の集合体となり、なんら明確な政治的方向づけもないまま局面局面の情勢によって左右に動揺するという無原則性をみるのである。この点が「べ平連」を評価しにくいものにしているのであるが、行動における一貫性を欠いたところにこそ「べ平連」の身上があるのである。

以上の諸点を概観してみるならば、小田氏と「べ平連」の思想の特質はおのずからうきぼりになるであろう。それは、なによりも、ベトナム戦争に対する反帝・平和勢力のたたかいの前進のなかから、そのインパクトのもとに生まれたものであり、しかもそれは、六〇年前後まで日本の民主運動のなかで大きな思想的影響力を保持してきた、市民主義思想の変型あるいは奇型として登場してきているということである。そして、市民主義のこのような変型は、少なくとも六〇年代の社会的・歴史的条件の変化にそれなりの適応の努力のなかから生じたものであり、ある側面においてはその一定の成功を認めなくてはならないことも事実であろう。にもかかわらず、その適応の方向は日本共産党との共同や統一戦線の強化の方向にむかって前進するという性格のものではなく、むしろそれからの自立あるいは対立の方向にむかっての歩みをすすめるという側面を多分にもつものであった。

そこで、小田氏らの思想の出発点あるいは、原理を市民主義として確認したうえで、なにゆえ、またどのようにして戦後日本の市民主義の潮流から小田氏のような息子が生まれ、「べ平連」のような組織が成立するにいたったのかを検討してみなければならない。

注(1)　小田実編『べ平連』によれば、「一九六五年四月の一五〇〇名のデモ行進」が「べ平連」の始まりであるが、これ以前に民主勢力がどのような努力をはらってベトナム問題を国民世論として形成してきたかは改めて説明を要すまい。

注(2)　小田氏の知識人観をもっともよく表すものとして、次の一節を引用しておこう。
「何かの大事件のさいに、『思想インテリ』、たとえばいわゆる『進歩的文化人』というものが新聞で、テレビで綜合雑誌で何を言おうと、政治家も重役氏も、インテリの一種の人気者である『庶民』、『民衆』、『大衆』というやつも、『生活の場』の上にどっかりとあぐらをかいていて、なるほど、そんな考え方もあるのかね、と目をみはることはあっても、同時に、それは『机上の空論』だと自動的に決めてかかっている場合が多い。そして、なおわるいことに、発言しているインテリ自身が、心のなかで、

『やっぱり、現場の声は……』とひけめを感じている。」(「日本の知識人の状況と問題」、『難死の思想』〈文芸春秋社〉、318ページ)

二　市民主義と小田氏の思想

小田氏の思想と行動が、安保闘争当時に「市民主義の成立」などと呼ばれて、一定の思想的・政治的潮流として形成されたものの延長線上に立つものであることについては先にもふれた。

まず六〇年安保当時の市民主義を、久野収氏の「市民主義の成立」(『思想の科学』一九号)を例にみてみると、大要つぎのようになる。

それは、第一に、国家権力から本来的に独立した市民の自由な連合を理想とする古典的な市民主義を基底としつつ、第二に、組織に対する個人の、大集団に対する小集団のあるいは無定形の集団の、認識に対する情緒の優位という特質をつよく強調する。そして第三に、それは、革新政党や労働組合の原理とも独立した非政党的無党派的な市民主義として成立する。(注1)

小田氏の場合についていえば、かれが右の「市民主義」の特質を基本的に共有していることは疑問の余地がないであろう。かれは、「どのような民主主義であろうと、それが民主主義であるかぎり、原理・制度として基礎にあるもの――むしろ、一般民主主義、普通民主主義の名で呼ばれるもの、そこから私は出発したいと思う」(「原理としての民主主義の復権」、『市民運動とはなにか』100ページ)といい、「国家の原理が自分の持っている普遍的な原理、人類の普遍的な原理に反対するならば、自分たちは国家の原理から手を切って、人類の普遍の原理に従わなければいけないばかりではなく、従うことができる」(「平和への具体的提言」、同前35ページ)と主張する。小田氏にあっては、組織に対する個人の、定形に対する無定形の、認識に対する情緒の優位は、六〇年当時の市民主義よりはるかに進化した姿をとっており、また、革新政党や労働組合に対する独自な原理という点でも、「べ平連」に実体化されているようによりシビアーな形をとっているのである。

そもそも市民主義は、歴史的には、戦後日本の各時代をつうじてさまざまな弱点、固有の欠陥を伴いながら平和と民主主義に対する強力な希求に貫かれ、とくに戦後初期には共産党ともゆるやかな共同歩調をとり、総体としては一定の積極的役割をも担ってきたことは認めてよいであろう。しかしそもそも、資本主義の興隆期に反封建ブルジョア民主主義革命の理念として現われた市民主義の思想原理を、今日の高度に発達した資本主義のもとでの革新の運動のなかにその思想的原理として適用すること自体が、今日の歴史的諸条件のなかでは、本質的な限界をもたざるを得ないことはいうまでもなかろう。アメリカの「独立宣言」やフランスの「人および市民の権利の宣言」に具体化された思想は、基本的な人権の保障の基礎の上に自由で平等な市民の連合体としての社会を理想とするものであるが、そのような社会においてなお階級間のさく取と支配が除去され得ないことについては、まったく無力な原理であったのである。このことについては、一八四〇年代のはじめにマルクスが「ユダヤ人問題によせて」のなかで痛烈な批判をあびせ、その地点を越えたところのものであった。すなわちブルジョア民主主義革命＝政治的解放によっては、市民社会内部の不自由、不平等はなんら解決されず、したがって政治的解放にとどまることなく市民社会そのものを変革することによ

って普遍人間的解放にすすまなくてはならない、というのが若きマルクスの到達点であったのである。（注2）

このように、市民社会を理想化する市民主義は、その本来の姿においては反封建ブルジョア民主主義革命のイデオロギーとしてその歴史的使命をとっくの昔に終わったものであるが、にもかかわらず、そこに含まれていた自由・平等などの理念は人類の到達した貴重な思想的成果としてその価値を失っていないばかりか、その後、マルクス主義者の手によっていっそう発展させられてきていることはいうまでもない。

だが、戦後の日本において、市民主義が一つの有力な思想潮流として今日にまでいたっているという事実のなかには、単に右の点にかぎられない日本の特殊な歴史的事情がうかがえるのである。

それは、第一に、周知のように日本におけるブルジョア民主主義革命の課題が不完全ながらも実現されたのは、第二次世界大戦後であり、ヨーロッパの諸国にくらべて一世紀以上のおくれをとったという歴史的特殊性である。第二に、このブルジョア民主主義革命がアメリカ帝国主義によって流産させられるという事態のため、ブルジョア民主主義の課題が未解決のものを残しながら反帝・反独占の民主主義的課題に連結していったという特殊な条件である。

このような歴史的な事情のため、戦後日本においてブルジョア革命期のイデオロギーである「市民主義」が、戦後日本の民主化の過程で、あるいは反帝・反独占の民主的課題の遂行の過程で、一定の有効なイデオロギーとして特別に現実的な影響力をもってきたのである。

しかし、この市民主義は、その出生からして社会の発展を階級関係においてとらえることができないという致命的な欠陥をもっているだけではなく、帝国主義の時代において帝国主義についての科学的な理論をもたず、さらにその骨がらみの個人主義のゆえに労働者階級の階級的諸組織の歴史的な使命を見通すことができず、つねに現代の歴史の進歩のなかで時代そのものによって裏切られていかざるを得なかった弱点を含んでいたのである。

そこで小田氏らのよって立つ市民主義が、日本の戦後史のなかでいかなる変遷をたどってきたかをごく簡単にでも概観してみることは、氏の思想の今日的意義を問う上で有効な作業となりうるものである。

戦後日本の民主化にあたって、思想的にはマルクス主義と近代主義・市民主義の相剋が進歩陣営のなかの主要な対抗の一つをなしていたことはいうまでもないが、そのなかで大塚久雄、丸山真男、川島武宜、高島善哉氏らの果たした役割は、戦前からの絶対主義的天皇制を否定しブルジョア民主主義をとにもかくにも実現するという戦後の一時期には積極的な評価を与えられるべきものであった。それらは新憲法の成立のもとで、この憲法に象徴される平和で民主的な社会の樹立をめざすというかぎりで、大きな国民的影響力すらもちえたのである。

しかし、一九五〇年代に入り、対米従属下での日本独占資本の軍国主義・帝国主義復活が本格的にすすめられ、対米従属的な国家独占資本主義が次第に形成されていくにつれて、わが市民主義的思想潮流には大きな変化が現われる。それは右のような反動攻勢の強化のもとで、日本国憲法に理念化された平和で民主的な市民社会の実現への確信と展望が見失われていくような現実が進行したということと大きくむすびついている。すなわち、そのような反動化の進展に直面して、市民主義の希求した市民社会の実現は現実の課題から遠のき、市民主義の内部に現実に対する無力感と絶望がひろがっていくのである。これには、それまで手をくんできた日本共産党の分裂とその一方の極による極左路線、国際共産主義運動内の個人崇拝などとむすびついた党の現実対応力の弱化なども少なからぬ作用をおよぼした。そして朝鮮戦争とそれに伴う日本の軍国主義復活の本格化、対米従属的国家独占資本主義の形成こそは、市民主義的理想の前に立ちはだかり、それを無力なものにするにふさわしい現実であったのである。

このような状況のもとで、市民主義の無力感を前提に登場してくるのが、ファシズム下のドイツと第二次大戦後のアメリカ社会を理論モデルとする「大衆社会論」である。「大衆社会論」は、テクノロジーの発達を伴う対米従属的な国家独占資本主義の形成を、「大衆社会」の確立としてとらえ、労働者階級をもふくめて人民の受動化、平準化、政治的無関心化、非革命化などを現代社会の宿命とみなすペシミズムを基底としていた。

「大衆社会論」は、日本の現実を単純な植民地規定によってではなく、高度に発達した資本主義国としてとらえようとする意図をもちながらも、そこにあらわれた社会観は、国家独占資本主義の支配の網の目が形づくられるにおよんで、個々人が個々人としては身動きできない状態に追いこまれていくなかで、未来への、たとえば「市民社会」への展望を失った知識人・小市民層の無力感の告白という要素を多分に含んでいたのである。ここでは市民社会は、理想化された未来像としてではなく、実現しえない理想として後景にしりぞくのではあるが、「大衆社会」と「市民社会」は表裏の関係にあるのである。芝田進午氏によれば、「『大衆社会』はもっぱら灰色にえがかれて宿命として諦念され、他方それに反比例して『市民社会』は『疎外されざる社会』としてばら色にえがかれ、憧憬をもって回顧されている。この意味で、『市民社会』理論と『大衆社会』理論はけっして対立した存在ではなく、後者は前者の必然的帰結であり、両者は、同一の『近代主義』の二つの世代であったといえる。」(『現代日本のマルクス主義』〈青木書店〉第四巻197ページ)

「大衆社会論」は、このように裏返しの「市民主義」として、一九三〇年代のファシズム＝ドイツや現代のアメリカにおける悲劇的な事態を理論モデルとして、これを五〇年代の対米従属的国家独占資本主義の確立されてゆく日本に適用し、そのことによってアメリカ帝国主義と日本の独占資本の支配と抑圧のもとで急速に蓄積されていった人民の革命的エネルギーの所在を見失うことになったのである。そのためこの大衆社会論は、六〇年安保闘争における日本の人民の革命的エネルギーの爆発という現実の力によって、その理論的、思想的影響力を一挙に失うことになったのは当然の結果であった。テクノロジーの発達などの結果、受動化し、画一化し、分散し、政治的無関心におちいった「砂のような大衆」という、大衆社会論的視点からは、安保闘争に結集した民衆の積極的・民主主義的エネルギーはとても予測しえないものであった。

したがって六〇年安保闘争において、市民主義は「大衆社会論」的ペシミズムを清算して改めて「市民主義の成立」を提起しなければならなかった。市民主義は改めて息をふきかえし、この歴史的闘争の流れに合流していったのである。そしてこの闘争において市民主義が果たした一定の積極的役割については、肯定的に評価されてしかるべきであろう。しかし、市民主義者の民主主義観が古典的市民主義の伝統的思考様式である国家対個人というパターンをぬけ切れなかったこととも関連して、この市民主義的潮流においては、現代日本における民主主義が反独占とともに、民族的独立の達成という課題と不可分に結合されていることについての認識は浅く、国会における強行採決という議会制民主主義の危機に直面してこれにたいするたたかいを民族的課題から切りはなしてしまうというような弱点をも露呈し、運動に一定のマイナスの作用をあたえたことも事実であった。

ところで、それはさておき、こうした市民主義の復権も、安保改定がとにもかくにも成立し運動の高揚期が終わりを告げるにおよんで、その内部において「大衆社会論」に示されたような否定的要素がふたたび前面に出てきて具体的な姿をとるにいたるのである。

すなわち市民主義内部のそのような要素は、今日の労働者階級と人民の変革への条件とエネルギーに対するペシミズムを基盤として、左右への分極化という形をとったのである。(注3)すなわち、その一方は、『思想の科学』の内部におこった一つの現象などに示される保守主義への傾斜であり、池田内閣の「福祉国家論」や「産業社会論」への吸収である。これは、「大衆社会論」が、社会心理的には新中間層の生活実感を基礎にしていたところからの一つの必然的帰結であったともいえよう。(注4)

もう一方は、大衆の変革のエネルギーへのペシミズムを基盤に、安保闘争における挫折感と結びついて生じた、小ブルジョア的急進化と親トロツキズム化であった。この傾向の一つの典型をわれわれは清水幾太郎氏にみることができよう（清水氏がその後、再び「転向」をなしたことはここでは問題ではない）。この潮流は、既成「左翼」「前衛」に対する不信と絶望感を増強させ、労働組合や共産党とは意図的に対置されたところに現代社会革新の力を求める志向をつよめていった。その一つの例は、六〇年代末の『朝日ジャーナル』などにみられた「変革の主体としての市民」という構想であり、それらは、ルンペンや学生に変革の主体を求めたマルクーゼやその亜流とも共通する地盤を形成していったのである。

以上のように、ごく簡単ではあるが、戦後の日本の市民主義の歴史的経過を概観してみると、小田氏や「べ平連」が、平和と民主主義という市民主義の伝統的な理念を堅持しつつも、その現実の思考方法や組織形態において、また共産党や民主勢力に対する態度において、さらにトロツキズムや「新左翼」にたいするシンパシーにおいて特異な位置を占めるゆえんがおのずから明らかになるであろう。それは小田氏のまったくの独創ではなく、市民主義が戦後史のなかで経てきた歴史の延長線にかたく結びついているのである。(注5)

すなわち小田氏の思想のうちには、戦後日本の市民主義のそれぞれの時期に受けてきた歴史の刻印が多かれ少なかれひきつがれてきているといえるのである。

氏の平和と民主主義、個人の自由と尊厳についてのおおらかなオプティミズムは、敗戦後の日本の民主化の時期に顕著だった市民主義の特質であり、小田氏はその遺産を今日に引きついでいるといえよう。「べ平連」に多くの人たちが参加したことの最大の理由は、もっとも根底においてなによりも右の氏の健全さにあったことは疑いを容れないであろう。

小田氏はまた、五〇年代の「大衆社会論」的社会観・人間観についても、その今日の継承者の一人として立ち現れている。氏の行動は依然として「大衆社会」への抗議であり、ただ氏はその行動のエネルギーを「大衆社会」についてのかつてのペシミズムによってではなく、後述するようにオプティミズムによってひき出すのである。しかしもちろん、労働者階級のうちから変革の主体を見失っていった「大衆社会論」の否定面は氏にそのままひきつがれている。さらに六〇年安保闘争以後の市民主義内部に現れた分極化現象に対しては、氏はいうまでもなく、党や組織からの自立、それらに対するアンチといったトーンを引き受けている。そして市民主義の六〇年代における分極化のなかの一方の極の直接の継承者の一人という性格をもって、「べ平連」のイデオローグとして登場してきたのである。

こうして小田氏らは、戦後史のなかで市民主義がたどってきた足跡をその積極面とともに否定的側面をもあわせて継承し、六〇年代の現実に対する対応をあらためて試みることになったのだといってさしつかえなかろう。そしてその対応がその思想をある程度現実的力に転化させえたところに、小田氏の独自性、「創意性」が見られることは、以下の展開において論ずることにしよう。

注(1) この点については上田氏「日本型プラグマチズム変質の限界」参照。

注(2) 『マルクス・エンゲルス全集』〈大月書店〉第一巻、384〜414ページ。

注(3) 上田耕一郎氏「日本型プラグマチズム変質の限界」参照。

注(4) 芝田進午氏は「とくに『市民社会理論的近代化論』の主張者であった人々にとっては、みずからの『主張』が『産業化的近代化論』とともに一つの系譜に「一括されることにたいしては感情的な反撥を感ずるむきもあろう」としながら、「あくまでその理論の政治的・イデオロギー的性格や主張者の主観的意図ではなく、客観的な理論構造」として近代主義の系譜に入れられるとのべている(『現代日本のマルクス主義』四巻)が、私も同感であり、それに従った。

注(5) なお誤解のないようことわっておくが、六〇年以後の市民主義内部の分極化現象にかかわらず、いわゆる伝統的市民主義の潮流が厳然として存在することも事実である。たとえば日高六郎氏や丸山真男氏をあげれば納得がいくであろう。この点で、市民主義を統一戦線の一翼となりうる思想としての位置づけを強調される犬丸義一氏(『歴史学の課題とマルクス主義』)の指摘は重要視されなければならないであろう。

三　現代市民主義の人間観のリアリティ

市民主義の人間観が、国家に対する等質の個人、自由な市民という抽象的な人間観を基礎にしていることは疑いのないところであろう。この点については小田氏の「人間の原理」「個人の原理」「ただの人」の原理もまた同様である。しいていえば小田氏の場合、人間相互の等質性を生と死という次元において確証しようとする志向においてきわだっているという特徴は指摘されるであろう。(注1)

ところで、人間をこのように抽象的に把握する小田氏の思想が、今日の七〇年代における階級的利害の対立が激化した時代に、たとえさほど大きな組織ではないにしても、「べ平連」というような大衆的な組織にまで実体化する条件はどこにあるのであろうか。この問題は六〇年代に形成された今日の日本の社会的条件と思想状況とのかかわりあいにおいて検討に値する問題であるように思われる。本節ではこの点に若干立ち入ってみることにしよう。

この問題の考察にあたって、どうしても見落とせない中心問題は、「べ平連」はじめ、今日の多くの無党派的市民主義が、旧来の市民主義とはちがって、単なる思想運動ではなく、多くの場合公害反対闘争や反戦運動など住民運動・市民運動と密接にむすびついていることである。この点において考察の視角はおのずから、今日の市民主義と市民運動、すなわち六〇年代に急激に形成された「市民運動」のイデオロギーを支える客観的な諸条件にむけられなくてはならない。

そして結論から先に言えば、六〇年代に激成された環境破壊、公害問題の激化等のなかに、じつは今日の市民主義がよってたつ抽象的人間観、超階級的人間観を可能にしている要因があり、そこにおいて今日のマルクス主義もまた重要な思想闘争の課題に直面しているということである。

すなわち、今日の小田氏らの市民主義は、環境問題、公害問題等の激化のなかで、これらとのたたかいの場において自らの思想のリアリティを見出しているのである。

小田氏はその代表的論集『人間・ある個人的考察』のなかで、氏の「人間の原理」についてつぎのように主張する。すなわち、階級原理を否定はしないが「同時に必要なのは、いわば『人間の原理』によって問題をとらえなおすことだろう。それによって、彼は自分のおかれている社会的状況をより大きな視野のなかで意識しなおし、階級体験を経験として強く自分の内部に定立させて行こうとすることになるかもしれない。」（筑摩書房、２０６ページ）

「世界は多くの点で同じようなところに来てしまっている。いや、世界の本質は変らないにしても、その世界のもろもろを『人間の原理』の問題としてとらえなければならないところに来てしまっているのだろう。」（同右１７５ページ）

このように主張する氏の意識の深奥にあるものは、階級のちがい、政党政派の違い、あるいは民族の違いを理由に人々が抗争しているなかで、現代の諸問題はますますのっぴきならなくなってしまい、それらの問題の解決には、民族の相違・階級の相違をこえて「人間として」共同でことにあたらなければならない、という危機意識と人民の連帯への希求であろう。

氏は、このような見地の説明として、団地の下水道に問題がおこった場合の例をあげている。それによると、問題に対処する仕方として「自分のぞくする労働組合に訴えて運動を起す」のが「階級的原理」によるものであるというのである。これに対して「そのとき、労働組合がそっぽをむいたら彼はどうするか」（同右２０６ページ）という問題設定をしたうえで、小田氏は一足とびに「階級原理」ではなく「人間の原理」に立って住民運動を起こすことの重要性を強調するのである。小田氏は「労働組合運動の政治のもつ重要性を否定するわけではない」が、「労働組合が動かなければ自分で動く」というのが「人間の原理」であると主張する。そしてそこにこそ階級の原理を包含しうるより広い視点が確立されるというのである。すなわち、階級としてはいろんな条件から行動を制約されても、「人間として」という立場に立つなら「下水道」どころか時代の根本問題に対処しうるし、またしなければならないというわけである。

ここで氏の主張が、多年にわたる社会民主主義の指導のもとにあった日本の労働運動にたいする正当な不満を含んでいることは否定しえない。しかしその克服が「人間の原理」に立つことによって、階級的原理をのりこえられるとするところに問題の根本があるのである。そして氏が自らの主張を下水道の問題で説明しているように、今日の都市問題、公害問題、環境破壊の問題においては、実際に地域住民の運動として必ずしも労働者階級の運動、あるいはその立場に立った運動としてではなく、いわばいのちとくらしを守る一般民主主義的運動として、ある意味では「人間の原理」に立った運動としても成立しうるという一面が存在することもまた否定しがたいことは事実であろう。

なぜならば、それは、公害や環境破壊という今日の事態が、その地域に住む人々のいのちとくらしを、階級と階層、社会的地位・身分にかかわりなく〝平等〟におびやかしているという事情と深くかかわっているからである（もちろんこの場合、公害や環境破壊の張本人である独占資本家は含まれないが）。ここではあたかも、かつての市民主義的人間観が、封建支配に対する資本家も労働者も含めた利害の共通性ということに根ざしていたように、環境破壊や公害に対しては労働者も小市民も階級・階層のちがいを超えて〝人間として〟共通の立場から立ち向かわなければならない、という表象が現れるのである。つまり、破壊された環境対人間、公害対人間という問題はあくの視点が成立する条件が、客観的にかつきわめて広範に形成されてきているのである。

右のような事情のために、小田氏にかぎらず、人間をあたかも社会的諸条件、とりわけ階級的諸関係のなかでその位置を確定し、たたかいにおける役割の相違を見きわめることが無意味であり、自然に対置された人間、公害に対置された人間という提起が、なににもまして重要であるかのような仮象が広く生み出されているといえるのである。(注2) 小田氏の市民主義的人間観も、こんにちではまたそこに客観的な基盤をおいていることはもはやこれ以上説明の要はないであろう。

小田氏の場合、ベトナム反戦においても、右と基本的に同じ論理の上に問題が展開されていることは容易に理解できるであろう。すなわち、戦争反対、ベトナムに平和を！ というスローガンのもとに、すべての人間が「人間として」同一の立場に立つことが必要だというのが氏の立場にほかならない。そしてこのような立場が「人間として」というかぎりにおいて、われわれのヒューマニティに訴える力をもつものであるにしても、それを「原理」として固定させてしまうことによって、戦争に対する科学的な認識とそれにもとづく正しい態度を確立していく道を閉ざしてしまうことになることは、論じるまでもないことである。

さて、以上のように、環境対人間、公害対人間、戦争対人間というパターンのなかで、人間を抽象化し、〝ただの人〟〝市民〟一般に解消してしまう論理は、一見いのちとくらしを守るという人間誰しもに必要な共通の要求を実現してゆくのに、有効な論理であるかのように思われるかもしれない。なぜなら、まさにこの問題は、小田氏のいうように「生き死に」にかかわる人間にとって根源的な問題に他ならないのである。公害や環境破壊、戦争による人間否定に対し、「人間の回復」を唱え、「人間の尊厳」をかかげて、人間としてぎりぎりの要求にもとづいて、もっとも広範な人々のあいだに連帯を打ち立てることが可能になりうると考えられるかもしれない。

われわれもまた、当然のことながら公害が人間の生存そのものをおびやかすものであり、これに対するたたたかいにおいて、労働者階級も中間諸階級も共通の利害に立ち、共同のたたかいをすすめることの重要性をいささかも軽視するものではない。そしてまた、そのような共通の利害と共同の条件が広範囲に形成されているという客観的事実のうちにこそ、統一戦線の現実的基盤とその成功の確証をみているのである。しかし同時に、「今日の公害は、たんに『社会的殺人』ではなく明白な『大企業による殺人』であり『傷害』であり、それを独占資本擁護の政府権力が放任し、事実上、多くの点で容認している」(「日本共産党第十一回大会にたいする中央委員会の報告」)のである。そしてこれにたいするたたかいは、他の政治闘争や経済闘争とは別の次元で、「人間として」という原理のもとに統括されるものではなく、「生命を守るというぎりぎりの深さと根づよさ、幅のひろさを」もちつつも、「本質的に反独占的な、米日支配層の支配の根源に迫る性質をもって」(同右)いるのである。したがってこの闘争をなにか特殊なものとしてではなく、やはり反帝・反独占の民主主義革命とのかかわりにおいてみなくてはならない。だとすれば当然のことながら、そこに結集しうる人々の共通の利害、共同の側面と同時にそれぞれの階級の米日支配層に対する位置の相違をはじめ、それぞれの階級的性格と相互関係を厳密にとらえていかなくてはならないのである。

「人間として」の観点は、そこにとどまるかぎり、右のような階級的観点による問題の真の解決の道をとざしてしまうことになり、実践上の無方針、「左」右への動揺、事態へのプラグマチックな対応におちいらざるを得ないのである。そして今日とくに注意を要するのは、問題の性質上「生命にかかわる」ぎりぎりのところでたたかいが展開されるだけに、このような「人間として」の立場の無方針・無原則はたやすく一揆主義的傾向におちこむということである。われわれはこの点、代表的な公害闘争のいろんな局面でいくらでも実例をお目にかけることができるが、ここでは立ち入らない。

注(1)　たとえば小田氏の次のようなことばに、このことは端的に示されている。「総理大臣も革命家も『ともに生きているもの』で、デモ行進の学生に殴りかかる機動隊も学生も『ともに生きているものです』そこにはどうしようもない根源的な連帯があって、私たちはそこから眼をそらせることはできない。そのつながりの上に私たちは同じように根源的な、たぶん、そのどうしようもなさにおいてもっとも根源的な『ともに生きているもの』どうしのあいだにある、そして『ともに死ぬもの』どうしのあいだにある、せっぱつまった思いやりを通わせあうのですが、それは、おそらく、そうした思いやりをどのようにしても通わせることのできない場合に出くわしたときに、かえってはっきりと感じられるような気がします。」(『世直しの倫理と論理』〈岩波新書〉上59ページ)

注(2)　今日の人間論ばやりの現象は、マルクス主義の周辺においても、生産関係よりも、自然と人間との物質代謝過程に重点をおいて、そこにおける弁証法、人間の自己疎外をマルクス主義の中心概念に仕立てあげるというかたちをとって現れている。

四　現代社会における個人の役割

さて次にわたしは、小田氏らの市民主義が今日一定の現実的役割をはたしているもう一つの思想上の要因についてのべなければならない。それは、現代における個人の役割についての、かつての市民主義にはみられなかった小田氏の視点についてである。

先にすでにふれたように、戦後日本の市民主義は、「大衆社会論」における「大衆社会」現象というはあくのもとで、個人・個人の歴史における役割や尊厳をきわめてペシミスティックに否定的に描き出したのであった。市民主義はその出生からして個人主義を思想上の原理としていたことからも、「砂のような大衆」として画一化され、非個性化された個人が歴史のなかで果たし得る役割をきわめて否定的にとらえ、みずからの思想の未来への展望を見失っていったのであった。それはまさに、五〇年代からの帝国主義、軍国主義復活過程のなかで、対米従属的な国家独占資本主義の支配の強化、確立にともなって、中間階級のなかに形成されていった意識の反映であったといってよかろう。(注1) すなわち、国家独占資本主義の支配がテクノロジーの発達をともなって人民の生活のすみずみまでおしおよぼされていくなかで、市民主義者をふくむ広範な人々に個人の無力、絶望感として「大衆社会」のペシミスティックなイデオロギーに結実していったのであった。そしてこのイデオロギーのもとでは、〝大衆〟すなわち市民主義に代表される中間層の内部に「砂のような大衆」としての無力感が個々人をおおったのであった。「大衆社会」からの脱出はせいぜい小集団やサークルにおける自主性や民主主義において叫ばれたにすぎなかったことも、右の事実を裏書きしているであろう。

このような、「大衆社会論」的発想に対して、小田氏が提起する社会観・人間観はその基底において同一のものでありながら、まったく正反対の結論をひき出すのである。

それは以下の文章に端的に示されているといってよいであろう。

「もう一つの個人の重要性の認識は、社会が膨大なものとなり、進歩が急速になされるとともに、そのなかの個人という一つの歯車の存在が逆に重要性をまして来つつあるという事実、少なくとも未来においてそうなるだろうという予測にもとづいている。つまり、決定権は少数者に集中されるが、全体の機構が複雑なだけに、小さな歯車一つが動かなくなると、つまり『人民の』民主主義の見地に立って拒否権が発動されると、機構は動かなくなる……社会の機構の複雑化は、ある程度、個人の重要性をまして来るにちがいない。とすれば、その個人の機能として重要性の増加を個人が自分の『人民の』民主主義の有力な武器として認識し、それを自分の行動の根拠にすることが、『人民の』民主主義確立のために必要なことだと私は考える。」（小田実編『市民運動とはなにか』１３８ページ）

このように小田氏は、対米従属的な国家独占資本主義の支配の網の目が精緻に確立した今日の社会において、すなわち「大衆社会」において、かつての市民主義者たちのペシミズムとは逆に個人の役割・意義・尊厳がより増大しつよまりつつあるとみなすのである。(注2) 高度に発達した資本主義国において、複雑で精緻な支配機構と大量伝達機構の発達のもとで、一人一人の人間が「砂のごとき」現象を呈し、無力感にさいなまれなければならない現実のもとで、逆に個人、大衆の役割の増大を力説する小田氏の見解は、かつての「大衆社会論」のおちこんだ袋小路から脱けだす可能性を提示しているようにもみえ、われわれの立場からみても、歴史の発展と個人・大衆の役割についての一定の重要な真理が含まれているといってよいであろう。そしてこのような見地が、自らの権利に目覚めはじめた名もなき人々の多様な活動に確信を与えるという要素は否定しえないであろう。

たしかに今日の時代において、一見個々人の力がまったく無に等しいかのように見えながら、その実、大衆の一人一人が社会において果たす役割は増大しつつあるのである。その基礎には、生産力の高度な発展と社会的分業の高度な組織化が横たわっていることはまちがいない。人々はますますつよく社会的に依存しているとともに、ますますその労働を社会的必要のために遂行する度合いが高まっているのである。とりわけ、近代工業における労働者は、高度に発達した労働手段を駆使して高度に組織化された労働組織によって生産をおこなっており、一人一人の労働者は生産のために一分のすきもなく精緻に結合され人間の社会的諸関係の相互依存性は、いつにもまして緊密にしかも複雑になっている。そして社会的生産の無政府性などを伴いながらも、生産における右のような性格を基礎に社会全体の組織性、相互依存性はますます高度化していくのである。したがって今日の人間はある意味では、いつの時代にもまして精密機械のごとく緊密に結合しあっているのであり、一個人の動向が社会に及ぼす影響はいつの時代にもまして増大しているという側面があるのである。例えば山奥の発電所における数名の労働者のストライキがおよぼす全社会的な作用を想像してみるならば、このことは疑問の余地のないところであろう。

さて、小田氏がかかる意味で時代の変化のなかにおける人間の力に注目したことは、積極的なこととみなしてよいであろう。しかしかれは、第一に、右のような意味での個人の力の増大がもっとも強力に現れるのは社会生活の基幹部分を支える労働者階級においてであるという認識に欠け、第二に右のように強まった個人の力といえども、個々人の力の方向が互いに相反する方向に働くならば、社会的には相殺されざるを得ないということを考慮に入れていない点で、致命的な欠陥をもっていることに気付いていない。そして第一の欠点は、かれの市民主義的、抽象的人間観からの当然の帰結であり、第二の点は、個人の力がいかに増大しようとも、それが社会・歴史を合目的的に意識的に動かすのは、個々人の力が歴史の発展法則に沿った方向に集約され組織されたばあいにかぎるという認識の欠如、すなわち、歴史の発展についての科学とそれにもとづく組織論の欠如を意味している。ここでは「べ平連」がそのような意味での組織論の欠如の見本としてあげられよう。そこにもし組織論があるとすれば、それは一人一人の意志のおもむくにまかせよ、しからば

一つの流れが生まれよう、というものにすぎない。(注3)

このような〝組織論〟に対してはつぎのエンゲルスのことばが適切な回答を与えてくれるにちがいない。「歴史がつくられるのは、最終結果がつねに多くの個別意志の衝突から生じるという形においてである。それらの個別意志のおのおのは、これまた多くの特殊の生活条件によってその現在あるようなものにつくられているのである。したがってそこには、相互に交錯する無数の力、力の平行四辺形の無限の群があって、そのなかから一つの合成力――歴史的成果――が生じてくる。そしてこの合成力自体は、さらに全体として無意識かつ無意志に作用する一つの力の所産とみることができる。……こうして従来の歴史は一個の自然過程の仕方で経過しており、そして本質的にはまた同一の運動法則にしたがっている。」(エンゲルス「J・ブロッホへの手紙」、一八九〇年九月二一、二二日)

このように個人の力はいかに強大であろうとも、その相互作用のなかから生じる合成力は一つの自然過程として、個々人の意志とはかかわりない客観的法則に支配されるのである。小田氏は歴史における個人の役割を重視し、その観点から「べ平連」運動のなかで参加者個々人の意志や行動、知恵や創意をできるかぎり尊重しようとし、それらを最大限に発揮させることのうちに運動の成功のポイントを置く。そしてこのことがべ平連の行動形態における「自由」な奇抜な発想の基礎となっていることは事実であるが、そこでは個々人の意志の衝突による相互の相殺現象は放置されたままになっており、文字どおり「烏合の衆」(『世直しの倫理と論理』)となるのである。そこでは運動はまったくの「自然的過程」として「客観的法則」に支配され、この客観的法則を人間の力で主体的に統御する道は閉ざされてしまうのである。そしてまた「『自発性』と『管理』=組織化の矛盾は今後ますます大きくなっていくだろう」(小田実編『べ平連』三一書房)

というようなことにもならざるを得ない。

小田氏はもちろん、主観的には個人の個性や創意を尊重する意図をもちながらも、個人の個性や創意が歴史の進歩と相反する方向に走って自らの力を浪費しても、それを個の尊重として容認し、民主勢力に対する挑発行動も個の自発性として拒否しないという、組織論における全くのアナーキズムにおちいり、氏らのベトナム反戦の運動をまったくの自然成長性のもとにおとしめ、トロツキストらの挑発に対しても全く無防備な状況にさらす結果になったのである。

もちろん、自然成長的な運動が一定の歴史的条件のもとでなんらかの積極的役割を果たすことができることは認めてよいであろうが、しかし、自然成長性の名のもとにあるのは「自発性」の尊重の名のもとに、トロツキストなど反共・反民主的分子の運動への混入を許したり、それらと同調するとき、その犯罪的役割は否定しがたいものとなる。

このように、小田氏は、個人が現代社会において決して「砂のような大衆」の一人という無力な存在ではないという認識にまで到達しながら、この個々人の力を歴史の進歩の方向に働く社会的な力にまで高める道を発見できず、個々人の力がむなしい相互作用のうちに相殺されていくのを防ぐことができなかったのである。それは今日の市民主義のもつ固有の欠陥、現代社会に対する科学的認識の欠如、労働者階級の諸組織に対する偏見、個人主義に立脚した組織論上のアナーキズム的傾向などによるものであり、その意味では小田氏もまた現代日本の市民主義の限界を一歩も出なかったことを証しているのである。この点で小田氏もまた現代日本の変革の展望とその主体を見失ったままなのである。

注(1)　芝田進午氏は、かつて「大衆社会論」を「ホワイト・カラーの自己意識」と規定したことがある（『中央公論』一九五七年九月号）。

注(2)　小田氏はもちろん固有の固人主義により、個人の役割を不当に拡張し主観的観念論的観点にころげこむ。たとえば「極端な例をとれば、原爆、水爆使用の決定権はたしかに少数者の手にあるが部下の一人一人がボタンを押すことを拒否することによって世界は破滅をまぬがれる」（『原理としての民主主義の復権』、１３５ページ）。

注(3)　古山洋三氏はつぎのようにこのようにこの原理を表現している。「一致して出来ることはいっしょにやり、一致できないことは自分でやる。一見無責任なようだが、実は個人の立場で考えるならばもっとも責任のある運動の新しい型をベ平連は着実に鋳出しているように思われる」（小田実編『市民運動とは何か』）、また小田氏自身はつぎのようにいう。「まず第一のものは、自分のしたいこと、また、できることをする。第二は、言い出しベエが率先してことを行なう。第三は、他人のすることにとやかく文句を言わない」（『世直しの倫理と論理』下、２３０ページ）。

五　小田氏とプラグマチズム

小田氏が政治思想的には市民主義の流れをくむことは、これまでの論述から明らかであるが、氏が哲学的にはプラグマチストであることもまた疑問の余地がないであろう。小田氏はその経歴が示すように、フルブライト留学生としてアメリカに渡り、そこでアメリカ的思考様式、アメリカ的生活様式に親しみ、それは氏の行動的小市民気質、実利主義と結びついて氏の独特の思想を形づくっているように思われる。それは氏の小説以外の最初の著書である旅行記『なんでも見てやろう』によく現れている。そこでは、行動の指針とすべき原則や理論はいっさい排除し、手当たり次第の実践を第一とし、そのなかから試行錯誤のくりかえしを通じて役に立つものならなんでも利用しようとするプラグマチズム本来の精神がきわめてよく現れている。もちろん氏はプラグマチズムを体系的な世界観なり方法なりとして自認しているわけではないが、「べ平連」における、原理を排し、行動のなかから知識や思想の役割をつかみとっていこうという発想は、すぐれてプラグマチックであるといえよう。プラグマチズムは「なににもまして主体の実践を、行動を重視する考え方であり、観念や思想を、行為との関係においてのみ考える考え方であり、観念や思想を行動の一段階、道具と考える考え方である」。それは、アメリカ資本主義の形成期におけるあくなき利潤追求とそのためにあらゆるチャンスを抜目なく利用する小ざかしく要領のよいブルジョアジー、無限のチャンスが扉をたたいているように思われた時代に、成功のチャンスをねらうアメリカの中間層の「適応の精神」などを表現していた。(注2) それは自分の目的のためにはあらゆるものを動員し、ジェームズのように、宗教であろうと神霊術であろうと真理と認定するという無原則的ではあるが、他面現実主義的な主観的観念論として形成されたのであった。このプラグマチズムが帝国主義の時代に、アメリカ独占資本を思想的に弁護する主要な哲学としての地位を確立していったこともまた周知のところである。

しかし、日本の戦後におけるプラグマチズムの受容のしかたには、アメリカ・プラグマチズムがアメリカ帝国主義のイデオロギーとして反動化せざるをえなかった事実についての反省と批判の上に立って、同時にまた戦後日本の思想状況を反映して、きわめて独自の性格をもつことになった。この点について先の上田論文は、第一にプラグマチズムを「イデオロギーあるいは社会哲学として」ではなく「方法として」とりいれようとしたこと、第二にマルクス主義に対する「容共性と対決性」という「二重の性格」、第三にそこからくる「特別の折衷主義」をあげている。(注3)

そしてこの点にかんするかぎり、小田氏もまた、五〇年代後半の「日本型プラグマチズム」と共通の特質を有しているといってよい。

小田氏の思想がいかにプラグマチックであれ、それは今日のアメリカ帝国主義のイデオロギーとしてのプラグマチズムとは本質的に相容れないものをもっていることは、氏らの反戦運動に体現されている思想や理念を考慮すればおのずから明らかである。また日本共産党に対する小田氏の態度にしても、単純に対立する側面だけで評価できない点で、一連の「新左翼」の反共主義者やトロツキストとは区別されなければならないことも事実である。上田氏が指摘しているように、日本型プラグマチズムは、政治的には小市民的立場からの一定の進歩性をもち、アメリカ帝国主義や日本の独占資本の支配に対して鋭く対立する側面を多分にもっているのである。そして日本型プラグマチズムの延長線に立つ小田氏においても、そのことは当てはまるのである。

ではアメリカのプラグマチズムと今日の小田氏らにみられるプラグマチズムとの思想上の違いの本質はいったいどこにあるのであろうか。この点については、先にふれた上田氏の指摘がこの問題を解く鍵を提供してくれているといえよう。すなわち、日本型プラグマチズムが、プラグマチズムをイデオロギーないし社会哲学としてではなく、「方法」としてとり入れようとしたという日本的独自性こそ注目しなければならないのである。この点に着目してみるならば、小田氏のプラグマチックな思想や行動と、アメリカ帝国主義弁護のイデオロギーとしてのプラグマチズムとの違いは歴然としたものとしてうかび上がってくるであろう。

そもそも、プラグマチズムは、パースのいうように、「観念を明晰にする方法」であろうと、ジェームズのいうように「各観念それぞれがもたらす実際的な結果を辿りつめてみることによって各観念を解釈」するものであろうと、あるいはデューイのように「状況における緊張を解決する」ものであろうと、方法としてみたばあいには、日本型プラグマチズムとの間に本質的なちがいは現れてこない。一口にいって、真理の基準を実際生活における「有効性」「有用性」に求めるという立場は、アメリカのプラグマチズムも日本型プラグマチズムも同じである。

しかし、ひとたびいったい何をもって「有効」というのか、何を基準として「有効」とみなすかという問題にたちいたると、それぞれの思想の世界観、価値規範が問題にならざるを得ない。そしてここにおいてはアメリカのプラグマチズムと小田氏のそれとの違いは疑うべくもなく明らかになるのである。たしかにプラグマチズムをはじめ実証主義諸哲学は、帝国主義時代のブルジョア哲学の分極化した一方の側を代表する哲学として、みずからの世界観を語ることはしないが、(注4) しかしにもかかわらずプラグマチズムの最終的なカテゴリーである「有用性」なり「有効性」なりは、結局のところなんらかの世界観、価値規範なしには成立しえないのである。この点に関するかぎり、コンフォースの次の指摘は誠に重要といってよいであろう。

「報いのあることは何で、報いのないことは何か、――プラグマチズム哲学は、いつも、これについて意見の一致が存するものと仮定した上で物を言っている。『真なるものは旨くゆくところのものである』と、こう言われる場合、『旨くゆくところのもの』については、意見の一致が存するものと仮定されている。」(コンフォース『哲学の擁護』〈岩波書店〉、340ページ)

例えばある企業に新しい機械を導入した結果、利潤は増大したが失業者が大量に放出されたとしたとき、機械の導入が「有効」であったか否かは、いかなる規準で判断されるのか、この点でプラグマチズムは暗黙の一致を前提にしているのである。そしてそれは結局のところ、資本主義的利潤であり、立身出世であり、資本主義的秩序の安定化であり、資本家的立場からのきわめて世俗的な、現実的な利害を基礎にすえたものに他ならない。ここにこそ、プラグマチズムの「有効性」「真理」の最終的な基準がおかれているのである。アメリカ・プラグマチズムは、右のような意味での世界観的立場、社会規範を前提にした上に成立する「方法論」であり、「イデオロギー」であるといえるのである。すなわち、「帝国主義時代の観念論における『世界観』哲学、および生哲学と『科学的』哲学との二つの形態は、たがいに分裂すると同時に、またたがいに補充しあってゆかなければならない」[注5]のである。この意味で、ジェームズのプラグマチズムがベルグソンの生の哲学で補完されていたように、プラグマチズムは一定の世界観・規範を前提し、それによって補完されているのである。

さてところで、では小田氏の思想はどうであろうか。氏は、もちろん右のような意味で資本家的・帝国主義的世界観・価値規範を前提にするものでないことはいうまでもない。そしてここにおいてこそ、氏が、その思想において、アメリカ・プラグマチズムとプラグマチックな方法を共有しながら、氏の思想をアメリカ・プラグマチズムから区別する決定的な相違点がある。

小田氏は、第二次大戦における敗戦国の戦争体験を基軸に生きる日本人として、「戦争は二度といやだ」という信念、「民主主義」「市民的自由」などを至上の価値として前提する平和主義者であり市民主義者である。氏は支配する人間でも、支配される人間でもなく、また天下国家を論じたり、自らの歴史的使命を云々する意志も必要もない。いわゆる「ただの人」として「生きつづける」ことを主張する。すなわち普通の人間として平和のうちに生活を楽しみ、生をまっとうすることを望む小市民の世界観、価値規範を断固としてつらぬこうとするのである。氏の反戦運動と思想の原点もまさにそこにあるとみなしてよいのである。氏が三島由紀夫の自殺にさいして「私は畳の上で死にたい」（『「生きつづける」ということ』３０４ページ）と宣言したのは、まさに右のような小市民の思想を原理として評価することを主張したものに他ならなかった。

小田氏は、プラグマチズムを思想方法としてだけではなく、行動様式として実践する点で従来の市民主義者たちより一歩進化した特徴を見せるのであるが、右のような世界観・価値規範においては、旧市民主義の理想主義的性向にたいしてより現実的なわい小化された小市民的立場を代弁しているといってよいであろう。ただ氏は「ベトナムに平和を！」という具体的な行動の目標を一応達成した今日、その主張においてたとえば、「私は何がなんでも生きてやるぞ」とか、「世直し」とかいった抽象的な観念のもとに「生」や「行」を盲目的に賛美するかのような論調をみせ、中国の「文化大革命」やフランスの「五月事件」に性急に「国家の廃絶」への期待を読み込もうとしたりしている。(注6)これらのことについては、それが、かれのこれまでの行動を支えてきた理念、目標へのあまりの性急さのゆえであるのか、あるいは今日かれがそれらをのりこえて別のものを求めはじめているのか、今のところ判断を急がないでおきたい。

それはさておき、つぎにわたしは、小田氏のプラグマチズムといわゆる日本型プラグマチズムとをくらべてみたとき、小田氏のプラグマチズムには従来の日本型プラグマチズムの思想運動とも異質のきわだった特徴がみられることを指摘しておきたい。それは、実践する知識人としての小田氏の特性をもなしている本質的な問題と考えられるからである。

氏は「昔の左翼がおちいりがちだったのは、まず、たとえば、『革命の必然性』というような世界情勢があって、そこからすべてを知的に説きおこして、行動の必要性、あるいは、必然性を説く傾向だったが、このごろの人びとのやり方は（私自身をふくめて）、もちろんちがう。まず問題があって、その問題へのとりくみという『行』があって、そこから『知』がでてくる」という認識のもとに、「自前の『行』から自前の『知』をつくり出すことこそ、今日の事態が私たちに求めているものにちがいない。いやそのことを私たちにいま強いてもいる」（『「生きつづける」ということ』筑摩書房）と主張する。そして単に氏はそのように主張するだけではなく、そのように行動しようとするのである。小田氏は、日本の知識人のなかに見られる理論と実践の分離、またマルクス主義内部に時として現れる教条主義などを強烈に意識しながら、プラグマチックな観点から実践と理論の分裂を統一することを身をもっておこなうのである。そこにおいて小田氏は「必然性」とか「究極の目的」「指導原則」「前衛」といったようなものはいっさい排除し、——その意味でマルクス主義と鋭く対抗し——情勢の発展のなかで局面局面への場当たり的適応と無原則な折衷主義におち込まざるを得ないのである。原則と原理を欠いた行動においては、知識や理論はその場その場をとりつくろうための手段におとしめられ、実践と理論との統一は実際上無理論の実践とならざるを得ない。小田氏の行動における無原則、無定見、相対主義は、「べ平連」の行動に若干でも通じているものなら容易に理解されるであろう。

もちろん、そこにはプラグマチズム特有の現実の状況の局面局面への現実主義的な適応性、固定したドクマや教条から解放されているところからくる思考方法や行動における「柔軟性」「創意性」があり、ときに目を見張るようなアイデアや情勢への機敏な適応もみられることは否定しがたい。もちろんだからといって一部の学生活動家などがこの点にだけ目を奪われて、あたかもマルクス主義よりも創意性のある思想であるかのように錯覚したのは論外としても、右の点にかんするかぎりそれ自体積極的な要素をふくんでいることは認めてよいのである。しかしにもかかわらず、つぎからつぎへと新奇な行動を試み、それが失敗すればすぐ次に移り、場当たり的な着想に行動全体が左右されていくという「べ平連」運動のあり方は、運動を支える原則なり原理なりを否認するところからくるのであり、そこには運動の目的を達成するための一貫性は見当たらないのである。そしてこのような、行動における無原則性、無定見、相対主義こそ、プラグマチズム本来の方法であることは否定しがたいのである。

しかしとにかく小田氏はこのような側面をもちながらも、実際の反戦闘争に率先して活動する知識人としてみずからの思想を生きていることは事実であり、氏の魅力もまたそこにある。そして氏のこの特性は、プラグマチズムの受容における日本型プラグマチズムとも異なる氏の特性に深くかかわっているといえるのである。

プラグマチズムは、そもそも南北戦争後のアメリカにおいて、ドイツ古典哲学に代表される伝統的なヨーロッパ思想の観念性や非現実主義に反対して、アメリカの経済的・文化的状況、その楽天主義と功利主義、現実主義に根ざした思想として形成されたものであった。それは一言でいえば、アメリカ資本主義の生活様式の思想的表現であった。したがって「プラグマチズムの思想はアメリカ以外の国でも成立しうるが、プラグマチズムの運動は、アメリカ以外の国では成立しがたい」とすらいわれたのである。

このような事情は、プラグマチズムの日本への移入においても一般的に当てはまるように考えられるのである。すなわち、伝統的にドイツ観念論の影響がきわめて濃厚な日本の思想界においては、もともとプラグマチズムは異端としての地位しか確保しえなかったのである（戦前においては田中王堂氏などをあげれば了解できるであろう）。しかも、その場合にも、日本の伝統的な思想界の土壌のもとでは、プラグマチズムもあくまで思想運動として受け容れられたのであって、戦後における教育分野での一定の経験などをのぞけば、実際の生活や行動の場におけるプラグマチズム運動として受け容れられたわけではなかった（そのようなものとしては最近では『思想の科学』の一部での試みが注目された）。すなわち、日本ではプラグマチズムは、思想としては問題にされても、知識人の生活・行動様式としては問題にされることはほとんどなかったといってよいであろう。そのため、プラグマチズムは、その本来の意味において、というのは「アメリカ資本主義とその『生活様式』の観念（理想）化」（コンフォース『哲学の擁護』）という意味において、日本の知識人の生活や行動・思想の総体を左右するものとはなりえなかったのである。そのようなものとしては通常、けいべつの目で見下されるのがせいぜいであったとすらいえよう。ところが、小田氏の思想と行動に体現されているものは、まさに右のような意味でのプラグマチックな生活様式・行動様式そのものなのである。そしてそこにこそ、小田氏を従来の日本型プラグマチズムからも区別しうる特異な性格がみられるのである。

アメリカ・プラグマチズムの基礎には、巨万の富を求めて競争者を排除し、正義も真理も手段化してどん欲に生きるアメリカ資本家の功利的・現実主義的な生活があった。そしてかれらの功利性、現実主義、実践性は、「ヤンキー気質」「アメリカ的生活様式」の不可欠の要素として、アメリカの一般民衆のなかにも広く深く浸透してきた。

小田氏の思想と行動の示す功利性、現実主義、実践性は、日本的に変型されているとはいえ、右のような「アメリカ的生活様式」「行動様式」に相通ずるのである。小田氏は、今日の日本において、プラグマチズムの思想だけではなく、その行動様式を代表しているといってよいであろう。そして今日、氏のような行動様式が一定の若者の人気を博する底には、良いにつけ悪いにつけ戦後二十数年間にわたって日本に浸透しつづけた「アメリカ的生活様式」の定着化がみられるであろうし、さらに、それが今日の階級矛盾の激化のなかで、左右を問わず人々のあいだに社会的行動への意志や衝動がつよまってきているなかで、そのための一つのよりどころとなってきているということがいえるのである。したがって、もしかりに、六〇年代以前の市民主義にみられたプラグマチズムが思想としてのプラグマチズムであったということができるとすれば、小田氏のような知識人を中心に一つの社会勢力が形づくられてきていることのうちに、六〇年代十年間の経過のなかからプラグマチズムは思想にとどまらず、日本人の一定層の「生活様式」「行動様式」として進化し「定着」してきているということができるのではなかろうか。小田氏の思想と行動が示すものはそのようなものといえるであろう。そして小田氏の行動的小市民気質のうらには、そのようなかたちでプラグマチズムを受け容れることを可能にしている、江戸時代以来の日本の町人文化・思想の実利主義、現実主義の土壌がみられることも疑いをいれないであろう。

注(1) 小田氏は一九五八年、フルブライト留学生としてアメリカに渡り、ハーバード大学に学んでいる。
注(2) マルクス主義の側からプラグマチズムを論じたものとしては、さしあたり次のようなものがある。
古在由重「現代哲学」(『著作集』〈勁草書房〉第一巻)
芝田進午「プラグマチズム」(『マルクス・レーニン主義研究』一九五五年六号)
芝田進午「日本のプラグマチズム」(『現代の哲学』〈有斐閣〉第五巻)
秋間実編『現代の観念論哲学』(新日本出版社)
大橋精夫「プラグマチズム」(『講座マルクス主義哲学』四巻〈青木書店〉)

注(3) コンフォース『哲学の擁護』(花田圭介訳、岩波書店)

「日本型プラグマチズム変質の限界」(『マルクス主義と現代イデオロギー』〈大月書店〉、136〜142ページ)

注(4) 帝国主義時代のブルジョア観念論の二つの形態については、古在由重「現代の哲学」(『著作集』第一巻)にすぐれた分析がある。

注(5) 同右参照。

注(6) 小田実『世直しの倫理と論理』(岩波書店)参照。

六 小田氏の人間観・社会観の帰結

最後に、小田氏の人間観・社会観の到達点とそこからひき出される結論をみておくことにしよう。市民主義的人間観・社会観を徹底させ、人間・個人と社会・国家を極端な対立関係においてとらえる小田氏が、制度とか「しくみ」というものを、すべて悪であり、非人間的なものとして断罪するにいたるとしても不思議はないであろう。氏はつぎのようにのべる。

「『しくみ』はいつだって、そういうロボット性を人間に要求して来ると思うのです。そうならなければ『しくみ』の外に追い出すぞ、と、おどす。つまりクビを切るというわけですが、これは経済の『しくみ』だけでなく政治の『しくみ』、文化の『しくみ』にも言えて、異論をもつもの、自分自身のありようをもつものを追い出そうとする。」(『世直しの倫理と論理』岩波新書、下10ページ)

「ベ平連」運動が、制度とか組織にとらわれない自由な人間の連合として、「第一のものは、自分のしたいこと、またできることをする。第二は、言い出しベエが率先してことを行なう。第三は、他人のすることにとやかく文句を言わない」（同書230ページ）ことを原理とする、無定形なものとして組織されたのも、右のような小田氏の制度や組織に対する考え方の必然的な帰結であったのである。

氏は、このような立場から資本主義制度も、資本主義の国家も労働者階級の国家も、本質的に人間を非人間化し、平均化し、没個性化するものとみなし、制度や「しくみ」による人間の抑圧からの解放において「世直し」があると主張するのである。

そしてこのかぎりでは、氏の思想は、資本主義の発展についてのM・ウェーバー流のペシミズム、「大衆社会論」的ペシミズムの延長線にあり、そこからは絶対的自由主義を唱えるアナーキズムの入り口にまではいくらもない。また、自分以外のいっさいを否定した「全共闘」の思想とも共通する卑俗な思想的パターンのくりかえしにすぎない。ただし、小田氏は、アナーキズムや「全共闘」的自己否定には一定の共感を示しつつも、それとは距離を保ちながら、氏独自のプラグマチズムによって右の立場の理論づけを行い、「ベ平連」に具体化される市民主義的運動論をうち出すのである。そこでこの点を氏の著書『世直しの倫理と論理』をとおしてみてみよう。

氏は現代社会について、階級関係、支配関係を一応承認したうえでつぎのようにいう。「『階級』の問題で考えたいのは、それを『存在階級』としてとらえてはならない、『運動階級』としてとらえるべきだということです」（同書下97ページ）と。かれは、資本家階級とか労働者階級とかいうものは、それ自体として存在するものではなく、資本家的機能、労働者的機能、すなわち「運動」「はたらき」によってはじめて成立するのだ、と主張するのである（念のためにいえば、氏は実体が運動をはなれては存在しないというのではなく、運動が実体を成立させるというのである）。この立場からいえば、資本家というものは、搾取・抑圧という働きによってはじめて資本家になるのであって、資本家というものがはじめから存在しているのではないのである。この見解が小田氏のプラグマチズムからの当然の結論であることは納得できるであろう。

小田氏において重要なのは、このような機能主義的社会観を前提に、つぎのような見解が展開されることにある。

「『しごと』（の『はたらき』）には階級性があり、その『しごと』の階級性を通じて被抑圧者は抑圧者になる。この過程を逆にして考えることができます。『しごと』の階級性を通じて被抑圧者が抑圧者になるなら、自分から意識的に『しごと』を媒介とした自分と『しくみ』の結びつきを断ち切ることで『えらいさん』は『小さな人間』になる。抑圧者が被抑圧者の側に立つ。」（同書１０４ページ）

すなわち、「階級性」というものは、制度やしくみそのものにあるのではなく、それらをかたちづくっている運動・機能（かれのことばでいえば「しごと」）のうちにあるのであるから、これらの運動・機能を中断してしまえば人間社会から階級性などというものはなくなってしまう、というのである。そこでは人間はみな「ただの人」であるということになる。「『ただの人』になるということは、そうした『専門家』の永遠の流れから自分をとき放ったことだと思います。……いや、私流に言わせれば『生きていること』をつき入れて、流れを断ち切ることでしょう。」（同書１３５ページ）

右のような氏の考えを、もっと通俗的な事例でいえば、田中角栄も家に帰れば（しごとの流れを断ち切れば）良きパパであり、「ただの人」だということに他ならないのである。こうして人間は自らの社会的機能を中断したとき、はじめて「ただの人」として「おたがいに『ともに生きているもの』、『ともに死ぬもの』としてのあのせっぱつまった根源的なつながりを感じ」とることができるようになり、「そこのところまで到達してはじめて、私たちは『しくみ』の論理、倫理に対抗し得る、人間に共通した論理、倫理をうち出し得るように思います。『しくみ運動』にまっこうから対立する『人間の運動』の根拠、またその力を得ることができるように思う」（同書135ページ）。

要するに、小田氏の主張は、社会制度や体制のなかにある利害関係を基礎にして階級としての統一や連帯のうちに変革へのエネルギーを発見するかわりに、制度や体制、そこにおける人々の社会的働きから離れたところに、「生き死に」の問題としての人間の連帯をうちたて、そこに変革の拠点を求めようとするものである。人間をこのように社会的制度や階級関係から切りはなし、そこに真の人間性を求めるという人間論は、いうまでもなく人間を抽象化し、この抽象化された人間を礼拝するものに他ならない。そしてこのような人間観こそ、マルクスやエンゲルスが史的唯物論の樹立過程でブルジョア的人間観として克服し去らなければならなかった当のものである。(注1) ここでも小田氏は、そのような抽象的人間観の復権をもって人間に対する科学的な理論に対置するというアナクロニズムに転落しているのである。社会関係、階級関係から切断された「ただの人」「人間」は、「生きつづけ、いつか死ぬ存在」という以上の規定性をもたないことになり、そこからは「生きつづける」ことを大切にしようという空虚な結論しか生まれ得ないであろう。したがって、かつてエンゲルスがフォイエルバッハについてのべたように「彼は自然と人間とに力いっぱいしがみついている。しかし、自然と人間とは、彼にあっては、どこまでもたんにことばたるにとどまっている。現実の自然についても現実の人間についても、彼はわれわれになんら明確なことも語り得ない」（『フォイエルバッハ論』）のである。小田氏も、人間について、生きることについて力いっぱいにしがみつくが、「制度」や「しくみ」を離れたところに本来の人間「ただの人」を立てることによって、「抽象的人間の礼拝」におちいり、現実の社会的・歴史的諸条件のもとにある人間になんら明確な展望をもたらしえないのである。

そしてそれだけにとどまらず、小田氏のように「制度」と「人間」を対立させる二元論をもって、後者のうちに前者を克服する可能性をみるならば、そこでいわれる「世直し」なるものは、必然的に「制度」や「しくみ」と全的に対立する運動として想定されてくることになり、そこからやはりアナーキズムに通ずる論理にのめり込んでゆかざるを得ない。小田氏は現実に、自民党政府やその官僚組織に反対するだけでなく、同時に前衛政党や労働組合にも「制度」や「しくみ」をみて、これに対決するという方向に向かう危険性をしばしば示すのである。「ベ平連」にしても、既成組織が政党の手の及ばないところの平和へのエネルギーを独自の仕方で結集するということであれば、その組織論や方針がいかに自由主義的であろうと、それ自体非難するにあたらない。しかし、そこにとどまらずに労働者階級の組織や党に対する自らの原理の優越を主張するとき、それが反共主義、分裂主義に転化する危険性は十分に警戒しなければならない。

小田氏のつぎのような見解はこのような危惧が根拠のないものでないことを示唆しているであろう。

「政党であれ、労働組合であれ、あるいは、革命を声高にとなえる『前衛』政党、組織であれ、これまでにあったいろんな政治運動にまかせておけない、それらはもうどこかで事態にうまくむきあえないものになっていて、それなら私たちは自分で人びとの運動をかたちづくるよりほかにない。あるいは、それらのこれまでにあった政治運動を人びとの運動的なものに根本からつくりかえて行くこと以外に道は

ない――私はそんなところまで世の中、いや私たちは来てしまっているような気がするのです」（同書上232ページ）

小田氏が、いかなる人間観のもとに「ただの人」の運動として「人びとの運動」なるものをやろうと、それ自体問題はなかろう。しかし、右の見解には、かれの思想にもとづいて共産党も労働組合も根本からつくりかえなければならない、というごうまんな主張がふくまれているのである。かれが、「制度」や「しくみ」を離れた人間から出発する立場から、このような結論をひき出すとするならば、今日大きく前進し国民の期待を高めている共産党や革新統一戦線への真向からの敵対となり、それは事実の認識においてまったく的をはずれているだけにはとどまらないであろう。

小田氏がこのような危険な方向にすすむ可能性は、以上みてきたように、「制度」や「しくみ」をすべて悪とみなし、これを拒否したところに人間の本来の姿をみて、そこに変革の拠点を定めようとした、その思想そのもののうちに内在しているのである。そこからは、現実の歴史的・社会的条件を無視しているがゆえの、一面きわめてラジカルな現実批判も生まれ、それなりに現実の欠陥を鋭くついて傾聴に値するばあいもしばしばあるが、実際の社会を変革していく具体的・現実的な展望はひきだすことができないのである。

人間は、いかに好ましくなくとも、あくまで「社会的諸関係のアンサンブル」であって、われわれは「制度」と「しくみ」のうちにある現実の人間のなかにのみ本来の人間を見なければならないし、そこにこそ変革の主体とエネルギーを求めなければならない。そこにおいて「ただの人」ではなく、労働者階級と人民大衆のなかにひそむ革命的エネルギーを発見し、それに信頼をよせることこそ、現代社会の変革の根本的な前提である。小田氏がこのことを理解されることをわたしは望んで止まないのである。

注(1) エンゲルスは次のようにこの間の事情を概括している。
「フォイエルバッハの新宗教の中核をなしていた抽象的人間の礼拝は、現実の人間とその歴史的発展との科学によっておきかえなければならなかった。そして、このフォイエルバッハをこえてフォイエルバッハの立場をさらに進展させる仕事は、一八四五年にマルクスによってその『聖家族』のなかで開始されたのであった。」(エンゲルス『フォイエルバッハ論』〈大月書店〉国民文庫、51ページ)

おわりに

小田氏や「べ平連」に代表される現代市民主義の歴史的な展開やその思想的特質、またそれらを支える今日の客観的な条件については、これまでの考察である程度明らかになったといえよう。そして小田氏についてのべてきたことがらのそれぞれが、単に小田氏や「べ平連」にのみ当てはまるものではなく、公害反対闘争やいわゆる市民運動のなかにしばしば共通して現れる思想傾向であることについても、容易に理解されるであろう。それらにみられる「人間として」の原理や個人主義、組織上の自由主義、反共主義、反労働者主義は、一口にいえば中間階級の階級的立場のイデオロギー的表現の一つに他ならないのであるが、これらの思想的影響が公害闘争はじめ住民運動のなかで特に一定の力をもちうる現実の条件があることに、われわれはもっと注意を向ける必要があろう。それは生産点を中心にした労働者階級のこれまでの闘争とは一定の独自性をもつ、生活の場での闘争であり、しかも公害の未曽有の激化のなかで、人民の諸闘争における比重を急速に高めているからでもある。今日、環境問題、公害問題、自治体問題などで急激に高まりつつある諸闘争においては、その要求の深刻さ、利害の共通性、政府や米日独占に対する対決の必然性などの点において、一つ一つの課題にとりくむ過程で、反帝反独占の人民の民主主義革命への条件を確実に形成してゆく必然性が存在するのである。

現代のマルクス主義は、生産点における労働者階級の闘争を中心にすえつつも、右のような状況のなかで、生活の場における諸闘争においてマルクス主義の優位性を思想的に確立してゆくことがきわめて重要な課題になりつつある。生活の場における諸闘争においては、生産点におけるのとちがった意味でマルクス主義と小ブルジョア思想の闘争と共同が展開されているのである。一つ一つの市民運動・住民運動をその自然発生性から、反帝・反独占の民主革命の過程のなかに正しく位置づけるところまで前進させるか、あるいは、「人間として」の原理のもとに階級闘争の現実とは別の次元に問題をそらせ、あるいは階級闘争に対置された運動という方向にリードされるかは、一にマルクス主義のこの分野における思想的イニシアチブの正否にかかっているといってよいであろう。例えば熊本水俣病をめぐる思想的、イデオロギー的対立のうちにこのことを読みとることはきわめて容易であろう。

小田氏と「べ平連」についていえば、ここではすでにみてきたように、現代社会における変革の主体と展望を見出せぬままに今日に至っている。そして「ベトナム和平」が一応の実現をみた今、かれらはただでさえ明確でない政治目標、あるいは運動の目標を今後どこにすえるのか、さらに共産党の総選挙における躍進と革新共闘への一定の前進、民主連合政府への現実的展望がひらけてきた七三年の時点で、これに対していかなる態度をとるのか、といった点で重大な岐路に立っているように思われる。この運動が今後どういう方向に向かうかについては、ここで結論を下すことはできないが、今後の事態の進展には注意してゆきたい。ただはっきり言えることは、現代において労働者階級とその組織に敵対したところで社会変革の道をさぐるかぎり、絶対に成功の見込みはないという単純な真理である。

傍観者の転倒した論理と変節の美化

――丸山真男「近代日本の思想と文学」批判

はじめに

政治学者の丸山真男氏は、「無責任の体系」とされる天皇制が日本共産党にも「転移」しているという特異な「天皇制史観」をよりどころに、「革命運動における『天皇制』といわれる諸傾向の跳梁」（『忠誠と反逆』筑摩書房）なるものを問題にしたり、侵略戦争に反対して不屈にたたかいぬいた日本共産党に「侵略戦争の防止に失敗した」（『思想』一九五六年三月号「思想の言葉」、『戦中と戦後の間』みすず書房、所収）責任を問うなど、学問的装いをとった日本共産党攻撃を展開し、一定の影響をおよぼしてきた。その論理と思想的背景については、昨年らい本誌などで、すでに本格的な批判がおこなわれてきた。（注1）

ここでは、戦前のプロレタリア文学における「政治と文学」の問題をとおして日本の思想を論じた丸山氏の論文「近代日本の思想と文学――一つのケース・スタディとして」（岩波講座『日本文学史』第一五巻

「近代二」〔一九五九年八月〕、岩波新書『日本の思想』〔一九六一年〕所収）を中心に検討してみたい。

そこで氏は、戦前のプロレタリア文学運動の歴史的意義を否認し、この運動を中心となって推進した日本共産党と科学的社会主義に不当な攻撃をくわえるばかりか、プロレタリア文学とそれを理論的にささえた科学的社会主義の学説と運動こそ、変節や文学者の戦争協力への道を阻止できなかった最大の原因であったかのように描いて、絶対主義的天皇制の野蛮な弾圧と侵略戦争にたいする責任を免罪している。

しかも、この論文の「まえがき」で丸山氏は、対象とした「昭和初期から太平洋戦争にいたる時期はいわば実験的ケースとして設定されたもの」であるとして、そこで展開された思想と論理に時代をこえた普遍性があるかのように示唆している。こうした丸山氏の議論について、これまで本格的な検討、批判がおこなわれずにきたため、それが日本共産党攻撃を目的とする一部の文学者グループである『葦牙』同人にもみるように、さまざまな反共攻撃の思想的理論的支点のひとつともなってきた。

それだけに、この問題での氏の議論を批判的に検討することは、科学的社会主義と日本共産党にとってはもちろんのこと、民主的文学運動をはじめとする民主的文化運動、さらに社会進歩の立場から思想と文化の発展をねがうすべての人びとにとって、放置しておくわけにいかない重要な思想的理論的課題の一つとなっている。

一　プロレタリア文学運動の評価の「視座」

1　評価の「視座」はどこにおかれたか

丸山氏は、戦前のプロレタリア文学運動の退潮期に重なる、いわゆる「文芸復興」期にみられた「文学主義」と「科学主義」という論争が、「昭和初期からの『政治と文学』というテーマの、この段階における変奏曲」であるとの認識のもとに、「いわゆる『文芸復興』期に提起された諸論点がどのような思想的背景のもとにうまれたかをプロレタリア文学理論における政治的なものと科学的なるものとの関係づけのなかに探り、いわゆる『政治と文学』という文学史上の周知のテーマにもう一つ『科学』という契機を入れて――というより、『科学』の次元を独立させて、政治――科学――文学の三角関係として問題を見直してみることで、近代日本文学の思想史的問題にある照明をあててみたい」という（「近代日本の思想と文学」、岩波新書『日本の思想』70ページ、以下とくに論文、書名を書いていないものは『日本の思想』による。なお文中の傍点は省略した）。

つまり、「政治と文学」に「科学」をくわえることによって、「政治」と「文学」という二項関係をより多元化し、たとえば丸山氏が「文芸復興期」全体をつうじて渦巻いていたという、「（1）政治プラス科学対文学という方式、（2）政治対文学プラス科学という方式、（3）政治プラス文学対科学という三つのとらえか

た」のような関係で見直そうというのである。(注2)

しかし、丸山氏のそこでの議論は、戦前のプロレタリア文学運動を政治と科学(とくに科学的社会主義の理論)との関係において、日本の社会進歩の歴史とたたかいの総体のなかに正確に位置づけ、その歴史的意義と教訓をあきらかにするといったものではまったくない。それどころか、氏の見地は、科学的社会主義とプロレタリア文学運動を、日本文学を襲って甚大な被害をおよぼして去っていった「台風」にみたて、「なかんずく文学における『台風』の影響は特殊に深刻かつ複雑であった」(75ページ)との認識のもとに、この「台風」の被害状況を調査し、そこから「台風」の破壊力をさぐるというのがモチーフである。氏が、「プロレタリア文学が最盛期をすぎた後に、非マルクス主義的な文学者がどういう言葉でマルクス主義を特徴づけていたかということを見ると、この『台風』が残した爪跡の恰好がわかって面白い」というのも、そうした文脈においてであり、政治及びそれと一体となった科学(マルクス主義)による文学の裁断、抑圧というのが、その議論をつらぬく基調である。そこでは、つぎのような議論が展開される。

わが国において近代以降、政治と文学とは、それぞれ独立し、たがいに進歩を競う「駆けくらべ」の関係にあった。ところが「このような『政治と文学』または『政治と思想』との『関係』状況に一大転換を画したのが、第一次大戦後の労働運動・社会運動の勃興と、引きつづいて息つく間もなく襲ったマルクス主義とコンミュニズムの『台風』であった」(74ページ)。それは「『絶対者』として文学の内面世界を断ち割るものとして現われた」(76ページ)、「昭和十年代の初頭において、左翼的あるいは同伴者的知識人の間に政治にたいするアパシーを増大させたのは、たんに運動にたいするあい重なる弾圧と、運動内部から巨頭の続々とした転向だけがきっかけとなったのではなかった。そこには、トータルな『理論』によって裁断され、余り切れとして下意識の世界に埋積した非合理的な情動が、運動の下降によって急激に意識化され、それが『理論』と等式に置かれた『政治』にさまざまの形で復讐したという要因があった」（９０ページ）。

これら若干の引用によっても、丸山氏がどのような「視座」からプロレタリア文学運動をとらえようとしているかは、明瞭である。氏は、のちにくわしくみるように、プロレタリア文学＝政治と科学（理論）による文学の裁断が、その後の文学者たちの天皇制権力への屈服と忠誠、および侵略戦争協力への不幸な歩みを規定する思想的要因となったと主張し、『文芸復興』に視点をすえることによって、そのことを検証しようというのである。

2 「文芸復興」とその推進者の論理

しかし、そもそも、氏が視点をすえるいわゆる「文芸復興」期とは、またそこで提起された「論点」とは、どのようなものであったか。
雑誌『文学界』などを舞台としたいわゆる「文芸復興」とは、あいつぐ弾圧と運動内部の敗北主義、敗走主義によってプロレタリア作家同盟が一九三四年二月に解散するにいたるのと前後して、天皇制権力に屈服した林房雄らが文壇の小林秀雄らといっしょになってとなえたものである。林らにそくしていえば、プロレタリア文学における政治の支配、文学の不当な抑圧を非難し、文学の政治からの自立、解放を声高に主張し、それによって自分たちの屈服と変節を合理化する見地にたったものであった。(注3)
たとえば林は、出獄翌年の一九三三年には、「すでにながひあいだ、ぼくは、プロレタリア作家の一人として、『政治』と『文学』といふ二つのポールのあいだをぐらついてゐた。……しかし要するに多くの場合、政治の名において文学をおしさげること、自ら作家でありながら作家として自分を卑下すること、に終始してきた」(「作家として」『新潮』九月号)、「なによりも必要なのは、作家の内的世界の完成だ。作家が自己の内部に新しい世界を完成させる」(「作家のために」「東京朝日」五月)ことだと書き、さらに翌年には、「文学の自己再生は、刻々にすすみつつある」「プロレタリア派の再出発についても、……ながい偏政治主義的過誤からのがれでて、創作と評論の実践につきはじめたことは、日本文学の将来に限りない発展の可能性をもたらすであろう」(「文学再建の意思」「東京朝日」、一九三四年一月)などと記していた。(注4)

しかし、これはみずからの屈服、変節を、政治からの文学の自立、再生の名目で正当化しようとしたものにすぎず、文学自身のあたらしい創造的発展の探求などではまったくなかった。そのことは、この「復興」がなんらみるべき文学的創造を生まず、不毛に終わったばかりか、その主張者たちが急速に天皇制権力と侵略戦争へのもっとも狂信的で扇動的なイデオローグとなって、文学者をふくむ国民を戦場に駆りたて、軍国主義と野蛮な戦争によって文学を蹂躙するにいたった歩みが実証している。

林らの場合、「文芸復興」とは、プロレタリア文学運動からの完全な脱落、天皇制権力とその抑圧への屈服、階級的裏切りの代名詞にほかならなかった。こうした「文芸復興」の動向にたいして、当時、宮本百合子は、「知られているとおり、この文芸復興という声は、最初、林房雄などを中心として広い意味でのプロレタリア文学の領域に属する一部の作家たちの間から起った呼び声であった。それらの人たちの云い分を平明に翻訳してみると、これまで誤った指導によって文学的活動は窒息させられていた、さあ、今こそ、作家よ、何者もおそれる必要はない、諸君の好きなように書け、書いて不運な目にあっていた文芸を復興せしめよ、という意味に叫ばれたと考えられる」(「一九三四年度におけるブルジョア文学の動向」全集第一〇巻、240ページ)とのべた。そして、にもかかわらずそれが、シュストフの不安の文学の提唱などの域をでていないとして、その不毛ぶりをつぎのように指摘している「文芸復興の声はこのようにしてブルジョア文学の全野に鳴りわたったが、矢つぎ早に問題が起った。実際の作品の上ではちっとも文芸復興らしい活躍が示されないではないか、はたして文芸は復興したか? という疑問である」(同241ページ)と。(注5)

ここには、政治と文学とを機械的に対立させ、政治主義から文学を解放するという口実で、自分たちの変節の合理化をはかろうとした、林らとその「文芸復興」の反動的本質についての的確な洞察をみることができる。当時、すでに運動からの離脱を誓って出獄していた窪川鶴次郎も、「プロレタリア文学を退潮せしめた諸事情こそ、同時に文芸復興の現象を齎した諸事象にほかならなかった」(「文芸復興と文学者の新展開」、一九三四年)と指摘し、それが天皇制権力による弾圧とこれへの屈服を意味することを示唆した。

事実、「文芸復興」の提唱後における林らの変貌は急速かつ底なしであった。林は、太平洋戦争のはじまる一九四一年には、みずからの卑屈な変節をまだ不十分としてこれを完成、徹底させ、それを他の変節者にもせまる見地から、「転向について」なる一文を発表し、そのなかで、「転向とは、単に前非を悔ゆるというだけではない。過去の主義を捨てるということだけではない。——共産主義を捨てて全体主義に移るということでもない。いっさいを捨てて我が国体への信仰と献身に到達することを意味する」と書いた。その翌年には「勤皇の心」と題して、「このありがたき御声に従い、神と天皇の前にひざまずき、我が罪業の深さを自覚するとき、我が胸、我が腹、我が四肢五体のすみずみより、ほのぼのと葦牙のごとく芽生え出るもの、これぞ、この心こそ、勤皇の心である」(『現代日本文学大系』六十一巻、河出書房)とまで説いた。それは、神格化された天皇への、これ以上にない卑屈で非合理な礼賛、忠誠にほかならなかった。林らの「文芸復興」とは、彼らがそうした方向へ突進する出発点ともいえる位置にあった。

政治と科学（マルクス主義）の支配から文学の解放がさけばれた「文芸復興期」に「視座」をすえ、「プロレタリア文学」という「台風」の被害を調査するという丸山氏の視点が、事実上、林らのそれと共通の問題意識、論理によって、つまり変節者と同じ視点からのプロレタリア文学運動見直しとなるのは必定である。氏が、問題を「政治と文学」にかぎらず、これに「科学」をくわえたのも、氏がいう「政治による文学の支配」をそれにとどめず、さらに「政治」と「科学」＝マルクス主義理論との合体による文学の支配、裁断としてとらえ直すことによって、この「台風」の被害の深刻さの調査をより本格的におこなおうというのが主なねらいとなっている。

そこから展開される氏の議論はおのずから、おおよそ以下のようなものである。

3　「逆ベクトルの政治」と「文学」論にみる変節美化

氏によると、マルクス主義という形で日本文学を襲った「台風」は、「二つのモメント――すなわち、(i)文学と政治の駆けくらべの意味転換と、(ii)文学にたいする『論理構造をもった思想』の切りこみと、この二つの軸が『台風』の基本構造を形成している」（83ページ）という。つまり、①文学と政治が横ならびから、「政治の優位」に転化し、②しかも、その「政治の優位」は、もともと非合理な政治や人間を合理的な科学、法則で裁断する、すなわちマルクス主義理論と一体化することによって、文学、人間のうえに重くのしかかった、そこに日本の近代文学が遭遇した最悪の悲劇がある、というのである。そのことを、丸山氏はつぎのようにいう。

「政治＝階級闘争の全体性は現実を全体的に据える理論及び世界観を創作方法にまで内面化することによってのみ、真に芸術的に形象化されるという建て前が貫かれていたこと、そうした政治的なトータリズム（ここではいわゆる全体主義 totalitarianism という概念と区別するため、便宜上そう呼んでおく）と科学的トータリズムとが見合った形で作家にのしかかっていたこと、そこにこそ『政治の優位』の原則があれほど猛威をふるった秘密があり、それがまた現実のひきまわし主義の思想的な発酵素でもあったのである」（８７ページ）

丸山氏のこうした見地からすれば、天皇制権力の野蛮な弾圧のもとで、獄内外でプロレタリア文学運動の革命的伝統をまもりぬいた人びとは、「あくまで『革命の論理』に依拠し、それによって裁断されたものへの関心のうちに小市民的感傷主義しか見ない『政治主義』もしくは『科学主義』的一元論」（９２ページ）ということになり、その一方、「転向作家を含む文芸復興期のリーダーたちが『政治主義』にたいする反発を、『理論』によって裁断された人間的なるものの擁護に結びつけたのはその意味で当然ではあった」（同）ということになる。

これは、「人間的なるものの擁護」の名による、非人間的な権力への屈服、変節の美化、擁護にほかならない。丸山氏は、拷問、脅迫、長期の投獄など野蛮な手段でそうした変節を文学者にも強いた天皇制権力への糾弾、批判を欠落させる一方、変節者にたいして、天皇制権力への屈服、階級的裏切りを問題にし、その非を問うのではなく、むしろ彼らが、マルクス主義の名による誤った「政治」と「科学」の両方に反発したがゆえに、「文学における人間の課題をひたすら非合理なもののなかに追及」したとして、それが「逆ベクトルの政治」＝侵略戦争に無抵抗に飲みこまれていく結果になったと解析する。これは、文学者の戦争協力への一応の批判的目配りを装ってはいても、ことの本質において、天皇制権力への屈服にたいする倒錯した擁護、美化論といわねばならない。

現に丸山氏は、中野重治の変節後の発言を「政治的立場と世界観の関係についての極めて注目すべき見解」などと評価する一方、不屈にたたかいぬいた宮本百合子にも、宮本顕治氏にも、論文全体をつうじて一言の言及さえしない。小林多喜二の業績への目配りも、その虐殺への抗議も完全に欠落させたままである。その半面、氏は、変節者をはじめとする文学者の戦争協力にたいして、驚くほど同情的である。「（いわゆる国策文学や大陸文学の方向）また他のグループは、かつての『政治の優位』に於て疎外されていた非合理性を、民族と天皇のミュトス（伝説・伝承――引用者）のうちに発見し、全体的な合理性の裏返しとしての全体的な非合理性の中にひたすら文学的な自我を燃焼させせようとした」（１０６ページ）とか、「日本のこうした『文学主義者』の軌跡をすべてマルクス主義の政治及び科学的トータリズムとの関連で決定されたとみるのは不当な単純化である。けれども彼等における理論とか歴史とか概念とかのカテゴリーに対する反応形態を点検すればするほど、さきにのべたような日本のマルクス主義の思想史的役割によって彼等もまた制約されていた度合いの大きさにあらためて驚かされる」（１１８ページ）うんぬんと。

ここで丸山氏は、文学者の変節の原因すべてを「マルクス主義」に帰する「単純化」にはくみしていないかのように、一応ことわりをしてはいる。しかし、氏が「文芸復興」期の「諸論点」に「視座」をすえ、結局のところ、変節者と同じ目で、日本の近代文学をめぐるすべての悪の究極的根源を、「政治の優位性」と

「人間的なものを裁断する」とされる「マルクス主義理論」にみていることはあきらかである。

丸山氏は、この論文の三年前（一九五六年）に雑誌『思想』三月号に発表した「思想の言葉」で、侵略戦争に反対して不屈にたたかった日本共産党にたいして、その歴史的意義をみとめるどころか、逆に、当時の歴史的社会的条件をまったく無視して、戦争を阻止しえなかったという意味で「日本共産党の戦争責任」なるものを問題にしたが、ここでは変節者をはじめとする文学者の戦争加担の根本原因が、「政治の優位性」を唱えたプロレタリア文学と科学的社会主義にあるかのような議論をくりひろげているのである。

ここに、この論文の最大の特徴と倒錯した論理があるといえよう。丸山氏が、マルクス主義とプロレタリア文学運動を、日本の近代文学を襲った「台風」にみたてたのは、けっして言葉の文《あや》ではない。

氏はこれらの行論について、天皇制軍部のファナティックな非合理主義と、戦争というもう一つの「政治」に文学者が無抵抗になだれこまざるをえなかった思想的原因、病理を探求したのだと、いうであろう。『日本の思想』のあとがきで、丸山氏は表題論文について、「戦争体験をくぐり抜けた一人の日本人としての自己批判」を「根本動機」として執筆したとのべ、この論文の最後では、H・G・ウェルズをひきつつ、人類共通の精神、普遍的知性にたつ知的共同についてものべている。(注6) しかし、たとえ主観的には、そうした理由づけが意味をもったにしても、氏が、絶対主義的天皇制の暗黒専制支配に抗して、民主主義と自由、社会進歩のために不屈にたたかった日本共産党と科学的社会主義の歴史的役割、プロレタリア文学運動とその芸術的達成のもつ歴史的今日的意義について、まったく転倒した議論をおこなっていることにはかわりはない。

二　プロレタリア文学における「政治の優位性」とはなにか

1　「台風」論の誤りとプロレタリア文学の歴史的意義

丸山氏のプロレタリア文学論を検討するにあたって、「政治と文学」の関係の問題にはいるまえに、まずその「台風」論の根本的誤りが批判されなければならない。プロレタリア文学について、それを外部からの突風として日本の近代文学を襲ったかのように描くことは、たとえそれが比喩であったにせよ、それだけでも、この運動とその業績についてまじめな検討を試みていないことを意味している。

では、プロレタリア文学運動の歴史的意義は、どのようのものであったか。

第一に、この運動は、第一次世界大戦後、日本帝国主義が急速な膨張と侵略的反動的野望をつよめるなかで、絶対主義的天皇制の専制支配と国民との矛盾が深まり、労働者、農民、都市勤労者のたたかいがひろがるのを背景に、個人としての人間的な努力にもかかわらず、全体としてこれらの社会的矛盾に無力な近代文学の小ブルジョア的個人主義的限界、ゆきづまりをのりこえる社会的視野をもった必然的な運動として生まれ、急速な成長をみた。

もちろん、日本の近代文学のなかでも、たとえば、日露戦争にさいしての与謝野晶子の「君死に給ふことなかれ」（一九〇四年）の詩にしても、あるいは戦場で病死する兵士の絶望と苦悩を描いた田山花袋「一兵卒」（一九〇八年）、大逆事件にさいして「我々は一斉に起ってまずこの時代閉塞の現状に宣戦しなければならぬ」と書いた石川啄木「時代閉塞の現状」（一九一〇年）にしても、侵略戦争への告発、天皇制の専制支配への批判は芽生えつつあった。近代文学にはぐくまれていたそうした萌芽の積極的な継承、発展を、プロレタリア文学運動が自覚的に担ったという歴史的な事実は、正確にとらえられなければならない。そのことは、社会進歩の立場から日本の近代史、文学史をとらえようとするものにとっては、動かすことのできない歴史的事実にぞくすることである。

なお、若き日の宮本顕治氏は「『敗北』の文学」において、芥川龍之介の自殺に日本の近代文学の小市民的個人主義的立場のゆきづまり、敗北を読み、「その階級的土壌を我々は踏み越えて往かなければならない」（『文芸評論選集』第一巻、32ページ）と説いた。これは、プロレタリア文学が日本文学を「外部」から襲った「台風」のようにみなす丸山氏の視点とは本質的に異なり、絶対主義的天皇制の専制支配による政治的社会的壁をつきやぶれない近代文学の限界を、社会的階級的視野とたたかいをもって克服すべき文学における内的発展の方向をしめしたものであったことにも、注意をうながしたい。

第二に、この運動は、被害どころか、その運動そのものと、そのなかから生まれた具体的な作品によって、日本の社会進歩と文化の歴史にかけがえのない貢献をしてきた。こんにちからみれば、歴史的社会的制約はさまざまに指摘できるにしても、その歴史的芸術的意義は、日本の進歩と変革の歴史のなかに、いまも不滅の光をはなちつづけている。

戦前、絶対主義的天皇制の暗黒専制支配は、労働者、農民、勤労市民、知識人を抑圧し、その自由と人権をうばい、生活を破壊して、国民の苦しみの根源、日本の社会進歩をはばむ最大の障害になっていた。戦前の日本において、労働者、農民、勤労市民、知識人の力を結集して、この専制支配を打ち破る方向で、国民主権と基本的人権の擁護、民主主義、反戦平和を実現するたたかいを、どんな苦難があっても発展させる以外に、文学など知的分野をもふくめて日本の社会進歩はありえなかった。だからこそ、一九二二年に創立された日本共産党は、天皇制打倒、主権在民、基本的人権の擁護、生活向上、侵略戦争反対の旗をかかげて、非合法という条件におかれながら、苦難にめげずに、そのたたかいを不屈におしすすめた。

プロレタリア文化運動は、こうした日本の社会、とりわけ労働者階級と勤労人民がおかれた歴史的条件のもとで、社会と文学の内的必然的要請にもとづいて、生まれるべくして生まれ、日本共産党を先頭とする民主主義実現のためのたたかいの一翼を担い、労働者階級と勤労人民解放をめざす革命的民主的文化運動として、めざましい発展をとげ、日本の社会進歩に大きな貢献をするとともに、その後の思想、文化のたたかいの貴重ないしずえを築いた。

すでに一九一〇年代に生まれた民衆芸術論や民衆詩派の運動は、一九二一年二月の小牧近江らによる『種播く人』の刊行に受け継がれ、その後継誌である『文芸戦線』を中心に進歩的な文芸運動がひろく統一され、問題意識をひろげていった。一九二五年のプロレタリア文芸連盟結成（一九二六年、プロレタリア芸術連盟へ改組）、その後、福本主義による観念的セクト主義とその影響のもとに運動の分裂も経験したが、一九二七年の日本共産党の二七年テーゼにもとづく統一戦線の提唱にこたえて、蔵原惟人のよびかけで結成をみた日本左翼文芸家総連合の創立（一九二八年三月）と、それにつづく全日本無産者芸術連盟（ナップ）の創立（一九二九年、全日本無産者芸術団体協議会に改組）、さらに日本プロレタリア作家同盟（ナルプ）の創立（一九二九年二月）によって、運動は「ナップの時代」とよばれる最盛期をむかえる。そして一九三一年には、ナップ加盟芸術団体と科学の一二団体の統一中央組織として日本プロレタリア文化連盟（コップ）が結成され、大きな社会的思想的影響をおよぼすにいたった。

文学分野にかぎっても、その作品と評論は、進歩的勤労者、知識人のあいだにとどまらず、一般文壇にも大きな影響をあたえた。小林多喜二、宮本百合子、徳永直、村山知義、中野重治などの作品や、蔵原惟人、宮本顕治の評論などは、その代表であった。それらは、文学にとどまらず、文化芸術をつつむ、わが国ではじめての社会的階級的視野にたった被抑圧階級の文化運動として、資本主義世界でもっとも有力な運動の一つに発展し、国際的に注目をあつめた。

この運動は、理論的にも、文化、文学、芸術の階級性、社会性について、また階級闘争のもっとも集中的な表現である政治と文学、文化の関係について、あるいは、社会変革の歴史的使命をもつ階級、党派は社会発展の客観的法則を認識してこそ、その使命を達成できるという意味での、党派性と科学性との統一について、原理的な解明をおこなってきた。勤労者階級の立場にたつ作家、芸術家は、社会発展の展望にたつプロレタリアートの眼で対象をリアルに描きだすべきであるという、プロレタリア・リアリズムも提唱された。蔵原惟人が一九二八年、「ナップ」の機関紙『戦旗』創刊号に発表した「プロレタリア・レアリズムへの道」で、「第一にプロレタリア前衛の『眼をもって』世界を見ること、第二に、厳正なるレアリストの態度をもってそれを描くこと」（『蔵原惟人評論集』第一巻）を強調したのも、そうした解明の一つであった。この提起は、小林多喜二の「一九二八年三月十五日」「蟹工船」その他のプロレタリア文学の優れた作品を生み、運動を前進させるうえで貢献した。

こうして、プロレタリア文学運動は、まさに、芸術創造と政治的社会的課題の結合という点でも、進歩的芸術、文化運動の大衆的ひろがりという点でも、あるいは、世界の革命的、民主的文化運動との連帯という点でも、今日にひきつがれるべき不滅の歴史的芸術的業績をのこしたのである。(注7)

この運動が一九三〇年代なかば以降に衰退を余儀なくされたのは、なによりも天皇制権力によって執拗にくりかえされた言語に絶する野蛮で非人間的な弾圧と、それによる小林多喜二らの虐殺、蔵原惟人、宮本顕治の逮捕など中心的活動家をうばわれ、そうした状況のもとで運動内部に敗北主義、敗走主義が助長されていったことによってであった。同時に、作家同盟という組織こそ一九三四年二月に解体したが、プロレタリア文学運動の革命的伝統とその立場からの知的営為は、宮本百合子や獄中の宮本顕治によって不屈につづけられ、その灯は、消滅することなくまもりぬかれ、戦後に受け継がれた。

この運動が内部に未熟さやさまざまな弱点をかかえていたことは事実であるが、そのことによって、階級闘争の一翼としての責任と自覚のもとにこの運動が、専制と侵略戦争に反対してあたらしい文化を創造するために、多くの苦難をのりこえて奮闘し、数かずの芸術的成果をあげえたことの歴史的文化的意義を、いささかも軽んずるわけにはいかない。まして、丸山氏のように、この運動を外部から日本文学を襲って被害だけを残して消え去った一過性の「台風」にみたてることの不当さはあきらかである。そのことをまず、確認しておきたい。

なお、プロレタリア文学以前の日本の近代文学が、政治と「駆けくらべ」の状態にあったという丸山氏の見解についても、その不正確さを指摘しておく。なぜなら、丸山氏は、プロレタリア文学登場以前には、政治と文学がそれぞれ独立して歩みをすすめていたように描いているが、それはきわめて皮相な見方にほかならないからである。絶対主義的天皇制の専制支配こそ、日本の近代文学による近代的自我や人間的解放の探究のまえにたちふさがり、その前進をはばむ最大の障害、壁となっていたという根本的事実を、この種の議論は欠落させている。

2　「政治の優位性」論批判の虚偽とゆがみ

そこで、丸山氏がプロレタリア文学についての倒錯した評価を導く中心的原理となっている「台風」の「二つの軸」なるものを検討することが必要となる。一つは、「政治と文学の駆けくらべの意味転換」、すなわち「政治の優位性」の問題であり、もう一つは、政治と一体となって人間と文学を裁断するとされる「理論」＝「科学」（科学的社会主義）の問題である。ここではまず、「政治の優位性」の問題についてみることにする。

たしかに、「政治と文学」との関係、「政治の優位性」の問題は、プロレタリア文学運動のなかでくりかえし論議され、戦後にもひきつがれた大きな問題であった。しかしそれは、丸山氏が、「文芸復興」期の林らの変節者や一部文壇の文学者らの主張を受け売りしていうような、また、プロレタリア文学運動退潮期の鹿地亘らの主張に顕著にみられたような、政治による文学の支配と裁断といったものとは、本来無縁である。

プロレタリア文学運動が、科学的社会主義の理論と政治によって文学を裁断し、人間を抑圧したところに本質があったかのようにいう丸山氏の議論が、決定的に欠落させているのは、なによりも絶対主義的天皇制の専制支配こそ、人間をも文学をも抑圧、支配し、その自由をうばった元凶であるという、戦前の日本社会の基本的な特質である。そのことは同時に、丸山氏がこの野蛮な専制支配、人間性の蹂躙を告発し、そこからの労働者階級と勤労人民の解放、人間的な要求実現のためにたちあがったのが、プロレタリアートとその前衛党であり、その事業への貢献を芸術的創作をつうじて担ったのがプロレタリア文学運動であるという、歴史的事実とその意義をもみないことを意味する。

林においても、あるいは作家同盟を解体に導いていったさいの鹿地亘らの議論(注8)にしても、それらは本質において天皇制権力の弾圧への敗走、屈服を合理化するために主張されたものである。プロレタリア文学運動における「政治」と「文学」との関係は、丸山氏がしばしば陥っているように、超階級的な「政治」と超階級的「文学」との関係の問題ではない。むしろ、絶対主義的天皇制による非人間的抑圧、支配にたいする労働者階級を中心にした国民の社会進歩のたたかいにおける戦線内部での役割、機能分担とその相互関係の問題である。

科学的社会主義が主張する「政治の優位性」とは、なによりも階級社会において人間の営為である文学・芸術が社会的階級的性質から超越することはできないこと、階級闘争の勝利は政治権力の確立なしに保障しえないこと、それと不可分のこととして、社会の先進部隊である労働者階級の前衛党による客観的真理の能動的認識にもとづく正しい展望と実践が、社会発展のなかで先駆的な役割をはたすことの承認を意味する。

そして、この見地を前提として、人類社会の価値あるものをまもる努力、いっさいの進歩のための努力を現実的に反映する創作・批評活動を肯定的に評価し、その努力と芸術的成果をつうじて社会進歩に積極的に貢献することを意味する。絶対主義的天皇制の専制支配からの人間と文学、芸術の解放をめざすたたかいをすすめる観点にたつなら、政治と文学とが原理的に対立するものでなかったことは、疑問の余地がない。それは、また、社会進歩の立場にたって日本の現実にたちむかう今日の文学者にとっても自明である。

プロレタリア文学運動において「政治と文学」とは、以上の意味での「政治の優位性」の承認のもとに、社会進歩をめざすたたかいにおいて、それぞれ相対的に独自の機能と役割を担うことを、その根本的見地としていた。プロレタリア文学運動における政治と文学との関係は、そういうものとして、革命的な政治闘争とプロレタリア文学運動と創造活動の相互の共同、協力のあり方、関係についての探究と試行錯誤をともなう模索の過程であったということができる。

ちなみに『宮本顕治文芸評論選集』第一巻「あとがき」では、筆者が一九三二年から三三年はじめに発表した論文「政治と芸術・政治の優位性に関する問題」をふりかえり、この論文での、「共産主義理論にもとづく前衛党の課題というものの本来の社会的哲学的性格が、原理的には、客観的真理の能動的反映と実践的展望との統一であり得る、というくり返しの強調は、今でも学問的真理と革命的進歩的政治の関係が、二律背反的にマルクス主義の名で一部に論じられている状況の中で、単に過去の文献にとどまらない積極的要素をもち得ている」としている。そして、「政治の優位性」にかんする論及も、いまからみれば具体的問題では弱点や欠陥があったとしながら、その原理的正しさを再確認している。

「政治の優位性ということとの根本の内容は、決して前衛党のすべての具体的方針実践の絶対化を意味するものではなく、政治闘争――党派間の闘争が階級闘争の中心的な地位を占めること、政治闘争の勝利、権力獲得なくして階級闘争の全般的勝利はあり得ないこと、それと不可分のことだが、社会の先進部隊である労働者階級の前衛党がなし得る、客観的真理の能動的把握としての正しい展望と実践が、社会発展の中で先進的役割をもち得るということを意味するものである」（581ページ）

同「あとがき」はまた、プロレタリア作家同盟内で「政治主義」に反対する口実で敗走的気分を合理化する傾向にたいする批判のために書かれた、戦前、筆者が逮捕されるまえの最後の論文である「文化・芸術運動の基本的方向の歪曲に抗して」をふりかえりつつ、つぎのようにのべている。

「わが国のプロレタリア文化運動戦線での『政治主義』という言葉は、『政治の機械的支配』とか、『階級闘争』における『政治の優位性』論への全体としての否定的批判にむけて使われてきた。もちろん、そもそもプロレタリア文化運動と科学的社会主義に原理的に反対ないし批判的な論者が、社会主義理論にもとづく階級闘争と文学の有機的な関連に同意できず、『芸術至上主義』『文学の自律性』などさまざまな理由づけと関連して、どんな言葉をもってこれを批判しようとそれは勝手である。また、政治と芸術の関係についての非有機的機械的展開は、まさに機械論の一種として正当化されないのは当然である。だが、社会発展において政治闘争の役割を重視する立場を一括して『政治主義の偏向』として否定的に批判しようとすることは、自己矛盾的概念とならざるを得ない。わが国のプロレタリア文化運動の末期以来、この言葉は、こうした機械論への限定的批判の用語というように限らず、文学の名による政治の拒否、排除の内容で無数に用いられてきた。つまりそれは、進歩的革命的政治への絶縁をふくむ反政治の立場と同義語ないしそれに近いものだった」(589ページ)

3 誤りはどういう性格のものであったか

「政治と文学」の関係をめぐって、プロレタリア文学運動のなかに未熟さや誤りがなかったかといえばそうではない。しかし、それは、丸山氏がいうような意味ではまったくない。

一九三一年、蔵原が「芸術的方法についての感想」(『ナップ』九、一〇月号)で、いわゆる「唯物弁証法的創作方法」を提起した。これは、主観的には「政治と文学」との関係についての革命的見地からの積極的探究の所産ではあったが、それまでの「芸術運動のボリシェビキ化」の強調のなかで生まれた作品の「固定化」を克服する努力、「多様化」を一面的に批判し、党の必要にそった題材を唯物弁証法的創作方法で描けという「主題の積極性」の方向をかかげた。そのなかには「芸術の特殊性」や「リアリズム」の強調など個々には正しい見地もあったが、機械論によって作家の世界観や作品の政治的主題の不完全さを一面的に批評する傾向を中心とする重大な誤り、欠陥をふくんでいた。それは、蔵原が当時のプロレタリア文学運動内で指導的な役割をはたしていただけに、「ボリシェビキ化」のスローガンのもとに前衛党の革命的見地を一律に作家に要求するセクト主義的傾向や、情勢の切迫といった、当時の運動内部にみられた主観的な見方ともむすびついて運動に否定的影響をおよぼした。そのことは、宮本顕治の「政治と芸術・政治の優位性に関する問題」(一九三二年)をはじめとする一連の論文についてもいえることを、筆者自身が「あとがき」で自己分析をおこなっている。

そこでは、当時のプロレタリア文学運動の全面的総括を個々の作品再評価にもたちいっておこない、「唯物弁証法的創作方法」の誤りについて、つぎのようにのべている。

「『主題の積極性』という、これまで『主題の強化』としてプロレタリア文学運動で強調されてきたものの新しい発展としてそれ自体積極的な命題を導き入れながらも、その基準の実態は題材としての『階級闘争』や『階級的観点』についての狭い機械的な要請となった。これは、『党の課題』『党の必要』ということの総じて近視眼で性急な理解が結びついていた。また、情勢の切迫ということについての性急な見方も結びついていた。とくに、こうした情勢論は、『感想』の筆者だけでなく、我々をふくめ当時活動していた左翼の活動家の共通の傾向だった。さらに根本的には、日本共産党や左翼だけの責任に帰せられない国際的な要因も重大な役割を果たしていた」（一巻、645〜646ページ）

同時に「あとがき」は、そこからの教訓とともに、運動そのものが未曽有の困難のなかでそうした欠陥をのりこえ、すすむ方向をしめしていたことを指摘している。(注9)

実際、宮本百合子はすでに一九三四年に、「しばらく時が経って、私は自分が書いたものにふくまれていた誤謬――おのおのの作家が現実の問題として制約を受けているさまざまの意識的段階を無視して、定式化された規範で批判し、実際の結果としてはその作家が階級社会の中で負うている進歩的役割を抹殺するようなことになってしまった誤りをはっきり理解した」（「近頃の感想」全集一〇巻、177〜178ページ）と、「唯物弁証法的創作方法」の誤りについて率直な自己分析をおこなっている。

そしてそれにとどまらず、「今日になって、私自身至っておそいテンポながら文学の実践においてもすでにより発達した水準に到達しているし、プロレタリア文学運動において絶えず具体的に高められ強められてゆかなければならない芸術における階級性の問題も、今は、過去の成果と教訓によってよかれあしかれ、文学の独自的な性質をいかし個々の作品に即した方法で討究されるところに来ている」「プロレタリア文学の作品が多様化すればするほど、ますます確乎とした階級的基準にたって実にいきいきと、明快に、建康に、それぞれの作品の社会的意味を階級の歴史の発展との連関において積極的にせんめいにする批評の必要が増して来ていることを痛感するのである」（同179ページ）と記している。

哲学者の戸坂潤も、その「反動期における文学と哲学」で、プロレタリア文学における政治と文学の関係について、科学的批評の意義を擁護しつつ、そこにみられた未熟さ、欠陥について、それが政治的批評による文学の抑圧であるかのようにいう批評にたいして、「だが、夫《それ》は弊害であって物の本質ではない。その証拠と云えば、この結果は、決して批評が哲学的文学的であり過ぎたためではなく、却って次に云うように、批評がまだ充分に哲学的文学的に発達していなかった処からこそ生じたものなのだった。だからこの事情はこの折角の批評が自己分解しなければならない根拠などになる筈はなかったのである。処が、今では事実、この批評がガラリと崩壊して了《しま》ったように少なくとも外見上は見えている。そしてそこに例の文学主義だ。愛する文学のためには、党派性なども問題ではなくて、眼の前に横たわるものは一色の文学の煙幕だけだ」（全集二巻、363ページ）と書いている。これについて丸山氏は「近代日本の思想と文学」のなかで、『「本質論」で逃げているのではすこしも問題の前進にならない」（116ページ）と非難しているが、これは「逃げ」などでなく、問題の核心をついた発言である。

このように、誤りや欠陥は当時の運動そのもののなかで、克服されつつあったのである。その前進をはばんだのは、なによりも、マルクス主義者から執筆の自由さえうばった絶対主義的天皇制の野蛮で非人間的弾圧であった。プロレタリア文学運動内でゆきすぎや誤りをともないつつおこなわれた革命的知的探究とその前進の実相は、丸山氏が「視座」にすえた「政治による文学の裁断、抑圧」といった議論の誤りを事実でしめしている。くりかえすが、それは歴史的には、天皇制権力によるたび重なる弾圧がつよまるなかで、階級闘争からの敗走、権力への屈服を合理化し弁護するために一部の文学者がおこなった議論であり、革命的政治そのものからの文学の自立、文学における革命的立場そのものの放棄を説いたものであった。

その先端をきった林房雄らは、「政治主義」「政治的偏向」といったレッテルでプロレタリア文学運動とその指導部を攻撃しつつ、みずから変節と転落の道をころがり落ちていった。それは、当初、運動内の弱点を批判するかのようにみせかけはしたが、その本質において、天皇制権力による弾圧からの自由、身の安全を最大の動機として、革命的政治そのものからの文学の敗走、逃走を弁護するものであった。そうした傾向が、蔵原惟人の逮捕、小林多喜二の虐殺につづいて、一九三三年一二月に宮本顕治が逮捕されて以降のプロレタリア作家同盟の指導部、とくに書記長の鹿地亘らに集中的にあらわれ、その指導のもとに、作家同盟は一九三四年二月の第三回拡大中央委員会で解散を宣言し、みずから解体していったのである。作家同盟をこうした方向に導いたのも、なによりも天皇制権力への屈服であった。

「転向」したプロレタリア作家をもふくめて日本の文学者が、その後どのような道をたどったかは、あらためて説明を要しない。なかでも、「文芸復興」の提唱者らの転落は無残であった。たとえば、日中戦争の拡大にともなって小林秀雄は、「ぼくは体制に順応して行きたい。妥協していきたい。びくびく妥協するも堂々と妥協するのも順応してだめになってしまうのも、生かすことが出来るのも、ただ日本に生まれたという信念の強さにかかっている」（「文学の伝統と近代性」）と書き、林がさきに紹介した「転向について」「勤皇の心」でのべたような見地をさらにエスカレートさせ、日本浪漫派の保田与重郎らとともに、戦意高揚をあおりたてる「国民文学」の創造を提唱するにいたった。その経緯は、「文学」の自立どころか、どのような意味においても理性と人間性の名で擁護しえない、それらへの背反であった。

三　丸山氏にとって理論とはなにか——「理論信仰」批判が意味するもの

1　主観的観念論と不可知論の理論観

丸山氏が「台風」のもう一つの「軸」とみなす「文学にたいする『論理構造をもった思想』の切りこみ」についてはどうか。

すでに引いたように、丸山氏によればプロレタリア文学の来襲によって、「政治の優位性」とともに、「政治的トータリズム……と科学的トータリズムとが見合った形で作家にのしかかっていた」のであり、そこに「『政治の優位』の原則があれほど猛威をふるった秘密」も、「現実のひきまわしの思想的な醗酵素」もあったとされる。それは、理論によって、作家と人間を内面から断ち割るものとみなされる。

丸山氏によるこのような議論は、それが日本における科学的社会主義の理論にたいする氏の独特の理解と、そもそも理論とか認識というものについての氏特有の考え方を背景にして展開されている。氏が「日本の思想」でいうわが国のマルクス主義についての「理論信仰」なる特徴づけと、その具体的な内容としての「理論ないし思想の物神崇拝」「公式主義」「制度の物神化と精神構造的に対応」「理論（ないし法則）と現実の安易な予定調和の信仰」（『日本の思想』58~59ページ）などといった規定は、氏が科学的社会主義の理論についてのどのような理解のもとに、文学への「論理構造をもった思想の切りこみ」とか、「現実のひきまわしの思想的な醗酵素」といった非難を投げつけているのかを、およそ推察させる。

その内容は順次たちいるとして、まず確認しておきたいのは、科学的社会主義をこのように規定する丸山氏自身が、科学的社会主義のそれにとどまらず、理論なり科学なりをどのように理解しているのかということである。

論文「日本の思想」のなかで丸山氏は、「本来、理論家の任務は現実と一挙に融合するのではなくて、一定の価値基準に照らして複雑多様な現実を方法的に整序するところにあり、従って整序された認識はいかに完璧なものでも無限に複雑多様な現実をすっぽりと包みこむものでもなければ、いわんや現実の代用をするものではない。それはいわば、理論家みずからの責任において、現実から、いや現実の微細な一部から意識的にもぎとられてきたものである」（60ページ）とのべている。また論文「科学としての政治学」では、「ここでは主体の認識作用の前に対象が予め凝固した形象として存在しているのではなく、認識作用自体を通じて客観的現実が一定の方向づけを与えられるのである」（『増補版　現代政治の思想と行動』未来社、354ページ）とも書いている。

これが、科学的認識とは「経験的実在の思惟的整序」（『社会科学方法論』恒藤恭他訳、岩波文庫）であると定義したマックス・ウェーバーの見地そのものであることは、丸山氏のウェーバーへの傾倒からすれば不思議はない。(注10)そしてそのことは、丸山氏がウェーバーとともに、客観的真理の存在とその認識可能性を否定し、認識をもっぱら主観の側から構成するものとみなす主観的観念論、不可知論の立場にたっていることを物語っている。

哲学的には新カント派の思想的影響下にあったウェーバーによれば、社会的現実は無秩序な混沌、カオスであり、そこに客観的な法則を発見するなどということは、本来ありえない。したがって、人それぞれに異なる一定の「文化価値」にもとづいて、認識のモデル、基準となるなんらかの「理念型」(イデアール・テイプス、理想型ともいう)を構成して、それを手段としてもちいて、現実の混沌状態にたいして主観の側から「秩序をあたえる」のが社会科学的認識だというのである。「理想型は一の思想像であって、歴史的実在であるのでもなければ、まして『本来の』実在であるわけはなく」「我々はそれによって実在を測定し、比較し、以てその経験的内容の中の一定の意義ある部分を明瞭ならしめるのである」(『社会科学方法論』)。

したがってウェーバーは、「『世界観』としての又は歴史的実在の因果的説明の公分母としての所詮『唯物史観』は、断じて拒否すべきである」としたうえで、「あらゆる経験的知識の客観的妥当性は、与えられた現実が或る特殊な意味で主観的なところの、即ち我々の認識の前提を表示するところの、また経験的知識のみが与え得る真理の価値を必ず前提するところの諸範疇にしたがって整序されるという事実に、またこの事実にのみ基づいている」「科学的研究の理想的なる目的は経験的なものを『法則』に還元することでなければならぬという意味における文化事象の『客観的』扱ひが無意味だ、ということである」(同)とものべる。置かれた立場により人によって異なる「価値理念」によって主観的に設定される「理念型」による現実の主観の側からの整序――これは認識における主観的方法にほかならない。そこでは、客観的現実の科学的反映としての認識という見地は、原理的にしりぞけられる（注11）。

丸山氏はこうしたウェーバーの社会科学の方法論、認識論の影響を色濃くうけ、当然といえば当然であるが、そもそも出発点から科学的社会主義のそれとは異質の真理観、理論観にたっている。氏が、客観的実在――それが自然であれ社会であれ――の認識、反映は可能であり、真理、理論はそうした認識によってかちとられるとみなす科学的社会主義の理論について、「理論信仰」なる非難を投げつけるのは、なによりも氏自身が、主観的観念論、不可知論のこうした見地にたっていることをしめしている。

したがって、丸山氏にあっては、文芸批評において、社会進歩の立場から社会的現実をどれだけリアルに反映しているかを、作品評価の基準にするなどということも、はじめからしりぞけられることになろう。

氏のつぎのような発言も、そうした文脈においてこそ理解されうる。

「こうした歴史的現実のトータルな把握という考え方が、フィクションとして理論を考える伝統の薄いわが国に定着すると、しばしば理論（ないし法則）と現実の安易な予定調和の信仰を生む素因ともなった」（『日本の思想』５９ページ）、「トータルな理論がトータルな現実と対応し、したがって『正しい実践』が理論からいわば内在的必然的に出て来るという想定が作用しているところには、人格的決断はつねに一般的＝普遍的なもの――プロレタリアートとか人民大衆とか世界観とか――に還元されるから、それだけ政治的責任の意義は退行するし、状況を自己の責任において操作する可能性も見失われてしまうのである」（９４ページ）。

科学的社会主義の認識論について、それが理論と現実との「安易な予定調和」を主張するなどというのは、丸山氏の曲解でしかない。理論はただ近似的にのみ現実を反映し、認識の発展の無限の系列をつうじてこそ絶対的な真理にせまりうる。科学的社会主義の認識論が主張するのは、人間の認識——理論や科学は、客観的実在の本質あるいは本質的な性質、特徴、運動法則を、そのときの社会的歴史的条件の範囲内で正確に反映するということである。そして、その反映は、そのときどきの歴史的社会的条件によって限界づけられてはいるが、人間の認識の発展、科学の進歩をつうじて、客観的世界の全面的な認識に無限に接近していくというのが、その根本的見地である。それは、丸山氏のいうように、「現実の微細な部分から一部をもぎとって」くるものでは断じてない。

にもかかわらず、丸山氏がこのような発言をあえてするのは、「現実の反映」が、氏にはありうべからざる「現実と理論の予定調和」にみえ、現実の法則を反映した確固とした真理に導かれる実践が、主体的決断を欠落させた「政治的責任の意識」の「退行」と映ることを意味している。

自然認識と社会認識とのちがいを理由に、歴史科学における客観的発展法則を否認し、主観的観念論的方法に逃げこむのは、新カント派の哲学者たちがつねとしていたことだが、社会と歴史における法則の客観的な存在とその認識可能性を承認しなければ、どのような認識についてもその客観的真理性は保証されず、したがって科学としての社会科学は原理的には成立しえなくなる。認識を反映ではなく、「経験的実在の思惟的整序」とする見地は、言葉の本来の意味で社会科学とはあいいれない。

科学的社会主義の歴史観、史的唯物論の成立が、科学の発展の歴史においてもっている人類史的意義は、それまでの人類が達成した価値ある知識を受け継ぎ、そのなかにふくまれる科学的認識の要素を発展させて、それまで何人もなしえなかった歴史と社会の法則的科学的認識に本格的な道をひらき、言葉の本来の意味での社会科学の成立を可能にしたことにある。それは、唯物論の世界観を歴史におしひろげ、「社会的存在が社会的意識を規定する」との見地から、社会生活の物質的基礎をなしていて、意識から独立に存在しており、毎日毎日反復され、したがって自然科学的な正確さで認識できる物質的生産活動をとりだすことによって、その法則的発展を科学的に認識し、それにもとづいて、政治的法律的諸制度、イデオロギーをふくめて社会全体とその法則的発展とを科学的に認識する道をひらいた。史的唯物論の成立は、言葉の厳密な意味で、人類文明の発展における社会科学的認識の確立を意味する。

もちろん、われわれの認識は、白紙に絵を描くのではなく、先行して獲得された概念やカテゴリー、それらの体系としての理論に依拠しておこなわれる。レーニンが「哲学ノート」で、「カテゴリーは、……世界認識の小段階であり、この網（自然と社会の諸現象の網――筆者）の認識と把握を助ける、網の結節点である」とのべているのも、そのことを意味する。したがって、カテゴリーや理論をつかっての認識とその成果は、自然そのもの、世界そのものではもちろんない。にもかかわらず、それらは、自然と社会、すなわち客観的実在の本質的あり方、運動の法則をなんらかの程度で正しく反映する。だからこそ、それらは人間生活に役立ち、また、あらたな認識の発展の武器として、より全面的で正確な認識へと発展させられるのである。そして、その過程で、あれこれの仮説もまた、それが適切なものである場合には、認識の発展にとって重要な役割をはたす。

しかし、そのことは、われわれの認識が現実の反映ではなく、「経験的実在の思惟的整序」であるとか、

「理念型」による現実の主観的構成であるといったことをなんら意味しない。丸山氏の「理論信仰」批判は、なによりも氏自身がそうした主観的見地でしか、客観的実在の法則的認識という科学本来の立場をみることができないことを物語っている。

2 「公式主義」はどちらにふさわしいか

科学的社会主義が「公式主義」であるという氏の非難についてもみておこう。

この点でも、プロレタリア文学についての議論をふくめて、丸山氏の主張の逆立ちはあきらかである。氏は、「公式主義もまたマルクス主義の専売であるかのように今日でも考えられている」（『日本の思想』５８ページ）として、客観的紹介のかたちでそうした見解を無批判に肯定する。そして、プロレタリア文学が、理論を完全無欠のものとして現実におしつけた公式主義の典型であったかのように描く。「理論信仰」は、『実感』に密着する文学者にとっては殆んど耐えがたい精神的暴力のように考えられる。公式は公式主義になることによって、それへの反発も公式自体の蔑視としてあらわれ、実感信仰と理論信仰とが果しない悪循環をおこすのである」（同５９ページ）というのである。

しかし、これも丸山氏の理論観の歪みと科学的社会主義の曲解を反映するものでしかない。

戸坂潤が、一九三七年「ひと吾を公式主義者と呼ぶ」で、学生時代に公式を有効につかって問題を解くよう数学の教師にさとされた体験を紹介しつつ、文学主義などの延長線のうえに社会科学の理論そのものに「公式主義」なる非難が投ぜられる風潮を批判したことがある。

戸坂はそのなかで、「所謂左翼公式主義者なるものがどんなに間抜けな判らず屋であったにしても、今日公式呼ばわりをするに汲々たる連中よりも真実があったと私は思っている。なぜなら、とにかく左翼公式主義者は公式を使って或る程度まで実際に問題を解いて見せたのに、今日公式呼ばわりしかし得ない連中は、問題が少しも解けずにウロウロしているからである」と痛烈に批判し、彼らは「単に左翼的であるとか科学的であるとかいう現象を、公式主義と呼んでいるのである」（全集第一巻、３３６ページ）とのべている。もちろん、戸坂のこの言葉を丸山氏にそのままあてはめるつもりはないが、にもかかわらず科学的社会主義に対する「公式主義」という丸山氏の見解にふれるとき、戸坂の批判が的確であったことをあらためてうなずかせる。

科学的社会主義は、マルクス、エンゲルスによって確立され、レーニンによって、さらに日本と世界の革命運動を通じて発展させられてきた。同時にそれは、出来合いの理論、公式を適用すればすむようなものではなく、内外の国民のたたかいを通じて不断に発展させられる理論、学説である。公式の機械的な適用によって、すべてが解決するようにみる教条主義は、日本における科学的社会主義の党がもっともきびしく戒めてきたところのものである。それは、戦前の日本の党においてもつらぬかれた。そのことは、天皇制の打倒をめざす民主主義革命という戦前の日本共産党の綱領路線が、絶対主義的天皇制の専制支配によって特徴づけられる日本資本主義の特異な発展形態を、事実にもとづいて具体的に分析したことによって到達しえた科学的な認識にもとづくものであった、という一事をみても明瞭である。

その点で、むしろ言葉の本来の意味での公式主義は、〝政治と理論による文学の内面からの裁断〟といった文字どおりの独断でしかない「公式」を、具体的な運動や作品の分析もぬきにプロレタリア文学と科学的社会主義に適用し、それでこと足れりとしている丸山氏にこそあてはまるものではないか。

氏の学問的業績の最大のものとされる『日本政治思想史研究(注12)』（東京大学出版会）において、氏は朱子学の教義を「自然規範」から聖人の「作為」に読み直した荻生徂徠（農民への搾取強化を軸に幕藩体制の反動的再編をおこなった享保の改革のイデオローグ）の思想に思考形態としての近代性をみた。これは、氏の徂徠研究をつらぬいている「公理」であり、「理念型」である。あるいは、氏の福沢諭吉研究における「国家を個人の内面的自由に媒介せしめた」（「福沢における秩序と人間」〔『現代日本思想体系』三四巻〕、筑摩書房など）近代人という福沢諭吉観(注13)にしても、あるいは、「革命運動における『天皇制』といわれる諸傾向」うんぬんという日本共産党攻撃をふくむ『忠誠と反逆』（筑摩書房）における「自我との緊張関係における忠誠と反逆の相剋」にしても、いずれも方法論的にはウェーバー流の「理念型」あるいはマンハイム(注14)の「視座構造」＝思考モデルの援用であり、それによって思想史の多様な史料を整序する「公式」（しかも現実の反映とはされない公式）となっている。

だから、丸山氏が科学的社会主義を特徴づけようとした「公式主義」は、むしろ、なんらかの「文化価値」によって主観的に設定された「理念型」をつかって、豊富な現実を裁断し切りとり「思惟的に整序する」という、丸山氏の社会科学の方法にこそふさわしい。

この問題に関連して丸山氏が、「過度合理主義にともなわれた政治的トータリズムが思考を支配するところでは、『政治』の表象が政治の全体像――たとえば全国的もしくは国際的規模での階級闘争――に向って収れんし、その全体像（これを以下かりに大政治とよぶ）が、くまなく個々の政治過程に浸透してこれを包摂する。『大政治』と日常政治（ターゲスポリティーク）の完全対応関係が想定されるのである」（97ページ）とのべて、蔵原の一連の論文をあげていることにも言及しておこう。

氏によれば、問題はそこでは「日常政治……があたかも大政治の単純な縮小再生産、つまり小文字で書いた全社会＝あるいは全世界的規模での階級闘争として観念されていたというところにある。これはさきにのべたところ、――『理論』からはみ出る個別的決断の問題を意識化することを軽視し、さらには日常的観察における例外的事態から仮説を作って行く科学的思考過程が脱落している問題とあきらかに同じ根から発している」（98〜99ページ）、「こうした政治観と科学観のトータリズムを精緻に芸術的方法にまで理論化たのが、蔵原の芸術論であった」（99ページ）、「蔵原理論は文学の方法をあまりにマルクス主義の『論理』でわり切ったところに欠陥があるといわれるが、それ以前にその『論理』と『科学』なるものの捉え方それ自体に実は最大の問題があったのであり、しかもそれはけっして、蔵原だけの問題ではなかった」（101ページ）という。

こうして氏は、蔵原にみられた「欠陥」なるものを「科学」と「論理」の根本にひろげ、そのうえマルクス主義全体におしおよぼし、そこに「科学的思考過程が脱落」しているかのように攻撃する。しかし、これは蔵原の「芸術的方法についての感想」の欠陥を不当に一般化し、それによって科学的社会主義の科学性、反映論にたった芸術論の意義を根底から否定しさるものである。

蔵原の理論と「芸術的方法についての感想」の問題点についてはすでにふれた。蔵原の「プロレタリア・レアリズムへの道」などでの提起は、「若干の不備はあっても、現実をいかに社会的階級的に描くかという新しいリアリズムの重要性を一貫して強調していた」（『宮本顕治文芸評論選集』第一巻「あとがき」、651ページ）点に重要な意義があった。これにたいして「『感想』は、その中に個々の積極的モメントをふくみながらも、全体としては、こうしたリアリズム論の発展ではなく、新しい機械論の導入となった」(同前)ことに最大の問題点があった。にもかかわらず、彼の理論的諸活動は、「感想」がでるまでは、一面に重大な問題点をともないつつも、全体としては運動の発展に貢献したのである。

蔵原の「感想」の誤りについては、その後、その自己分析と克服の努力がプロレタリア文学運動のなかでもおこなわれ、戦後、蔵原自身をふくむ民主的文学運動のなかでも検討されてきた。同時に、プロレタリア文学運動からそのリアリズムの見地を継承、発展させることの重要な意義がくりかえし確認されてきた。蔵原の理論的諸活動の意義と問題点については、丸山氏の論文が書かれた時点でも、民主的文学運動においても、それなりの程度において共通の認識となっていた。丸山氏のいうように、「感想」にみる誤りを、プロレタリア文学運動全体、さらに科学的社会主義にまで一般化することが、どんなに事実とかけはなれているかは、ここにも明確である。

なお蔵原の「感想」にそくしていえば、たしかに「唯物弁証法的創作方法」の名で共産主義的世界観、観点を一律に作家に要求する機械論に陥っているところにその最大の問題があったが、同時にそこでも、「公式主義」「観念主義」が、もう一方での「革命的主題の欠如」とともにきびしく批判されている。たとえば「それ(芸術―引用者)が芸術的真理たりうるためには、その本質が現実に存在するままの直接的な姿で再現されなければならない。勿論、芸術もまた概括する。しかし、その概括はこの現実の直接性が失われない限りにおいて行われるのである」(『蔵原惟人評論集』第二巻248ページ)といった見地が、くりかえし強調されていることも、見落とせない事実である。

丸山氏がひいている「芸術的概括」についての蔵原の事例が、いまからみて妥当かどうかは別として、蔵原が「日常政治」つまり作品の対象となる個別的な事象を「大政治」の単純な「縮小」とみなしているとか、「日常的観察」をつうじての科学的思考が本質的に欠落しているとかいうのは、あたらない。まして、科学的社会主義においては「過度合理主義にともなわれた政治的トータリズム」の支配によって、全国的政治過程がそのまま個別の政治過程に機械的に縮小されるかのようにいう議論は、まったくの歪曲である。ここでも丸山氏は、科学的社会主義の理論そのものが、一定の公式なり原理を機械的に具体的な現実におしおよすものであるかのように歪めて攻撃しているのである。しかし、それは氏が勝手につくりあげた虚像にすぎない。

3　政治と科学（理論）の二元論の陥穽─非合理主義への転落

科学的社会主義にたいする「理論信仰」とか「理論の物神化」といった丸山氏の非難は、その背後に、政治の世界には実践を正しく導く理論（科学）などはありえない、わかりやすくいえば政治の世界は〝一寸先は闇〟であって、理論や科学などのまともに通用する世界ではないといった、不可知論と非合理主義が横たわっていることも指摘しなければならない。この見地からすれば、科学的理論的な方針によって政治的実践を導こうとする科学的社会主義と日本共産党の立場が、理論と科学の不当な過信＝「信仰」によって非合理な世界にまでそれを拡張するものと映ずるのも不思議はない。

氏は、プロレタリア作家同盟にたいする「政治的図式主義」などといった非難を紹介しつつ、「そこに象徴されている政治観こそが問題なのである」「政治に於ける非合理的要素の切捨て、もしくは軽視が、政治的なものと法則的なものとをイクオールに置いた『政治の優位』の思考から生まれる第一の帰結となるのである」（88ページ）という。つまり、政治は本来「人間臭い」「非合理」に満ちた世界である、科学的社会主義はそこをみようとしないというのである。「政治過程において不可避的に非合理的契機が発生するのは、第一にはあらゆる政治が人間行動を組織化するというのっぴきならない要請によって、人間性のなかのエモーショナルな要素を不断に動員しなければならないからである」（89ページ）。ところがマルクス主義は、それを理論＝法則で割り切ろうとする、との批判である。

そこから、一つは、複雑で非合理な政治と人間を細部にいたるまで理論で断ち割ろうとするマルクス主義が、その理論が精緻であればあるほど、無理が生じ、現実には非合理の情動に身をゆだね、非理性的非人間的な行動につきすすむことが宿命づけられているという結論が導かれる。「コンミュニズムあるいはその思想的源流としてのジャコバン民主主義の政治過程における非人間的な契機は、しばしばまさにその『理論』の閉鎖性と完璧主義が実践面に翻訳された形態として現れる。前者（ファシズム――引用者）においては政治は本質的に非合理的と考えられるが故に非合理な行動が当然とされるのに対して、後者（コミュニズム――引用者）は政治を――とくに味方の政治をあまりに理論的＝合法則的なものに還元することによって、かえってしばしば具体的には非合理な情動を恣《ほしいまま》に跳梁させる結果に陥るのである」（90ページ）というのである。

これは、科学的社会主義を、理論の「完璧性」のゆえに、現実にはファシズム同様の非人間的な行動を生むことを運命づけられている思想とみなす見地である。科学的社会主義とプロレタリア文学運動にたいする丸山氏の態度の思想的根源の一つを、ここにみることができよう。

もう一つは、そうした理論と科学に導かれた革命的政治と運動、日本共産党やプロレタリア文学運動の指導は、現実の政治と人間とのあいだに矛盾と亀裂を深めざるをえないという結論が導きだされることである。この見地は、それについていけない多くの文学者が、状況が困難になるなかで、「理論」と「政治」にたいして非合理と生身の人間、文学を対置して復讐したのは当然ではないか、という結論にゆきつくことになる。丸山氏による変節合理化、美化論の理論的根拠の一つが、ここにある。

丸山氏が、「トータルな『理論』によって裁断され、余り切れとして下意識の世界に埋積した非合理的な情動が、運動の下降によって急激に意識化され、それが『理論』と等式に置かれた『政治』にさまざまな形で復讐した」とか、「転向作家」らが、「『政治主義』にたいする反発を、『理論』によって裁断された人間的なるものの擁護に結びつけた」とかいうのも、そのためである。氏はその後も、「昭和十年代」をふりかえって、「弾圧というような外部的な事情が大きかった点は、今とちがいますが」とはしつつも、プロレタリア文学運動などで「政治と科学が癒着していたので、ナップの政治主義への反発とマルクス主義の科学的方法への反発とが癒着して、文学主義が出てきた」（梅本克己、佐藤昇との鼎談『現代日本の革新思想』、河出書房新社、一九六六年）などとも語っている。

第三に、丸山氏にとって、もっとも人間くさい政治の世界は、人間そのものと同様に本質的には理論や科学のおよびえない「非合理な世界」であるから、その政治の世界における実践と理論（科学）とは媒介のない対立を運命づけられ、政治的実践は結局のところ理論的裏づけのない「決断」「賭け」以外のなにものでもなくなる。つまり、「いかなる政治過程も大小無数の決断の埋積から成り立っている」のであり、「どのような歴史法則も、どんなに精密な現状分析も、行動に向って決断する立場に立った人間にたいして、完全に計測可能な形で次に来るものをさし示すことはできない。理論はいかに『具体的』な理論でも一般的＝概括的性格をもつからして、理論と個別的状況との間にはつねにギャップがあり、このギャップをとびこえる最後のところにはまさに『絶体絶命』の決断しか残されていない」（93ページ）ということになる。

別の論文で丸山氏は、「認識することと決断することとの矛盾のなかに生きることが、私たち神でない人間の宿命であります。私たちが人間らしく生きることは、この宿命を積極的に引き受け、その結果の責任をとることだと思います」（「現代における態度決定」、『増補版　現代政治の思想と行動』所収、453ページ）ともいっている。

したがって、丸山氏のこのような見地からは、実践をつうじて科学的な政策と方針を集団的にねりあげて、それにしたがって全党が実践する日本共産党のような組織のあり方に、理解がおよばないのは当然である。科学的社会主義にたいする「理論信仰」「理論の物神化」といった丸山氏の断定的非難は、政治におけるそうした不可知論と非合理主義、盲目的な賭けとしての実践といった氏の立場を裏返しにした主張であるとみてまちがいあるまい。

しかも、みすごすわけにいかないのは、氏がそうした見地から「ルールによって汲みつくされない非合理面にたいして『賭け』るからこそ、その賭けは自己の責任における賭けになる」と居直り、そのうえ「したがって『正しい実践』が理論からいわば内在的必然的に出て来るという想定が作用しているところには、人格的決断はつねに一般的＝普遍的なもの――プロレタリアートとか人民大衆とか世界観とか――に還元されるから、それだけ政治的責任の意識は退行する」（94ページ）としていることである。

『日本の思想』の「あとがき」で氏は、「天皇制的精神構造における無限責任↓無責任のダイナミズムが、他の社会集団とくに政治的に対極に位置したコンミュニズム陣営に転移する」（186ページ）と主張しているが、これはその具体例ということになろう。この天皇制の「無責任」の「転移」論の非科学的倒錯については、『前衛』五月号の山口論文が分析している。ここでは、社会発展の法則にもとづく日本共産党や革新勢力の社会への働きかけに「政治的責任意識の退行」をみる氏の見地が、理論と実践とを媒介のない対立におき、そこでの実践を「賭け」とする立場にたって、主張されていることを指摘しておく。

理論（科学）と政治とを機械的に対立させ、政治の世界から理論（科学）の積極的働きを排除する丸山氏のこうした議論が、現実の正しい反映としての科学的認識ではなく、複雑な現実を「方法的に整序する」ところに理論の役割をみる氏の主観的観念論にもとづいた方法論と不可分一体のものであることは、容易に推察できる。それはまた、社会科学の対象である政治や社会を、自然科学のそれと区別して非合理な混沌、カオスとみなし、そこに「思惟的整序」によって主体の側から秩序をもちこむのが社会科学的認識だとした、ウェーバーの政治、人間観、社会科学方法論とも整合している。

理論（科学）についてのこの主観主義、観念論が、現実政治における実践の指針としての理論（科学）の役割、力能にたいする底知れぬ不信と不確信に直結するのは不思議がない。ここに、丸山氏における政治と科学の二元論が落ちこまざるをえない最大の陥穽《かんせい》があるといえよう。

丸山氏は「科学としての政治学」（『増補版　現代政治の思想と行動』）のなかで、つぎのようにのべて、認識と価値判断とを対置するマックス・ウェーバー流の二元論の立場を表明していた[注15]。

「学者の政治理論が相闘ういずれかの党派の武器として動員せられ利用せられることは免れ難い傾向で

ある。……しかしながら、学者が現実の政治的事象や現存する諸々の政治的イデオロギーを考察の素材にする場合にも、彼を内面的に導くものはつねに真理価値でなければならぬ。之に対して、政治家は理論の価値を通常その大衆動員の効果において考える。彼の判断を導くものはいわば宣伝価値もしくは煽動価値である。同じく政治的現実に関与しながら、そこに両者を究極において分かつところのStellungnahme のちがいがある」（352ページ）。

日本共産党現委員長の不破哲三氏は、『続・科学的社会主義研究』（新日本出版社）のなかで、政治と学問的真理との根本的な対立といった主張を根底にした、政治学者の田口富久治の誤った前衛党論にたいする批判をおこなったさいに、田口氏と氏が立脚した丸山氏のこの議論について、つぎのように批判している。

「この主張は、科学的社会主義の党を含めて、あらゆる政党が、真理価値ではなく、大衆動員の効果、すなわち、宣伝価値と煽動価値を、理論と行動の基準としているという認識を前提として、はじめて成立するものである。そして、この点で、近代政治学者である丸山氏が、科学的社会主義の党も、社会民主主義の党も、各種のブルジョア政党も、すべてを同列視する卑俗な『政党』観を披瀝したとしても、それは、政治から階級的内容を捨象する近代政治学の特質と限界を示すものであって、そこになにも不思議なことはない。しかし、マルクス主義者にとっては、科学的社会主義の党が、その理論と行動の基準を、大衆動員の効果といった近視眼的な『価値』にではなく、客観的真理との一致という『真理価値』に求めなければならないし、実際、そのことを追求していることは、自明のことであろう」（16

3ページ)

ここに指摘されているように、われわれの社会進歩をめざすたたかいは、社会の法則的な発展についての科学的認識、客観的真理との一致にこそ、どんな困難をものりこえて前進する最大の保障、最終的勝利の根本的な条件があり、また、そのたたかいを担う人びとがさまざまな障害を克服してすすむ理論的思想的確信の源泉がある。すでに実践によって検証された正しい一般理論に導かれるから、具体的問題を具体的に研究することによってこそ、実践を導く指針となる認識に到達することができる。

だから、人間の認識が現実のすべてをつくさず、したがって理論と政治的実践のあいだになんらかのギャップはさけられないにしても、問題は、そうした認識の相対性、限界性から、政治における科学的な認識の不可能性、すなわち不可知論と非合理主義の見地に転落するのか、それとも、それを真理への不断の接近の一段階ととらえるのかにある。ここにこそ、科学的社会主義の見地と、丸山氏のそれとの決定的な分岐がある。そして、マルクス、エンゲルスがうちたてていらい、科学的社会主義の学説に導かれた社会変革のたたかいの百五十年の歴史は、それが民主主義と民族自決の世界史的前進への大きな貢献をはじめとして、諸国民のたたかいを導く真理への接近は可能であるとの見地の正しさを、疑問の余地なく立証してきているのである。

氏が科学的社会主義について、政治と人間、現実のすべてを包括する完璧な理論を自認するかのようにいうのは、まったく根拠のない丸山氏の独断でしかない。科学的社会主義の理論は、客観的実在のくみつくすことのできない無限の豊かさを前提にし、認識の不断の発展による現実世界への無限の接近の可能性をみとめこそすれ、理論や認識の「完璧性」を主張するものでない。エンゲルスのデューリングにたいする批判にも、そのことはすでに明瞭である。(注16)

レーニンの言葉を借りれば、「マルクスの理論が客観的真理であるという、マルクス主義者がともに分かちもっている、その意見からでてくる唯一の結論は、つぎのことにある。すなわち、マルクスの理論の道にそっていくことによって、われわれは、いよいよますます客観的真理に近づくであろう(この真理はけっしてきわめつくすことはないが)、これとは別のどのような道にそっていっても、われわれは、混乱といつわり以外のなにものにもいたることはできないであろう」(レーニン『唯物論と経験批判論』新日本文庫版〔上〕、207ページ)。

たしかに、戦前・戦後の政治の歴史をふりかえっても、保守反動勢力やその基本路線を継承する政党の政治家、政治派閥の行動を表面的にみれば、いかにも「非合理」にみちている。しかし、言葉の本来の意味での社会科学としての史的唯物論に立脚する科学的理論に導かれる政治勢力についていえば、その政治勢力のたたかいが本質的に非合理で非科学的だということには絶対にならない。

客観的実在の人間意識への反映は可能であるという見地にたつ科学的社会主義の認識論によれば、自然界はもとより、現実の社会、政治の本質的構造や法則を、なんらかの程度で認識することは可能である。そして、実践による検証をつうじて、その認識は不断に発展させられ、客観的真理、絶対的真理へとかぎりなく接近していくことが可能である。

レーニンが『唯物論と経験批判論』のなかでのべているように、「弁証法は――すでにヘーゲルが解明したように、――相対主義・否定・懐疑論のモメントをそのうちにふくんでいるが、相対主義には帰着されない。マルクスとエンゲルスの唯物論的弁証法は、そのうちに無条件的に相対主義をふくんでいるが、これに帰着されない。すなわち、すべてわれわれの知識の相対性を、客観的真理の否定という意味ではなく、この真理へのわれわれの知識が近づく限界が歴史的に条件づけられているという意味で、認めるのである」(新日本文庫版〔上〕、197ページ)

実際に、さまざまな人間の意思と欲求、理念などが錯綜する人間社会と歴史については、一見、そこに法則的認識などありえないかにみえて不思議はない。だからこそ、社会科学の成立は自然科学に大きくおくれた。科学的社会主義は、社会と社会的諸関係の総体としての人間を、それがよってたつ経済的基礎の究明を土台に、そのうえにたつ政治的法律的あるいはイデオロギー的諸形態をふくめて全体として研究することにより、階級闘争による歴史の発展を法則的に把握する道をひらいた。日本共産党はこの歴史観、理論に導かれて、戦前の絶対主義的天皇制の専制的な支配体制をその経済的基礎から権力の特異な階級的性格にいたるまで全体として科学的に分析し、天皇制の支配を打破する民主主義革命を政治、経済、文化の全分野で遂行することにこそ日本社会の法則的発展の道をみいだした。

戦前の日本社会のこの科学的な認識を指針にしてこそ、プロレタリア文学運動も天皇制権力にたちむかい、野蛮な弾圧、迫害に抗して社会進歩のためにたたかい、日本の文学・芸術史上はじめて社会の法則的発展についての階級的自覚のもとに創作・批評活動を全体として精力的におこなうことができた。この事実は、文学と人間の進歩のうえで、科学的理論がどんなに重要な不可欠の役割をはたすかを、具体的な歴史の事実でしめしている。

また、科学的社会主義の立場にたつならば、理論は社会進歩をめざす人びとに確固として展望をあたえ、革命的民主的たたかいを導く信頼できる羅針盤の役割をはたし、進歩的革命的政治とそれを担う人びとに深い科学的確信と、なにものをも恐れない勇気をあたえることができる。それはまた、革命的文学・芸術、進歩的文学・芸術の創作活動にとっても、それらをささえるたしかな社会的視野と歴史観的指針をあたえてくれる。

これに反して丸山氏は、政治と科学、実践と理論とを機械的に対立させ、政治と人間とを非合理な世界においやることによって、政治的実践を非合理な「命がけの賭け」とみなす見地に転落し、そのことによって理論の現実にたいする能動的役割を完全に否定してしまう。そこでは、理論は現実と、科学は政治と、法則は人間と、絶対的に切断されている。したがって科学、理論から政治的実践への移行は、「絶体絶命」の「決断」によるしかない。これは、政治、人間と科学（理論）とを機械的に対立させ、人間の実践を非合理な「賭け」とみなす実存哲学流の俗論にほかならない。それが論理的な帰結としては、政治も文学も人間をも、野蛮な軍国主義やファシズムの、それこそ非合理な蹂躙にゆだねることにもならざるをえない。

なお、ソ連でのトハチェフスキーらにたいする「粛清」（一九三七年）をひきあいに、フランス革命のさいのジャコバン派による独裁政治と反対派へのきびしい抑圧に、コミュニズムの源流をもとめる丸山氏の議論についていえば、それが民主主義をなによりも大切にする科学的社会主義と、その立場を根底から踏みにじったスターリン以降の政治指導者による民主主義抑圧とを等置する暴論である。

4 「官僚主義的合理性」と「理論の物神化」

丸山氏による「理論信仰」「理論の物神化」といった批判について、論及しておく必要がある問題の一つに、「理論信仰の発生は制度の物神化と精神構造的に対応している」（58ページ）という主張がある。それは、出来合いの制度を既製品としてヨーロッパ先進国から移入して近代化をすすめたわが国では、底辺に前近代的村落共同体がひろく温存され、そのうえに移入された近代的制度が伝統に根づいていないのに照応して、移入思想も既製品としてうけとられた結果、民衆の生活感情、実感から乖離したものとなっている、科学的社会主義はその代表である。そこでは近代官僚制度にともなう官僚的思考様式が特徴的であり、それは民衆の本能的な反発をまねかざるをえない、といった議論である。

氏によれば、「憲法その他の法的＝政治的制度を、制度をつくる主体の問題からきり離して、完結したものとして論ずる思考様式は、思想や理論を既製品として取り扱う考え方とふかく連なっている」（『日本の思想』42ページ）。とくに近代化からしばしば疎外されて「『伝統的な』心情なり、美感なりに著しく傾斜せざるをえなかった」多くの文学者にあっては、「制度にたいする反発（＝反官僚的気分）は抽象性と概念性にたいする生理的な嫌悪と分ちがたく結ばれ、……合理的思考、法則的思考への反発を『伝統化』した」（54ページ）、「およそ理論的なもの、概念的なもの、抽象的なものが日本的な感性からうける抵抗と反発とをマルクス主義は一手に引受ける結果となった」（57〜58ページ）という。

氏は「福本イズム以来の正統派『理論信仰』の構造はどちらかといえばブルジョア主知主義的なものよりも、官僚制合理主義（法律学における概念法学に照応する）に近いのではないか」（95ページ）とものべ、科学的社会主義における「理論信仰」なるものを、いとも容易に官僚制度との相関で説明する。しかし、丸山氏のこうした論理は、ちょっと検討すればすぐに、その誤りはあらわになる。

丸山氏は、制度、官僚制などと、思想・理論、とくに科学的社会主義の思想・理論の特質とを、なんの論証もぬきに直接、恣意的に関連づける(注17)。しかし、それは、氏の一方的な類推による主観的なこじつけでしかない。戦前の福本主義が、党の未熟な発展段階にあらわれた「左翼」日和見主義、セクト主義の偏向であり、観念的な「分離結合」論によって党の分裂を合理化し、大衆的前衛党の建設を否定して党を少数のインテリゲンチアの集団と化す重大な誤りであったことは、周知のところである。そのまちがいは、「二七年テーゼ」でもきびしく批判されたように、党自身の主体的努力によって急速に克服された。その福本主義をもちだして、日本の科学的社会主義そのものに一般化し、日本共産党の官僚制合理主義といった規定をおこなうことが、どんなに不当かは説明を要しない。

そもそも、日本における科学的社会主義や日本共産党の運動を、もっぱら外国からの理論と運動の移入という角度からしかみない丸山氏の見地そのものが、根本的に誤っていることを指摘しなければならない。科学的社会主義とそれにもとづく運動が、歴史的国際的には、マルクス、エンゲルスによるこの学説の確立も、それにもとづく運動も、ヨーロッパ諸国で事態が先行したことは事実である。しかし、そのことをもって、日本におけるこの理論とそれにもとづく運動が、日本の歴史と社会の内部においてその矛盾を打開し、社会進歩を促進するために、日本の先進的な人びとの主体的な模索と探究をつうじて、みずからの力で発展させられてきたことをみないとしたら、わが国におけるこの理論と運動を根本において見誤るものといわなければならない。

日本において社会主義運動が出発したのは、自由民権運動に代表されるわが国の自由と民主主義、社会進歩のたたかいの伝統をうけつぎ、それを発展させようとした先進的な労働者や知識人によってである。これらの人びとが、絶対主義的天皇制の専制支配とのきびしいたたかいのなかで、その依拠すべき思想、理論の模索と探究をつうじて到達したのが科学的社会主義であった。そうした探究は、たとえば二〇世紀初頭における片山潜、田添鉄二ら「議会政策派」と幸徳秋水らの「直接行動派」との論争や、あるいは一九一〇年代末から二〇年代はじめにおける科学的社会主義とアナルコ・サンディカリスム（無政府主義）との論戦などをつうじても、うかがい知ることができる。

一九二二年七月に創立された日本共産党は、その綱領草案に「君主制の廃止」「一八歳以上のすべての男女にたいする普通選挙権」「すべての労働組合、労働者政党、労働者クラブ、その他の労働者組織にたいする完全な団結の自由」「労働者のための八時間労働制」などの民主的要求をかかげた。そこには、日本における科学的社会主義とそれにもとづく運動が、その出発点から戦前の日本社会についての根本矛盾をえぐりだし、その打開の方向を明確にしていたことをしめしている。

日本における科学的社会主義と日本共産党の戦前における理論的政治的到達点は、一九三二年の「三二年テーゼ」にみることができる。そこでは、日本の支配体制を絶対主義的天皇制、地主的土地所有、独占資本主義の三つの要素の結合として特徴づけ、その頂点にたつ天皇制こそ、国内の政治的反動といっさいの封建制の残滓の主要支柱であり、その支配を打倒するブルジョア民主主義革命こそ、当面する日本における社会発展の基本方向であることが明確にされている。このテーゼにしめされた戦前の日本共産党の綱領路線によって、社会進歩をめざすたたかいは、社会の根本矛盾を法則的に打開し、必要な段階をへながら社会の変革をすすめる科学的な指針と展望をもつことができたのである。

それが、日本資本主義についての具体的な分析にもとづく科学的な結論であったことは、野呂栄太郎らによる『日本資本主義発達史講座』などでの自主的な分析がこれと基本的に共通の認識に到達していたことによっても立証されている。それは、三一年に発表された「政治テーゼ草案」にみられた、ブルジョア民主主義革命の課題を回避して「プロレタリア革命」を提起する「左翼」日和見主義のあやまりを、克服しての到達でもあった。

戦前の日本共産党と科学的社会主義の理論的達成について、こうした若干の事実をみただけでも、わが国における科学的社会主義の理論が、外国から移入した出来合いの制度にみあうように、理論を「既製品」として受け入れたものだから、国民感情、日本の現実にあわないようにいう丸山氏の議論の虚妄はあきらかである。

そもそも科学的な理論が、そのときどきの歴史的社会的条件のもとで、一定の普遍性をもちうることは自明のことである。マルクスの理論には、日本社会を分析するうえで決定的な普遍的意義があったからこそ、それは日本で定着し力を発揮した。同時に、そのことは、マルクスの理論を「型紙」として使えば、それによって日本の現実を裁断し、実践への科学的な指針を演繹《えんえき》的にひきだすことができるなどということをいささかも意味しない。それどころか、どんな普遍性をもつ理論であっても、その社会の特殊性にそくした具体的研究、分析とむすびついてはじめて、それぞれの社会と歴史についての科学的な認識をもたらすことができる。科学的社会主義の理論は、日本の具体的な現実の具体的な研究をつうじてはじめて、日本社会を科学的に認識し、日本におけるたたかいの実践的な指針となることができる。科学的社会主義の認識論にたつなら、このことはきわめて明白である。この科学的社会主義の理論について、外国からの〝移入理論〟だから、理論を出来合いのものとみなす「理論信仰」が発生した、つまり裏をかえせば、日本の国情にあわないなどというのは、なんの論拠もない俗論に依拠した議論といわなければならない。

だいたい、どんなに社会進歩にかなった思想や制度であっても、その「移入」には、反動勢力のあらゆる妨害とのたたかいをはじめとして、多くの先覚者の苦闘をともなう一定の歳月と過程を要したのであり、出来合いの「既製品」を安易にうけいれたものなどではない。

とくに、参政権や人権保障などの政治的市民的自由や社会保障制度などのように、国民に民主的な権利を保障する制度などの場合は、それらがヨーロッパ先進諸国で早くから実現していたものであっても、その「移入」は、「既製品」どころか、そのごくわずかの部分でさえ、多年の血のにじむようなたたかいなしには、実現できなかったのである。それらの実現は、国民がたたかいによって文字どおり主体的に獲得してきたのである。

逆に、大日本帝国憲法のように、反動的な制度の場合をみても、明治政府がその制定にあたって、とくに絶対主義的君主制で突出していた当時のプロイセン憲法を範にとったのはよく知られている。しかし、それを「既製品」と単純化はできない。その移入にあたっては、プロイセン憲法にはみられない「大日本帝国ハ万世一系ノ天皇之ヲ統治ス」(第一条)という文言をはじめとして、明治政府の統治上の都合によって必要な変容は、いくらでもおこなわれている。

こうして、天皇主権の憲法が、自由民権運動に体現された民主的な憲法制定への多くの国民の意思と願いをふみにじり、有無をいわさずに権力で国民におしつけられたのである。多くの国民にとっては、「既製品」として受け入れたのではなく、強要されたのである。丸山氏の議論には、この肝心の問題が欠落している。そのうえ、この天皇制の官僚に特有の思考様式なるものを、国民の側にたって、絶対主義的天皇制の専制支配とたたかうために生まれた組織と思想の本来的性格として宿命づけるほど、道理にあわないこじつけはない。

丸山氏は、人間的自由を抑圧し、言論表現の自由さえうばう天皇制の専制支配にこそ根源をもとめられるべき、近代日本の無数の民衆の、また文学者たちの、憤りと不満とを、制度一般や官僚制、あるいは抽象的概念、観念性一般にたいする反発にさらっとすりかえ、そのうえ科学的社会主義の理論への生理的反発にまで誇張して描きだしている。それは氏の偏見と独断による主観的推理でしかない。

しかも、そのさいの氏の手法は、つぎのようなものである。

まず氏は、対象的真理を形象のうちにとらえる芸術家が、対象を概念とその体系としての理論によって認識する科学者と、思考方法や対象への接近の仕方で異なるところが多いといったあたりまえのことに着目する。また、資本主義の発展がおくれ、絶対主義的天皇制のもとで寄生地主制など半封建的諸関係が支配した戦前の日本で、前近代的遺制が現実と社会意識の両面にひろくみられたという、これも当然の事実をとりあげる。丸山氏は、日常だれの目にも映るこうした自明のことがらをよりどころにしながら――だから、なるほどと思わせるのだが――それらが特定の時代と社会の階級的関係、支配と被支配の関係のなかで、具体的にどのような階級的意味・内容をもつかを捨象し、つまり丸山氏がよくいう〝括弧〟にいれて(注18)、制度一般や理論一般、とくに科学的社会主義の理論にたいする民衆の反発とか、抽象的概念、官僚制度にたいする文学者の生理的嫌悪といった、階級的具体的内容ぬきの思考形態、思考様式一般の問題にすりかえてしまう。

ここに、丸山氏の思考方法に顕著にみられる特質を指摘しないわけにはいかない。科学的社会主義についての「理論信仰」であるとか、「官僚制合理主義」だとかいった論難も、そうした手法で導きだされたものにほかならない。しかし、そこにみるのは結局のところ、科学的社会主義は、外来の制度、とくに官僚制度に照応する思考形態を特徴とするということによって、それが日本の伝統に根ざした固有の国民性になじまない、というところに帰着する。論理の構造としては、戦前、マルクス主義が日本の「国体」とあいいれないとされたのと酷似していないであろうか。

もちろん、科学的社会主義の理解の未熟とむすびついて、観念的傾向や抽象論による現実の裁断といった傾向が、科学的社会主義の陣営内にときに生まれることはありうる。戦前の福本主義はその例である。そうした傾向の生まれる危険は、今日でも否定できない。その場合、理論と方針は国民から反発をかうであろう。しかし、それはその理論と方針が実情にあわず、すなわち正しくないからであり、それは科学的社会主義からの逸脱をこそ意味する。だからこそ、われわれは、日和見主義や敗北主義とたたかう一方、そうした誤りに陥らないよう、教条主義やそれをともないがちな官僚主義を厳重にいましめている。

それにしても、丸山氏はあれこれの制度と思想とのあいだに、あまりにも安易に恣意的な関連づけをみる。史的唯物論は、個々の人間の意識から独立した客観的存在としての経済構造をその社会の実在的土台として確定し、そのうえに政治的法的、イデオロギー的上部構造を位置づけ、両者のあいだに規定と相互作用をあきらかにすることによって、それぞれの社会を経済的社会構成体として科学的法則的に究明する。こうした見地を拒絶したうえで、思想と現実との関係をさぐることによって、丸山氏が落ちこんだ一つの陥穽を、ここにもみることができる。

5　思想の「成層」と変節美化の「思い出」

丸山氏の理論、思想観について、さらにもう一つ指摘しておく。氏は『日本の思想』の「あとがき」で、「理論信仰」なる言葉について、「なにより、この言葉は理論をそのまま思想として『信仰』し、あるいは実感をそのまま思想として『信仰』する意味で用いたのに、それがコトバとして流通すると、極端な場合には、あたかも理論を信ずることが直ちに『理論信仰』であり（私自身も一定の対象把握についてA理論がB理論より正しいと信じている！）、自分の実感を信ずることが『実感信仰』である」（190ページ）かのように誤解されている、と慨嘆している。問われるのは、氏が「理論」と「思想」をどのような関係において認識しているかである。

「思想史の考え方について」（『忠誠と反逆』所収）で丸山氏は、「思想史の対象」として、「いちばん上にもっとも高度に抽象化された体系的な理論とか学説・教義」があり、「その下にもう少し包括的に、世界観あるいは世界像、つまり世界についてのイメージあるいは『世の中』についてのイメージ」があり、「さらに下のレヴェルに降りると、意見とか態度、つまり具体的な問題に対する具体的な対応としての意見、たとえば再軍備はいやだ、といった観念がある」、「それからさらに下って行くと生活感情あるいは生活ムードとか実感などといわれている、つまり理性的な反省以前の生活感情があり、もっと極端に底におりると意識下の次元の問題になってきます」（372ページ）と、およそ五層を指摘している。(注19)

つまり、こういう重層的な思想のうち、いちばん上の「抽象化された体系的な理論」をもって思想全体とみなす観念的態度、これを丸山氏は、「理論をそのまま思想として『信仰』」すること、すなわち「理論信仰」といい、そうした特質が日本の科学的社会主義を特徴づけているというのである。しかも丸山氏によれば、そこにおいてこの最上層の「理論」は、その下層の非合理な諸意識、実感などと絶対的に対立し、両者はあいいれないというのである。それは、文学者の実感とも、庶民の生活感情とも切り離された、知識人特有の思考形態として、国民的基盤をもちえない宿命を背負っていると結論づけられる。

丸山氏はこの思想の「成層」について、「カントの有名な言葉をもじっていうならば、たとえば生活感情とか実感とか、そういうものによって裏づけられないところの理論なり教義なり学説なりは『空虚』であり、逆に、理論、学説、教義あるいは世界観というものによって方向づけられない実感は『盲目』である」(同373〜374ページ)という。科学的社会主義の理論はさしずめ、そういう意味で「空虚」な「理論」ということになるのであろうか。

丸山氏が、日本の急速な近代化の過程で、古い伝統的な生活感情や思想が「止揚」されないまま、そのうえに新しい思想が近代的制度とともに移植され、その結果、底辺に「実感信仰」を「沈降」させたまま、そのうえにつぎつぎに新しい思想が「接ぎ木」されていったところに、日本の思想のきわだった特質があるというのも、そうした「思想」の「階層性」という観点からである。だから、国家的、政治的危機にさいして、いちばん上の生活に根づいていない理論がはがれ、それまで「沈降」し「忘却」されていた古い思想がよみがえり、「突如として『思い出』として噴出」して、「『伝統』への思想的復帰」がおこる、というのである。その伝統思想とは、おしなべて民族的家族的共同体として生きつづける天皇崇拝の思想であり、心情であるとされる。

丸山氏はそうした具体例として、「高村光太郎は『暗愚小伝』のなかで、太平洋戦争勃発の報に接したときに、こうした『思い出』の噴出を真摯にうたっている」（『日本の思想』12〜13ページ）として、つぎのような詩の一節を紹介している。

「……／昨日は遠い昔となり、／遠い昔が今となつた。／天皇あやふし。／ただこの一語が／私の一切を決定した。／父が母がそこに居た。／少年の日の家の雲霧が／部屋一ぱいに立ちこめた。／私の耳は祖先の声でみたされ、／陛下が、陛下がと／あえぐ意識は眩いた。／……」

高村のこの詩について、ここでたちいらない。しかし、少なくともこれは、権力とそれに迎合するマスコミによってつくられた当時の狂信的な軍国主義と天皇神格化の風潮のなかで、理性を失わされ熱にうかされた異常な心理状態のもとでうたわれたものである。詩人としての高村の戦時中の言動にたいする責任は不問にできないにしても、この詩に高村の思想のすべてがあらわれていたかのようにいうのは妥当ではない。（注20）丸山氏によれば、いわゆる「転向」も、いちばん上の「理論」、すなわち「原理（＝公式）による自己制御の緊張からの離脱であり、あたかも強靭に巻かれたゼンマイが切れたように、『思い出』を通じて抱擁と融合と一如の『本然』世界へ一挙に復帰する意味をもった」（15ページ）ということになる。氏は小林杜人編『転向者の思想と生活』から、「……我々はマルクス主義を清算したときに、又日本民族の抱擁性を把握したときに、世界に於ける日本民族の新使命を自覚するであろう。……而して東西文化の融合の将来の発展――それは我々の新しい信念とならなければならない」といった変節者の言葉を、わざわざ紹介している

（『日本の思想』15ページ）。

ここでも、丸山氏の議論は、天皇制権力の非人間的強制と思想弾圧への告発をいっさい欠落させたまま、国民に根づかないとされる「物神化」された理論に責任を帰することによって、天皇制権力への屈服、変節をあからさまに合理化する論理となっている。前節でものべたように、丸山氏のこうした議論が、日本の近代化と思想の連関についての氏の立論をその背景にしていることは明白である。

では、丸山氏のこうした議論の問題点はどこにあるか。

まず、科学的社会主義が抽象的な理論にしか思想をみとめないなどというのは、事実に反する丸山氏の主観的こじつけでしかない。

人間の思想をひろくみれば、丸山氏のいうように段階的な階層としてとらえることが妥当かどうかは別として、生活実感から抽象的理論にいたる多様な次元があるのは当然である。科学的社会主義が、人間の思想をその人の生き方の総体にみることは自明である。理論と実践の統一がとくに強調されるのも、その一つのあらわれである。レーニンは人間の認識の発展過程について「生き生きした直観から抽象的思惟へ、そしてこれから実践へ――これが真理の認識の、客観的実在の認識の弁証法的な道程である」（「哲学ノート」全集三八巻、141ページ）とのべているが、ここにおける「生き生きした直観」が抽象的思考、理論でないこともあきらかである。

同時に、この生き生きした直観をふくむ国民の生活実感は、たとえそれが天皇制の専制支配と侵略戦争の強行とのあいだに、どんなにするどい矛盾を深めようとも、そのままでは社会のしくみ、社会の発展法則の科学的な認識に高まるわけではない。通常、その社会の支配的思想は支配階級の思想である。科学的な理論にもとづいて、その概念やカテゴリーを駆使して社会を科学的に分析してはじめて、その社会の科学的認識に到達し、それによって導かれてこそ、反動的な支配的思想とたたかってそれを克服し、社会進歩をすすめるたたかいを発展させることができる。

専制支配に苦しむ庶民の生活実感は、そうした科学的認識と本来的に対立、矛盾し、背反するものではなく、むしろそうした科学的認識を生活体験にもとづいて促進しうるものといえよう。ここにこそ、人民大衆が、生活体験にもとづいて政治的理論的自覚を高め、みずからの力で歴史の進歩をきりひらく力を発揮する実在的な条件と可能性がある。歴史をつくるのは人民大衆であるという、史的唯物論の根本原理も、そうした真理に到達しうるという国民の認識能力の無限の可能性への信頼にこそ、その認識論的根拠をおいているということができる。

もちろん、歴史を動かす国民のこの認識の発展は、なんの障害も妨害もなしに実現されるものではない。そのことをなによりも恐れ、国民の科学的な認識と自覚の発展を、野蛮な弾圧などあらゆる手段でおさえこんできたのが、戦前では、絶対主義的天皇制の専制支配である。したがって、この天皇制の専制支配とたたかうことなしに、国民のその能力を科学的な認識の発展にむすびつけることはできない。

ところが、丸山氏は、そうしたたたかいの必要にいっさい目をむけず、逆に、〝抽象的理論にたいする庶民の反発〟といった問題にすりかえて、社会的現実についての国民の科学的認識能力を原理的に否認してしまう。それは、国民の知的理性的成長をはばみ抑圧する絶対主義的天皇制権力の免罪であるとともに、氏の主観的意図はどうあれ、国民の知的成長への根深い不信を意味している。そこからは、自覚した国民を主体とする歴史の進歩の道は絶対にひらけてこない。ここに、丸山氏の「思想の成層」論の根本的な問題があるといえよう。

たしかに、戦前の日本において、科学的社会主義の理論が多くの国民に浸透しえなかったのは事実である。しかし、その根本原因は科学的社会主義の思想的理論的欠陥によるものではなく、なによりも天皇制権力が野蛮きわまる弾圧にくわえて、「国賊」「非国民」「アカ」という虚像によって、それを憎悪と恐怖の対象として宣伝し、国民がこの理論、思想にふれることをあらゆる手段で妨害したためである。丸山氏がいうように、科学的社会主義の理論が、国民の生活実感、生活感情と本来的に矛盾するからなどではない。歴史は、そういう条件下でも、この理論、思想に直接ふれる機会をえた先進的労働者、知識人が、砂に水がしみとおるように、これに共鳴し、命がけでその理論を実践しようとしたことをしめしている。

宮本顕治「あとがき」は、戦前の日本共産党と科学的社会主義の理論にたいする「観念性」といった非難について、つぎのようにのべている。


「この党が非合法に置かれ、この党の声が日本国民の圧倒的多数に届かなかったことを理由に、当時の党の『観念性』を云々するほど、歴史眼の皮相浅薄さを示すものはない。『国民大衆を納得させる』ことは、政治闘争の最大の課題ではあるが、正しい命題ならすぐ国民から納得され支持されるはずで、そうでないのは『観念的政治』だなどとするのは、まさにそれこそ革命闘争、政治闘争のイロハについての観念的な書生論を出ないものだ」（第一巻、691ページ）

いわゆる「転向」についていえば、それがしばしば科学的社会主義の理解の浅さと結びついていたことは事実だろうが、天皇制権力による野蛮な弾圧こそ、それを生みだした最大の原因である。たしかに、理論がその人の思想にまで深められず、古い思想が根深く残存している場合、権力による変節の強要が一見、丸山氏のいうように「表層」がはがれて「思い出」が噴出したかにみえるかもしれない。しかし、それは変節者の理論と思想の未熟を意味しても、理論が観念性のゆえに実感や感情とあいいれないとか、古い誤った思想を本来的に克服しえないことを意味するものではない。科学的社会主義の世界観、理論についての深い理解に裏づけられた科学的な確信のもとに、どんな弾圧にも屈することなく、理性も感情も一体となって不屈にたたかいぬいた少なくない共産党員の存在は、そのことを事実でしめしている。

科学的社会主義とその党が究極においてめざすのは、搾取と抑圧からの人間の解放、豊かで自由な人間の共同社会の実現と、そこにおけるすべての人間の能力、個性の全面的な開花である。そうした人類史的展望をもつ運動が、本質的に、理性とともに人間性につらぬかれ、その担い手たちは戦前においても労働者、農民の苦しみ、生活感覚へのもっともよき理解者であった。

プロレタリア文学、民主文学にそくしても、たとえば、日本の敗戦について「村じゅうは、物音一つしなかった。寂として声なし。……日本じゅうが、森閑として声をのんでいる間に、歴史は、その巨大な頁を音もなくめくった」と描いた宮本百合子の『播州平野』をみれば、そこには、夫や息子を戦争にうばわれ、生活のあらゆる重みを背負って、やり場のない憤りをおさえつつ生きる女たちのひたむきさと生活感が、こまやかな愛情のこもった筆致でリアルにとらえられている。こうした作品一つとおしても、科学的社会主義が、理論にしか思想をみない、庶民感覚から避難した存在であるかのようにいう、丸山氏の議論が、どんなに真実をゆがめたものかは明瞭である。

そのことにも関連して、丸山氏が、正しい理論はそれを実践する人間を成長させ、氏のいう感情や生活感覚などにも根本的な影響をあたえずにおかないことをみようとしないことも、指摘しておきたい。

社会発展の法則をとらえて人びとに目標や方向性をあたえるのが理論である。そうした理論は、信頼できる羅針盤として人びとを導き、人びとに生きたたかう希望と勇気をあたえる。それは同時に、この理論にもとづく実践をつうじて、人びとの感情、感性を豊かにし、充実もさせ、その人格を崇高な人間的高みにまでおしあげる力をもっている。われわれはそうした実例を、プロレタリア文学を代表する一人である小林多喜二に、あるいは伊藤千代子、高島満兎、田中サガヨ、飯島喜美といった、暗黒支配の時代にどんな無法にも屈することなく、社会進歩への信念をつらぬいて人間としての尊厳と可能性をしめし、権力の弾圧によって短い生涯を終えた戦前の女性党員たちなどに、そしてまた、科学的な理論と方針に導かれて現にたたかう多くの日本共産党員に、いくらでもみることができる。丸山氏の視点からは欠落していることだが、正しい理論は、それによってたたかう人間を人間的に充実させ、その感性をもみがきあげる力をもつ。

＊　＊　＊

「科学的トータリズム」が「政治的トータリズム」と見合ったかたちで、作家にのしかかったとか、「文学にたいする『論理構造をもった』思想の切りこみ」による文学の内面からの裁断といった丸山氏の議論が、氏自身のどのような認識論と歴史観、方法論に立脚してとなえられたものかは、以上にみたとおりである。そこに一貫してつらぬいているのは、社会発展の客観的法則の存在とその認識可能性の否認、その必然的な帰結としての不可知論、認識を主観の側からの「思惟的整序」とみなす主観主義、観念論的歴史観、社会観であった。氏が、科学と政治との二元論に陥り、政治の世界に真理価値は通用せず、政治家を導くのは「宣伝煽動価値」にほかならない。といった俗論に陥ったのも、歴史と社会にはそれによって人間の実践が正しく導かれるような客観的な法則（およびその認識）は存在しない、という見地を自明のこととして前提にしているからである。

だが、そうした見地からの科学的社会主義にたいする「理論信仰」「公式主義」うんぬんといった氏の一連の議論は、氏の主観的な独断と歪曲以外に、科学的検討に耐えうるどんな論拠も論証も存在しないことをしめしている。

その意味で、「近代日本の思想と文学」で展開された科学的社会主義と日本共産党、プロレタリア文学運動にたいする丸山氏の批判は、実際には、不可知論と主観主義と観念論にたつ丸山氏の議論の破たんをしめしているといえよう。絶対主義的天皇制が支配する戦前の日本において、民主主義と侵略戦争反対、社会進歩のために不屈にたたかい、言語に絶する困難な条件のもとで理性と人間性をつらぬいた共産主義者に、観念性や非人間性をみて、これを事実をたしかめもしないで断定する氏の極端に主観的な推論などは、そのことをしめしている。しかも、氏の場合、歴史と社会進歩にたいする傍観者の立場が、そうした見地とが不可分にむすびついているところに、きわだった特質がある。次章にみるように、日本帝国主義の敗北にいたる歴史の過程に照らすとき、その議論の破たんはいっそう鮮明になる。

四　侵略戦争への加担はどのように弁護されるか

1　すりかえられた進歩と反動の対決の基軸

では、社会進歩をめざす革命的政治と理論、科学を極端にゆがめて、それらが文学を内面から断ち割ったとする丸山氏は、その後の侵略戦争のアジア・太平洋全域への拡大にたいする文学者の対応をどう描くであろうか。

氏によれば、日本共産党とプロレタリア文学運動（政治）の退潮とかさねて、「満州国建国にひき続く日本の大陸政策の発展と、その歴史的帰結としての日中間の全面的な戦争の拡大」によって、「『国勢』の問題がふたたび文学の前に大写しに照し出され、外に向った国家と、それに伴って内で進展する新体制＝翼賛『運動』と、この二者がそれぞれ文学者に去就をせまるようになる。台風の方向は逆転した」（『日本の思想』１０５～１０６ページ）というのである。

そして「転向作家のうちのあるグループは、かつての――運動としての――政治との駆けくらべのイメージを、そのままこの新しい『政治』の中へ滑りこませた。政治はこんなに進んでいる、文学はたち遅れてはならぬ！（いわゆる国策文学や大陸文学の方向）また他のグループは、かつての『政治の優位』に於て疎外されていた非合理性を、民族と天皇のミュトスのうちに発見し、全体的な合理性の裏返しとしての全体的な非合理性の中にひたすら文学的な自我を燃焼させようとした」(106ページ)とされる。

社会進歩の立場からの歴史のリアルな把握という見地にたつなら、丸山氏のこのような認識は、幾重にも誤っているといわなければならない。

第一、日本共産党やプロレタリア文学運動をはじめとする国民の抵抗の徹底的な弾圧のうえに強行されていった侵略戦争の拡大を、台風の「風向き」の変化に解消するその議論は、進歩と反動という歴史の根本的対決の軸をすりかえるものである。弾圧による運動の一時的後退は、これによってその前に立ちふさがる障害がなくなった天皇制権力の支配が、これまで以上に野蛮なやり方で文学者をふくむ国民を襲い、その専制と侵略をエスカレートさせるのを容易にした。反動政治の嵐が、表面上はばむものなく猛威をふるうにいたった、というのが歴史の真実である。

これを、日本共産党やプロレタリア文学運動という加害者=「政治」が、もう一つ別のあらたな加害者=「政治」にとってかわり、前者の被害者である文学者が、「あたらしい『政治』」と対峙するにいたったかのように描くのは、不当である。反動陣営の弾圧に屈しての変節という動かしがたい客観的事実をおおいかくす変節美化論の一典型である。

林房雄らについていえば、「政治との駆けくらべのイメージを、そのままこの新しい『政治』の中へ滑りこませた」のではなく、天皇制権力とそれによる侵略戦争の拡大へのもっとも卑劣な走狗《そうく》となったのである。

第二に、丸山氏が、この時期にも、日本共産党とプロレタリア文学運動のたたかいが不屈につづけられていた事実の意義をみようとしないことである。弾圧による日本共産党の中央機構の破壊、プロレタリア文学運動の組織的解体と、後退にもかかわらず、文学分野をふくめて、苦難な条件のなかで闘争は継続され、その革命的伝統はまもりぬかれ、戦後にひきつがれた。

宮本百合子は、みずからも、たび重ねて逮捕、投獄され、一九四一年一二月の太平洋戦争突入翌日（九日）の逮捕ののち、翌年七月には獄中での猛暑と不衛生から熱射病で人事不省に陥り、回復不能とみなされ運びだされた。このような過酷な試練にたえながら、彼女は夫の獄中闘争、公判闘争を支援する一方、検閲とあいつぐ執筆禁止という条件のもとで侵略戦争賛美という時流に抗して、可能なかぎりのたたかいを創作や評論をつうじておこなった。

そのなかには、一九三九年秋ごろに執筆したが、内務省警保局の事前検閲でほとんど各行にわたって朱筆を入れられ、事実上、発表不可能となり、のちに表現をかえて『文芸』一九四一年一月号に「紙の小旗」と題名まで別のものにして辛うじて発表された、「その年」のような作品もある。戦後、発表されたその原文には、召集された息子の部隊の集結地に、最後の別れにゆく母親の目をとおして、侵略戦争が国民にもたらすこれ以上にない不幸が描かれている。「一年半のうちに、村から四十余人出征した。はや、白木の箱にいれられて帰ってきたものもある」といったさりげない、しかし当時としては大変な勇気を要したであろう表現のなかにも、戦争への憤りを読みとることができる。

「杉垣」（『中央公論』一九三九年一一月号）には、大陸への就職の話が夫にもちあがっている妻の峯子の、夜間演習の銃声にも夫の安否を気づかう不安な心をえがき、侵略の手を大陸にひろげる日本帝国主義が、庶民の平凡なくらしにおよぼさずにおかない深い陰りを的確にとらえている。

「三月の第四日曜」（『日本評論』一九四〇年四月号）では、東北出身の若い女性労働者と、小学校を卒業したばかりで「豆産業戦士」として上京してくるその弟を描き、中国侵略戦争下の軍需工場の雰囲気をリアルにつたえている。その職場には労働組合もすでになく、階級的な自覚をたかめる機会にはめぐまれないが、戦時下にひたむきに生きる若いふたりの姉弟の肉親としての愛情をつうじて、この時代の真実をとらえている。

執筆禁止ときびしい検閲をくぐって執筆されたこれらの作品をとおして、しいたげられたものへの百合子の温かい愛情と、反戦・反軍国主義の強靭な姿勢を読みとることができる。同時に、言語に絶する苦難の時代にも、プロレタリア文学運動の積極的伝統が正しく継承され、堅持されているのをしかと確認できる。侵略戦争への国家総動員体制がしかれ、言論統制がますますきびしくなり、文学者の多くが、従軍報道員などとして侵略戦争への協力の道を歩まされていく当時の時代背景に目を配るとき、心ある人なら、その努力になみなみならぬ意義と人間的尊厳をみとめずにはおれない。

獄中で日本共産党の旗をまもって不屈にたたかいぬいていた宮本顕治氏は、一九四四年六月から空爆下で再開された公判闘争の最後の陳述（一一月三〇日）を、有名なつぎの言葉でむすんだ。「社会進化と人類的正義に立脚する歴史の法廷は、我々がかくのごとく迫害され罰せられるべきものではなかったこと、いわんや事実上生命刑に等しい長期投獄によって加罰される事は大きな過誤であったという事を立証するであろうと信ずる」と。

たたかいは、このようにつづけられていたのである。そこには、もっとも苦難な時期にも、社会の法則的発展への科学的な確信がみなぎっていた。そしてここにこそ、野蛮な専制支配のもとで、それに屈することなく理性と人間性を真の意味でまもりぬいた共産主義者の生きざまをみることができる。あらゆる暴虐のかぎりをつくした弾圧と迫害にもかかわらず、天皇制権力は、日本共産党と科学的社会主義の思想と運動、プロレタリア文学運動の息の根をとめることはついにできなかった。この真実のうちにこそ、不滅の生命力をたもち、確固として日本社会の法則的進歩の方向をしめし、そのたたかいを担う理論と運動の力がはっきりとしめされている。

野蛮で苛酷な弾圧のゆえにそのたたかいが一時期、どんなに圧縮された勢力になっていたとしても、現につづいていたその命脈を黙殺してしまったら、日本の社会進歩の思想とたたかいの不滅性と継承性、法則的発展への内在的可能性は、どこにもとらえることはできない。戦前の党とプロレタリア文学運動に否定的契機しかみない丸山氏が、この不屈のたたかいをその視野から完全に脱落させたのは不思議ではない。しかしそれによって氏は、この時代の日本における文学運動をふくむ進歩と反動の対決軸を完全に見失ってしまう。ここに、丸山氏のプロレタリア文学運動＝「台風」論の、思想的論理的破綻が端的に露呈しているというべきであろう。

その氏がもう一方で、窪川鶴次郎、青野季吉、中野重治らいわゆる「転向」作家、文芸評論家のなかに、「逆ベクトル」の政治にたいして「プロレタリア文学のうちにはぐくまれた芸術的良心のともしびを、かろうじてまもりながら『ねちねち』と進んだ一群の人達の論理」（１０６ページ）をみて、「旧プロレタリア作家のなかで最も注目される」（１０６ページ）と記している事実は、氏の視点がどこにすえられているかを、あらためて確認させずにおかない。

たとえば氏は「ねちねち」の例として、青野季吉が、「散文精神の問題」（一九四〇年）のなかで、プロレタリア文学の一連の作品を念頭に「謂ゆるイデオロギー作品の犯した重大な誤謬」について論じたうえで、「その古い誤謬が、今日の新しい政治時代において、どんな新しい衣裳をつけて現れないとも限らないのである」(『現代日本文学全集』七八巻、一二四ページ)と記していたのをひいて、つぎのように書く。「かつて『ナルプ』と『文戦』という激しく対立した二陣営の生き残り作家は、こうして同じように文学の自律性の古典的な立場に立てこもった」(108ページ)と。

しかし、当時の青野にとってそれが最大限の「抵抗」であったとしても、すでにいっさいの運動から離脱し、芸術の「自己充足性」(同)という立場に後退した地点からの発言にすぎない。それらを「立てこもった」などということはできない。窪川も青野も、一九四一年から四二年にかけて日本文学報国会に加入している(窪川は戦後、新日本文学会の創立に参加し、日本共産党に復帰した)。

丸山氏は、中野重治が一九三六年、「エンゲルスについてのF・シルレルの注釈について」(全集一〇巻)で、バルザックについてのエンゲルスの評価によせて、世界観=政治的立場ではないことを論じたのをとらえて、それが、プロレタリア文学運動における「政治の優位性」に対置される中野の一貫した「反政治的態度」で、そこに中野の「文学者としての抵抗の姿勢」がしめされているかのようにもいうが、これは氏の勝手な思いこみでしかない。

中野の「転向」後の作品である「村の家」や「『文学者に就て』について」などをみれば、そこに「転向」への自責や自虐の表白はある。中野の「転向」を林らの変節と同列におくわけにはいかない。同時に、「村の家」の主人公(作者の分身)は、屈服して出獄後〝筆を折れ〟との父親の説得にたいして、「やはり書いていきたい」と語って読者に〝不安〟を残し、「『文学者に就て』について」は、そのなかで「革命運動の伝統の革命的批判」をうんぬんして、みずからの変節を合理化する方向をもふくんでいた。

そして、宮本顕治「あとがき」でも紹介されているように、「村の家」のあと六年後には、林房雄のパンフレット『転向について』の推薦文で中野は、「昭和九年以来私は私のそれの実現の道をすゝんでゐる」と書き、「したがって私は林の行動をある親しみの念を以て眺めてゐる」としているのである。最近刊行された中野の『敗戦前日記』（中央公論社）にも、出獄後、中野が、政友会の領袖とも政界の黒幕ともいわれた小泉三申の庇護をうけて、その別荘にいた林房雄を訪ねている事実や、日本文学報国会への入会を、「情報局の人にとりなしてもらうことを頼む」など、その変節の深さをあらためてしめすみずからの証言がある。(注21)

林が「転向について」でどれほど卑屈な天皇制への讃歌を語っていたかはすでに紹介したところである。本多秋五がその『転向文学論』（未来社）のなかで、「しかし、とにかく中野が、中野までが」の感慨をのべているのも不思議はない。同じプロレタリア文学運動にたずさわり弾圧に抗してたたかう宮本夫妻らを完全に黙殺しながら、この中野らに「芸術的良心」と「ねちねち」した抵抗をみる——それが事実としてみとめられたにしても——丸山氏の立場が、どのようなものか、これ以上のべる必要はあるまい。

丸山氏は、これらの作家、評論家について、「転向」後もなお、プロレタリア文学運動における「政治の優位」「理論の重視」の立場を完全に清算しきらずに、それらをひきずっていたと、論難し、「依然として、理論——思想体系——政治的立場の間には照応性が暗々裡に想定され」「それを既製品として」うけとる「ドグマが、相変わらずはたらいている」と断じている。ここにも、丸山氏のプロレタリア文学運動観がどのようなものかが、重ねてあきらかである。

2 変節美化と侵略戦争への文学者の協力の実質的擁護

第三に、見逃すわけにはいかないのは、氏が以上のような見地から「『政治の優位』に於いて疎外されていた非合理性を、民族と天皇のミュトスのうちに発見」などとして、戦時中の小林秀雄や日本浪漫派などによる極端な非合理主義を基底にした天皇礼賛、排外主義、侵略主義の謳歌《おうか》などを、プロレタリア文学と日本共産党による政治と科学からの文学の解放ででもあったかのように、倒錯させた描写をして、文学者の戦争協力への実質的な弁護論を展開していることである。

氏は、「文芸復興」期にはプロレタリア文学運動の退潮によって、「政治の優位」がリアリティを失い、「そこに政治的トータリズムと表裏一体の形で内在していた科学的トータリズムが、表立って直接に文学と向きあうに至ったという面は否定できない」(111〜112ページ)という。そして、「逆ベクトルの政治」からの「自律」の動きがアカデミー法学の分野などにもみられるようになるなかで、「政治に対して広く文化の連帯性を自覚しようという瞑々のモチーヴ」(114ページ)についてものべるものの、「当時の社会科学及びおそらく自然科学の領域でも、そうした体勢はほとんど準備されていなかった。マルクス主義においては、理論とイデオロギーがあいまいに混りあって『統一』されていたし……」(117ページ)とする。そして文学主義については、「彼等における理論とか歴史とか概念とかのカテゴリーに対する反応形態を点検すればするほど、さきにのべたような日本のマルクス主義の思想史的役割によって彼等もまた制約されていた度合の大きさにあらためて驚かされる」(118ページ)のだという。

こうして丸山氏は、戦争に反対する科学と文学との共同の可能性について、科学的社会主義の側でその扉を閉ざしていたかのようにいったうえ、「様々なる意匠」[注22]で、マルクス主義などを「意匠」にたとえて、「意匠」によって武装された「思想の制度」につよい反発をしめした小林秀雄の軌跡をたどる。「普遍者のない国で、普遍の『意匠』を次々とはがしおわったとき、彼の前に姿をあらわしたのは『解釈』や、『意見』でびくともしない事実の絶対性であった（そはただ物に行く道こそありけれ――宣長）。小林の強烈な個性はこの事実（物）のまえにただ黙して頭を垂れるよりほかなかった」（１２０ページ）として、彼のつぎのような発言を紹介する。[注23]

「一切が疑はしい。さういふ時になっても、何故疑へば疑へる様な概念の端くれや、イデオロギーのぼろ屑を信ずる様な信じない様な顔をしてゐるのであらうか。疑はしいものは一切疑って見よ。人間の精神を小馬鹿にした様な赤裸の物の動きが見えるだらう。そして性欲の様に疑へない君のエゴティスム即ち愛国心といふものが見えるだらう。その二つだけが残るであらう。そこから立直らなければならぬ様な時、これを非常時といふ」（神風といふ言葉について）

小林は、「文学は平和の為にあるのであって戦争の為にあるのではない」といいつつ、「銃をとらねばならぬ時が来たら、喜んで国の為に死ぬであらう」「戦争の渦中にあってはたった一つの態度しかとることが出来ない。戦では勝たねばならぬ」（全集四巻、「戦争について」一九三七年一一月）とも書いた。丸山氏は、「ここに、かってのマルクス主義の完全理論主義のトータルな否定としての決断主義が、鮮明にあらわれて来る。絶体絶命の決断を原理化した時、彼はカール・シュミットにではなくて、『葉隠』と宮本武蔵の世界に行きついたのであった」（121ページ）としめくくる。

これが、「近代日本の思想と文学」の本文末尾である。丸山氏はおそらく、「政治の優位」と科学的トータリズムから解放された文学の、あらたな「政治」への対応とその後の足どりを客観的に追跡し紹介したのだというであろう。しかし、ここに浮き彫りにされるのは、革命的政治とそのたたかいの武器である革命的理論に人間の抑圧をみた丸山氏が、そのいずれからも「解放」されて、疑いえない「事実」＝ここでは侵略戦争のアジア・太平洋全域への拡大――にたいして直接むきあおうとする小林の姿を、事実上、合理化しているということである。それは、天皇制権力の圧政にいのちがけでたたかった日本共産党とプロレタリア文学運動、その思想的支えとなった科学的社会主義に、非人間性をみる氏の立場からすれば当然のなりゆきである。

しかし、そこで氏が紹介する小林の姿は、天皇制権力とその野蛮な侵略戦争をありのままの事実として受け入れ、そのまえにぬかずく理性と人間性の極端な退行にほかならない。小林氏は、「同胞の為には死ななければならない時が来たら潔く死ぬだろう。僕はただの人間だ。聖者でもなければ、予言者でもない」（同294ページ）とも書いている。しかし、そこにみられるのは、ただの人間のもつ平和と生活への希望さえ、もはや無縁のものとして放棄し去った非人間的な姿である。それは、社会進歩における科学的理論の役割を原理的に拒絶し、社会発展の方向をしめす理論に背をむけたまま、現実にたちむかうものが、反動勢力のファナティックだが圧倒的なイデオロギー攻勢とたたかうすべもなく、時勢にながされ、歴史の進歩をはばむ側にたたざるをえなくなるという冷厳な事実である。

3　歴史の大局がしめす丸山氏の議論の破綻

プロレタリア文学運動を日本文学を襲って被害だけを残して去った「台風」にみたてる丸山氏の議論は、第二次大戦をへて、戦後の民主的な文学運動へのプロレタリア文学運動の革命的積極的伝統の継承、発展という歴史的見地にたってみるとき、その破綻《はたん》は決定的となる。歴史の大局においてとらえるなら、侵略戦争の時期をつうじてその灯がまもりぬかれたプロレタリア文学運動の足跡は、日本の進歩と民主主義、その見地にたった文化の発展という歴史の大道に燦然《さんぜん》と輝きつづけている。

すでにふれたように、プロレタリア文学運動は、運動内部に生じた敗北主義、敗走主義によって、一見、惨憺《さんたん》たる状況に追いこまれ、一九三四年二月、プロレタリア作家同盟は組織として解体を余儀なくされ、そのかなりの部分は、好むと好まざるにかかわらず、深刻な挫折《ざせつ》と苦渋をへて、絶対主義的天皇制が強行した侵略戦争への協力の道を余儀なくされるにいたった。

しかし、日本共産党員として、プロレタリア文学運動の働き手としての立場を堅持しぬいた人びとによって、その革命的伝統は守りぬかれ、戦後に発展的にひきつがれた。そして、民主的な文学運動として、戦前よりもはるかにひろい文学者を結集してあらたな出発をした。それは、日本におけるプロレタリア文化運動が、ファシズムと軍国主義、およびその人間性抑圧にたいする世界人民のたたかいの一翼を、日本において不屈に担いその勝利に貢献し、その成果と伝統を戦後にひきついだことをしめしている。

敗戦の翌年、宮本百合子は「歌声よ、おこれ」（『新日本文学』創刊準備号、一九四六年一月）で、プロレタリア文学運動の伝統をさらに発展させる新しい民主的な文学をよびかけ、そこで「民主なる文学ということは、私たち一人一人が、社会と自分との歴史のより事理にかなった発展のために献身し、世界歴史の必然的な動きをごまかすことなく映しかえして生きてゆくその歌声という以外の意味ではないと思う」と書いた。

そして一九四五年一二月にひらかれた新日本文学会の創立大会は、「今こそ、日本の文学者は、わが人民大衆の生活的現実・文化的欲求の真実の表現者として、日本文学の中に存在し続けて来た民主主義的伝統の上に立ち、過去の日本文学の遺産の価値高きものを継承し先進民主主義諸国の文学より学びつつ、真に民主的、真に芸術的な文学を創造し、日本文学の高き正しき発展のため結合してその全力を傾けねばならぬ。ここに我々は新日本文学会の創立を発起し、日本のすべての進歩的文学者がこの偉大な事業に協力することを切望する」と宣言した。大会で報告された賛助会員には、志賀直哉、広津和郎、野上弥生子、正宗白鳥、室生犀星らの名がつらねられていた。「冬を越す蕾」(注24)は、ついに春をむかえ、花をひらくのである。

この動かすことのできない歴史の事実は、丸山氏が戦前のプロレタリア文学運動を「爪跡」を残して去った一過性の「台風」になぞらえ、敗北し消失したかのようにいうことが、どんなに浅薄で歴史の真実を大局においてとらええないものかを語っている。民主的文学の戦後の歩みは、プロレタリア文学運動が「台風」として被害を残して去ったのではなく、そのたたかいと不屈の努力によって、日本の社会進歩をすすめるうえで、はかりしれない積極的革命的意義をもっていたこと、その意味で小林多喜二や、今野大力、今村恒夫らの死は、けっしてむだではなかったことをしめしている。そして、この運動の到達した立場、方向にこそ、日本の民主的革命的文学の発展的展望があることを、歴史の歩みとともに証明している。

鹿地亘が戦後その『自伝的な文学史』のなかで、わが国の社会の反共的風土の後進性などについてふれ、「小さく勇敢な党の悲劇はここから生まれた。プロレタリア文学運動はその敗北をわけあったのである」と書いたことに、宮本顕治「あとがき」は、「敗北は『わけあ』われたのか」と反問して、つぎのようにのべている。

「作家同盟の『解体』の決定書はたしかに事実上の敗北宣言だった。しかし、日本共産党は、中央委員会は破壊されたが、その中核は『治安維持法』を無視し、『死刑法』にたじろがずに、……公然と日本共産党の闘争の旗を誇りをもって掲げつづけた。どんな野蛮な拷問も長期刑も、彼らの『闘志』をいささかもうちくだくことはできなかっただけでなく、彼らの革命的気概を励ます結果になった。共産主義運動は日本の国情に合わない、プロレタリア文化運動は、その観念的指導で敗れた、などという転向声明への無数の誘導の手口も、彼らには通じなかった。私自身、日本共産党の指導部の一人としての責任はもちろん、プロレタリア文化運動に関係するものの一人としても、不屈にたたかうことが、その戦闘的伝統にこたえる道であることを疑わなかった。つまり、日本共産党は、どんな敗北宣言もしなかっただけでなく、侵略戦争の行く末を考えても、歴史の審判が天皇制の軍事的封建的帝国主義の側に下り、日本共産党は世界の民主的な人民と連帯した勝利者の一翼として、ふたたび歴史の舞台に登場することを信じていた。留置場や監獄で命を失った同志たちをふくめて、これが、不屈にたたかいぬいた人々の共通の確信であった」（682ページ）

歴史の大局は、プロレタリア文学運動とそれをささえた科学的社会主義の理論と運動が、戦前の日本の社会進歩と進歩的芸術の創造、発展に寄与しただけでなく、不滅の生命力を発揮してその灯を戦後に伝え、民主日本へむかっての国民的たたかいのひろがりとむすんで、巨大な炎となってふたたびもえあがり、日本の民主主義と平和、独立、国民生活向上への歩みの一翼として、前進しつつあることをしめしている。ここに、プロレタリア文学運動とそれをささえた科学的社会主義の理論と運動を、被害を残して去った一過性の「台風」にたとえる丸山氏の見地に一分の理もないばかりか、「日本共産党の戦争責任」論とも共通する歴史の大局をみない氏の議論が、完全に破綻していることがひときわ鮮明になっている。

戦後の民主主義文学運動の今日にいたるあゆみが、けっして平坦な道をすすんできたものでないことはあきらかだが、それはいくたの曲折をへ、試練をのりこえつつ、今日のひろがりと到達をつくりだしてきた。そこには、所期の理念に照らすならまだまだ不十分さ、克服されなければならない課題が多々あるにしろ、戦前のプロレタリア文学運動の革命的伝統は、そのすぐれた作品と、理論的解明とともに、いまここに生きつづけている。

おわりに

ここでとりあげた「近代日本の思想と文学」は、発表されて三十年以上を経過したものだが、あらためて読み直してみて、その論理の転倒に驚かざるをえなかった。というのが率直な感想である。そして、そうした氏の議論が、今日にいたるまで、いろんな機会にいろんな場に無批判に顔をだしてきていることに、思いいたらざるをえなかった。『葦牙』同人が丸山氏のこれらの議論を思想的変節の、あらたなよりどころとしようとしたのも、その一つである。

しかし、そこで展開された丸山氏の議論は、民主的な文学運動のなかで科学的社会主義と日本共産党が影響力をもつこと自体を否定的に描くことによって、日本共産党と科学的社会主義にとどまらず、民主的革新的運動そのものの存在意義をも事実上、否定するものとなっている。氏が、プロレタリア文学運動を、日本の近代文学を襲って被害だけ残してさった「台風」にみたてたのは、そのことを象徴的にしめしている。しかも、プロレタリア文学運動について、それが生みだした代表的作品を具体的に分析することさえしないで、そこに「非人間性」をみる一方で、天皇制権力に屈服し侵略戦争に協力、加担していった変節者の側にこそ「人間性」をみるところに、その議論のきわだった特質がある。それは、今日に生きる日本の社会進歩の歴史と伝統にたいする、事実に反する、容認することのできない不当な攻撃といわざるをえない。

それだけに、丸山氏のこうした議論の誤りを批判することは、日本共産党と科学的社会主義にとって重要なだけではなく、社会進歩をめざす民主的革新的運動の共同の理論的イデオロギー的課題であるといってよいであろう。とりわけ、プロレタリア文化運動の革命的積極的伝統をうけつぐ民主的文化運動にとって、そのことはみずからの存在意義にもかかわる問題である。そうした意味において、これらの運動のなかでのこの問題にたいする積極的なとりくみを期待したい。本稿がそのために役立てば幸いである。

注(1) 丸山氏の日本共産党攻撃の論理とその思想的理論的背景にたちいった本格的な分析、批判としては、山口富男「丸山真男氏の歪んだ日本共産党批判とその破綻——歴史の道程への閉鎖的理解と『天皇制史観』の問題点」(『前衛』一九九四年五月号)がある。丸山氏による「日本共産党の戦争責任」論にたい

する批判としては、長久理嗣「社会進歩への不同意と不確信──『葦牙』誌での久野収氏の議論について」(「赤旗」評論特集版、一九九三年五月三一日号)が、基本的な視点をしめしており、土井洋彦「丸山真男氏の『戦争責任』論の論理とその陥穽」(『前衛』一九九三年一二月号)が、丸山氏の議論をその下敷きとなっているヤスパースらの議論と対比、分析しつつ解明している。また、津田孝「覇権主義との闘争と文学運動」(「赤旗」評論特集版、同九月六日号)でも、丸山氏の日本共産党論についての一定の論及がある。

注(2) 丸山氏は、雑誌『文学界』(一九三七年七月号)の座談会「文学主義と科学主義」(出席者　三木清、谷川徹三、岡邦雄、大森義太郎、青野季吉、島木健作、佐藤信衛、小林秀雄)が、このテーマの「クライマックス」だったといっている。しかし、丸山氏もその一部を「万歳問答が交わされている」と紹介しているように、二八ページにもおよぶ討論の内容は、科学と文学をめぐる不毛の抽象論に終わっている。谷川徹三はそのなかで、「現在マルクス主義の立場に立つ人はいひたいことがいへない立場にある。そこから一つは論争が発展しない」と発言している。

注(3) 林房雄のこの視点は、戦後の民主的な文学運動の再出発にあたって、プロレタリア文学運動の革命的民主主義伝統の継承ではなく、その欠陥の徹底的反省からはじめるべきだとして、「由来、目的のためには手段をえらばぬという点に政治の特徴がある」として、プロレタリア文学運動を共産主義の政治を優位におく、政治に隷属した文学運動からの脱皮を説いた平野謙の視点とも基本的な論理において共通する。

平野は、小林多喜二の死も「転向」者の続出も、そうした「政治主義」的偏向がもたらした犠牲であった、として、「総じてプロレタリアートのヘゲモニーと『政治の優位性』という旗印は最大の錯誤にすぎなかった。小林多喜二の血はむなしく流された特攻隊員のそれにひとしかった」(一九四六年九月「『政治の優位性』とはなにか」)とまで書いた。

この平野の議論については、宮本顕治「新しい政治と文学」（一九四七年一月、『文芸評論選集』第二巻収録）がきびしく批判しているが、さらに、一九八〇年、同選集の第一巻「あとがき」で、筆者は、戦時中の「彼が『転向』どころか、まさに自覚的に『皇国精神』の先進的作興者として、言論弾圧機関の中枢にいた」ことを再確認し、平野のプロレタリア文学批判の主軸について、「中心的な基調は、〝犠牲多い非人間的な愚行〟〝指導者の無能と無責任〟への追及であり、一方、変節者、転向者の『人間的心情』の賛美である」と特徴づけ、「戦前の特高警察や今日の公安警察が、つねに、変節者、転向者の革命運動批判を賛美した事情をすぐ想起せざるを得なかった」（671ページ）と書いている。

注(4) 林房雄については、林が作家同盟に属していた一九三二年の段階で、宮本顕治「政治と芸術・政治の優位性に関する問題」（『プロレタリア文化』一九三二年一〇、一一、一二月合併号、一九三三年一月号）が、「青年」「青い寝室」「乃木大将」などの作品をあげて、その右翼的偏向を「プロレタリア文学として最も危険な状態にまで陥っている」（『文芸評論選集』第一巻、453ページ）と指摘し、また、「文化・芸術運動の基本方向の歪曲に抗して」（同一九三三年一一・一二月号）で、林の「指導部のセクト主義」批判を口実にしたプロレタリア作家同盟解体論を批判している。

小林多喜二も「右翼的偏向の諸問題」（一九三三年一月一〇日）、「右翼的偏向の諸問題——討論終結のために」（虐殺される直前の一九三三年二月一三日に書き上げ、絶筆となった）のなかで、林にたいしてきびしい批判をくわえている（『小林多喜二全集』第六巻、新日本出版社）。林の「転向」については、佐藤静夫『戦後文学論争史論』（新日本出版社）も、くわしくあとづけている。

注(5) シェストフ（一八六六～一九三八）は、ロシアの哲学者・批評家。一九〇一年「悲劇の哲学」によってみとめられる。ロシア革命後、パリに亡命。既成の価値を否定し、不条理の哲学、不安の哲学を説いた。

注(6) H・G・ウェルズ（一八六六～一九四六）は、イギリスの作家、思想家。「宇宙戦争」などの科学小

説がある。イギリスの改良主義的潮流の団体であるフェビアン協会の一員だったが、のちに脱退。第一次世界大戦後、「世界国家」の構想をくりかえし提唱した。『世界文化史大系』も、この構想にもとづいて書かれた。

注(7) 『宮本顕治文芸評論選集』第一巻「あとがき」で筆者は、当時の党と文化運動に指導責任を負っていた一人として、つぎのようにのべている。

「日本共産党が、あらゆる弾圧、連続した組織の重大な損害、裏切者の続出という悲運の中にあって、当時の日本社会の進歩と反動の最大の試金石であった侵略戦争と絶対主義的天皇制への態度において、これに反対する旗を掲げ、民主日本の建設と社会主義革命を展望する大義を守ったことは、日本の進歩のための闘争の不朽の業績に属する。そしてまた、その影響下にあったナップ、コップ等が、階級的民主的芸術文化運動の組織として、組織のある限り、活動が可能な限り、その革命的翼が、侵略戦争と専制支配に対して頭を屈しないという態度を貫いたことも、大局的には日本の芸術文化運動の名誉に属することである」(695ページ)

なお、『宮本顕治文芸評論選集』第一巻「あとがき」は、一九六七年夏に着手され、途中何回かの中断をはさんで一九八〇年の夏から秋にかけて書き上げられた。筆者がたずさわった一九二九年から一九三三年の四年間にわたるプロレタリア文学運動について、当時の個々の作品評価にもかかわって全面的な総括をおこない、そこから今日にひきつぐべき多くの貴重な教訓をあきらかにしている。

注(8) 鹿地亘は、小林多喜二の死後、作家同盟書記長となるが、一九三三年末から翌三四年二月にかけて、「文学運動のあらたなる発展のために——宗派主義の克服と創造的任務の展開」「文学運動方向転換の根本的理解のために」を発表して、同年二月の作家同盟解体を推進した。「あとがき」では、鹿地論文の最大の欠陥として、「運動が苦闘の中で進めた政治と文学、芸術等の関係にかかる理論的実践的な探究という積極面も、すべて一律に否定して、逆に、プロレタリア政治と芸術運動の歴史的足跡をすべて悪

として否定し去っていることだった。そして、当時の日本人民の芸術の根拠だった侵略戦争と専制政治への闘いという立場が、奴隷の言葉をもってしても、貫かれていない。そこから、林房雄に代表される典型的な敗北主義、降伏主義は、ただ当時の運動の誤った方針の『反映』としてのみとらえられ、事実上免罪される結果になっている。政治と芸術の基本的な原則をただ政治の功利主義による芸術の悪用として卑俗化、矮小化して捨て去る結果になっている。これらの論文、方針をいそがせた最大の動機は、同盟内での離散傾向と治安維持法の改悪問題だったとされている」（676ページ）と指摘している。

なお、鹿地は、戦後変節を反省し、日本共産党に復帰して晩節をまっとうした。

注(9) 宮本顕治「あとがき」は、唯物弁証法的創作方法の誤りを克服するそうした努力について、つぎのように指摘している。

「われわれは、つねに知的進歩につとめるべきであるが、完全主義的なリゴリズムは、その知的進歩の着実な前進の道をはばむということは、『唯物弁証法的創作方法』論の結末が残した教訓の一つである。

弾圧のなかで、コップ（日本プロレタリア文化連盟）や作家同盟が解体し、プロレタリア文学運動が挫折したあとも、社会主義の原則をそれまでのプロレタリア文学運動の中で学び、悪戦苦闘を経て、それを次第に肉化して、あくまで反動に抗して歩もうとする志を堅持した文学者は、この時期以降の批評や評論の中で、科学的基準に習熟して、総じて闊達自在なたたかいを展開することができた。プロレタリア作家同盟の解体後の戦前の宮本百合子の多くの文学論や社会評論もその一つであった」（654～655ページ）と。

注(10) マックス・ウェーバーの思想が、丸山氏にどれほど大きな影響をあたえているかは、氏自身がいろんな機会に語っている。たとえば、「私個人はウェーバーから、無限の学恩を被っている」（大塚久雄編『マックス・ウェーバー研究』）とも、その思想的影響が「空気見たいになっちゃって意識にないのかも

しれません」(『人類の知的遺産』第六二巻月報「ウェーバー研究の夜明け」)とも書いている。また「どちらかといえば、大ざっぱな『乱読』傾向を自戒している私が、反復熟読した、といい切れるものの中にウェーバーのいくつかの著作ははいります」(「思想史の方法を模索して」『名古屋大学法政論集』七七号、一九七八年)とものべている。

注(11) 丸山氏は、「思想史の考え方について」(『忠誠と反逆』、筑摩書房)では、思想史の方法について「こうして歴史によって自分が拘束されることと、歴史的対象を自分が再構成することとの、いわば弁証法的な緊張を通じて過去の思想を再現する。このことが思想史の本来の課題であり、またおもしろさの源泉である、というふうに私は理解しております」(380ページ)とも書いている。ここにも、氏の主観主義的方法をみることができる。

なお、安丸良夫氏は、『日本政治思想史研究』の主題である、朱子学における自然規範が君主の「作為」とされるにいたったことに、政治的には反動である荻生徂徠に近代思想をみる丸山氏の「思惟方法の内在的分析」の有効性について、「思惟方法の歴史的展開と政治思想のそれとがどのようにかかわりあうのか」と問い、「徂徠学における君主の『作為』説と近代的な人民主権論のあいだには、深い断絶があるのではなかろうか」と、重要な指摘をしている(歴史科学協議会編、山口啓二、黒田俊雄監修『歴史の名著〔日本人篇〕』校倉書房)。

注(12) 『日本政治思想史研究』では、ウェーバーの「理念型」、マンハイムの「視座構造」(注(1)を参照)といった概念がそのまま使われている。たとえば「理念型的に言へば一般に非近代的な、ヨリ正確には前近代的な思惟はかかる意味における公私の対立を知らないのである」(107ページ)とか、「儒教が封建社会の視座構造をなしたかぎり、儒教の『道』の視方はそのまま社会制度に移される」(217ページ)など。

注(13) 丸山氏の福沢諭吉論については、遠山茂樹氏などの批判が知られているが、最近では、安川寿之輔氏

が「日本の近代化と戦争責任＝戦後責任論」（『日本の科学者』一九九四年四月号）で、福沢の「最大の問題点」は、「天皇制ナショナリズムと、アジア侵略の思想構築の道を歩んだことである」（23ページ）と指摘して、丸山氏らの福沢観を批判しているのが注目される。

注⒁ カール・マンハイム（一八九三〜一九四七）は、「知識社会学」の提唱者のひとり。ハンガリーに生まれ、ジョルジュ・ルカーチらとまじわるが、一九一八年のハンガリー革命にさいして、ルカーチらはハンガリー共産党に加わり、革命政府に参加したが、これと一線を画す。革命敗北後ドイツに亡命、さらに三三年ナチスの迫害を逃れてイギリスに亡命した社会学者、思想家。第二次世界大戦後、ユネスコの初代ヨーロッパ部長の任にもついた。

丸山氏は、マンハイムと自分の思想との深いかかわりについていろんな機会にふれている。たとえば、「思想史を思想の論理的発展として『内側』からとらえる見方と、イデオロギーの社会的機能に着目する『外側から』の見方とを、どのような方法で結びつけるかについて悪戦苦闘していた私が、『溺れるものが藁をもつかむ』の比喩どおりに、とりすがったのが、カール・マンハイムの知識社会学であった」（『日本政治思想史研究』への英語版序文）など。

戸坂潤は、その「イデオロギー論」（全集第二巻）の「第二部第五章」を「知識社会学の批判」にあて、そのなかでマンハイムについて「吾々は彼がマルクス主義的イデオロギー論を、如何に人々に近づけ、そして又如何にして之を永久に人々の手からもぎ取って了うかをみよう」といった視点から論及し、階級的立場を超越した知識人によって担われる「知識社会学」によってこそ普遍性のある認識に到達できるとしたその考え方について、結局かれの見地は「インテリゲンチャのイデオロギー」であると批判している。

注⒂ ウェーバーは、一九世紀末から二〇世紀初めにかけて、帝国主義の時代に突入するドイツで、帝国主義的ブルジョアジーと労働者階級との階級的対立、矛盾が激化するなかで、どちらの立場にもくみしないことで社会科学的認識の客観性を保障できると考え、社会認識における「価値からの自由」（ヴェルト・フライハイト）を説いた（『社会科学方法論』など）。それは、直接的には、彼が共同責任を負っていた『社会科学及び社会政策雑誌』が政党政派の争いから超越して、客観的真理をのみ追求し、「これまでなんら『社会主義』の機関ではなかったが、また将来決して『ブルジョア』の機関にもならないであろう」（同）ことを願ってのことであった。この見地は、戦前らい日本のアカデミズムに多大な影響をあたえ、学問の自立性の名のもとに〝象牙の塔〟にこもり、天皇制の専制支配から身をまもる態度を合理化するのに役立ってきたことは、丸山氏もみとめている。「我国では、マックス・ウェーバーの価値判断排除論がとかくこうした傍観者的実証主義の隠れ蓑になっている」（『科学としての政治学』『増補版　現代政治の思想と行動』３５８ページ）。

注⒃　エンゲルスは『反デューリング論』で、デューリングの「永遠の真理」という主張を批判して、「思考の至上性は、きわめて非至上的に思考する人間たちの系列をつうじて実現され、また、真理たることの無条件の主張権をもつ認識は、相対的誤謬の系列をつうじて実現されるのである」（大月文庫版（１）１３３ページ）と書いた。レーニンは、『唯物論と経験批判論』で、エンゲルスのこの見地を発展させて、相対的真理と絶対的真理についての弁証法を展開している。

注⒄　丸山氏は「伝統的には日本の合理的＝規範主義的思考が、徳川家産官僚制のイデオロギーとしての儒教とくに朱子学から系譜をひいていることと、マルクス主義運動の理論戦線をリードしたメンバーが多く帝大新人会出身の秀才によって占められたという事実とおそらく無関係ではなかろう」（『日本の思想』９５ページ）とも書いている。

注⒅　丸山氏は、「福沢諭吉の哲学」（一九四七年『国家学会雑誌』）では、「もっぱらその思想の内的構造連関を内在的に明かす」として、「人生は遊戯であるという命題は彼（福沢）の付けた最大の括弧である」といい、「『スターリン批判』における政治の論理」（一九五六年、『現代政治の思想と行動』）では、

「私の試みは……世界観的立場や本質論を括弧に入れた上で、今度の問題をめぐるコンミュニストの——しかも国際的に第一級のコンミュニストの所論をできる限り普遍的な政治法則の現像液に浸し、ある種の定型化した思考と行動の様式を浮き立たせようというところにある」（312ページ）と書いている。

注⒆　丸山氏は、こうした思想の「成層論」を日本思想史の方法論にまでひろげ、たとえば「歴史意識の『古層』」（『忠誠と反逆』所収、一九七二年発表）では、「記紀神話の冒頭の叙述から抽出した発想様式を、かりに『歴史意識の古層』と呼び」、この「古層」は、「その後長く日本の歴史叙述なり、歴史的出来事へのアプローチの仕方なりの基底に、ひそかに、もしくは声高に響きつづけてきた、執拗な持続低音（basso ostinato）を聴きわけ、そこから逆に上流へ、つまり古代へとその軌跡をたどることによって導き出されたものだ」（298ページ）という。また、『日本文化のかくれた形』（加藤周一、木下順二、丸山真男、武田清子、岩波同時代ライブラリー、一九九一年刊）では、「日本思想の原型」という言葉で、記紀神話について論じ、「その断片的な発想はおどろくべく執拗な持続力を持っていて、外から入って来る体系的な外来思想を変容させ、いわゆる『日本化』させる契機になる」（149ページ）とのべている。

　氏のいう「古層」「原型」をどう理解するかは、科学的社会主義の立場からも一つの興味ある問題だが、丸山氏の問題意識が近年、とみにこうした「日本的なるもの」へ収斂しつつあることに、偶然ではなくきわめて象徴的な意味を感じとるのは、筆者だけにとどまるまい。

注⒇　高村光太郎は「暗愚小伝」（一九四七年）のなかで、戦時中の自分の言動への一定の反省をこめて、「おのれの暗愚をいやほど見たので、自分の罪業のどんな評価をも快く容れ、自分に鞭するその非難をも素直にきく。それが社会の約束ならばよし極刑とても甘受しよう」と書いている。

注(21)　中野重治『敗戦前日記』（中央公論社）については、津田孝「『人格風化の危険』ということ——中野

重治『敗戦前日記』を読む」（「赤旗」一九九四年四月五、六日付）が、その転落の深さを、当時の宮本百合子のたたかいとも対比させながら、論評している。

注(22) 小林秀雄「様々なる意匠」は、一九二九年の『改造』懸賞応募で「『敗北』の文学」につぎ二席になったことで知られる。

注(23) 宮本顕治「小林秀雄論」（『文芸評論選集』第一巻、一九三一年）は、小林が、「様々なる意匠」で「範疇的先験的真実ではない限り、あらゆる人間的真実の保証を、それが人間的であるという事実以外に、諸君は何処に求め様とするのか?」と書いたことについて、彼が強調した「人間的なるもの」が、現実の社会的階級的諸関係の総体としての人間ではなく、そこには到達しえない抽象的人間にほかならないという角度から解明、批判している。小林が「人間」を強調しながら、現実の政治と社会においてもっとも非人間的な侵略戦争にたいしてとった態度をみるとき、この指摘は示唆的である。

注(24) 宮本百合子は『文芸』一九三四年一二月号に、「冬を越す蕾」という象徴的な表題をもつ評論を発表し、そこで中野らプロレタリア作家の「転向」と「転向文学」について論じた。そのなかにつぎのような一節がある。「動揺のモメントが共産主義者や進歩的な文化運動への批判、個性の再吟味にあるという近代知識人的な自覚は、その実もう一重奥のところでは、土下座をしているあわれなものの姿と計らず合致していると思うのである。

私がさっき村山や中野に連関してくちおしいといったことの中には、私たちの現実として負わされているこの革命的階級性以前の自己の弱さ、自分ながらの自分の分別の妥協なさに耐えかねるようなところに、彼らがうちまけている。それがくちおしいという意味もふくんでいるのである」（全集第一〇巻、238ページ）

発揮される文化・知識人の良識と力

（本稿は、二〇〇六年九月に日本共産党の茨城県文化後援会でおこなった講演を整理、加筆したものです。）

はじめに——自民党政治の三つの異常な特質と文化・知識人

日本共産党は一月の第二四回党大会で、内政・外交ともに行き詰まり深刻な危機におちいっている今日の自民党政治について、その根底に、「世界の他の資本主義国にも類例のない」「三つの異常な特質がある」と指摘しました。「過去の侵略戦争を正当化する異常」「アメリカいいなり政治の異常」「極端な大企業中心主義の異常」です。そして、この三つの異常が、内政と外交、国民生活のあらゆる分野で矛盾をふかめていること、日本の未来は、この異常な政治を正すことによってこそきりひらかれることを明らかにしました。

党は七月には、第二回中央委員会総会を開いて、この三つの異常な政治が、そのいずれでもこの間に国民との矛盾を一段と深めていることを浮き彫りにしました。そして、増税、社会保障の切り捨て、貧困と社会的格差のひろがりという問題でも、靖国や憲法問題でも、あるいは米軍基地再編でも、政治の流れの急激な底深い変化を生み出していること、この変化をしっかりと受けとめ、その変化にふさわしい政治的な構えを確立し、来年の参院選挙、いっせい地方選挙でなんとしても勝利するため、党と後援会活動の抜本的な強化、国民要求に基づく運動の発展に力をつくすよう提起しました。

そこで、「自民党政治の三つの異常な特質」のそれぞれにそくして、文化・知識人の役割、責任について、日ごろ考えておりますことをお話し、みなさんの討論のとっかかりにしていただけたらと思います。

一　侵略戦争の正当化の異常をどうただすか

まず、「侵略戦争正当化の異常」についてです。今年の八月一五日の小泉首相による靖国神社参拝強行は、戦後の国際政治の原点である侵略戦争への反省をなげすてて居直る日本の政治の異常を、改めて内外に強烈に印象づけました。中国、韓国はもとより、東南アジア諸国がこの小泉首相の参拝に厳しい批判の声をあげたのは当然です。わが党の志位委員長は、談話を発表し、「靖国神社が過去の侵略戦争を肯定・美化することをみずからの使命としている組織であることは、現在では内外でひろく指摘されている事実である。国政の最高責任者の靖国参拝は、この神社の政治的立場を、日本政府として公的に認知することであり、日独伊の侵略戦争の反省上に築かれた今日の国際秩序に正面から背を向ける重大な政治的行為に他ならない」と指摘しました。そして、「五年間、小泉首相のその政治姿勢を正すことができず、ついに事態をここまでいたらしめた自民党そのものが、政権党としての資質を問われていることを、指摘しなければならない」と糾弾しました。後継首相となる安倍氏についても、小泉首相以上にその資質が問われなければならないことは、この人物のこれまでの発言から明白です。『昭和史』などの著書もある半藤一利氏が、安倍氏が「歴史認識もなく『国のために死ぬことは美しい』と語り、『美しい国へ』と呼びかけるなら単なるアジテータだ」「若者を十死零生の死地に追いやった当時の軍部とどこが違うのか」と指弾しているのも、もっともです。

国民が侵略戦争と正面から向き合う

そこで改めて考えて見なければならないのは、小泉首相らが内外の厳しい批判を承知で靖国参拝を強行する背後になにがあるのか、彼らをそこまでがんばらせる根源は何か、という問題です。もちろん、その政治家の個性や誤った戦争観があるでしょう。しかし私は、彼らの判断の一番の基礎に、参拝をあえて強行しても国民の支持を得られるという計算が働いているのは間違いないということを指摘したいと思います。現に、八月一七日付で報道された共同の世論調査では、八・一五の首相参拝に賛成五一・五％、反対四四・九％、「毎日」の調査でも、「評価する」五〇％、「評価しない」四六％です。私はここに、今日のテーマである「文化・知識人の役割」にも深くかかわる日本国民の戦争観、歴史認識という問題があると思うのです。

昨年五月一二日に党本部で不破さんを講師におこなわれた時局報告会「日本外交の行き詰まりをどう打開するか――戦争終結六〇周年、アジア諸国との関係をめぐって」を思い起こしてほしいと思います。

この講演は、靖国神社遊就館の展示や文書、映像を分析して、靖国神社が侵略戦争正当化の政治宣伝センターとなっていることを内外に明らかにし、首相がこの神社にぬかずくことの不当と、不見識を疑問の余地なくあばき、内外の世論の流れを変える大きな役割をはたしました。この講演で使われた靖国史観という言葉はいまや国際語にもなっています。

この講演の最後で、不破さんは「首相の靖国参拝の中止」「『植民地支配と侵略』への反省を教科書に反映させる」こと、「アジア近隣諸国との平和の関係を探求する大戦略をもつ」こと、という三つの具体的提案を行い、「政府にこういう転換を行わせるためにも、日本の国民自身が声をあげることが重要です」と指摘しました。そのうえで、つぎのようにのべています。「とくに歴史認識の問題では、私たちはドイツの文献を読むたびに、日本は国民的討論がドイツに比べてあまりにも遅れていること、それが『あの戦争は正しかった』論などの横行を生みだしている要因のひとつになっていることを痛感します。今年、第二次世界大戦終結六〇周年の年に、『あの戦争はなんだったのか』、国民一人ひとりが、この問題に正面からとりくみ、考えようではありませんか。そして、歴史の事実に背を向けて『日本は正しい戦争をやった』という見直し論を無理やり持ち込み、日本を平和をめざす世界の流れから切り離そうとする動きを、おおもとから断ち切ろうではありませんか」

不破さんのこの提起は、二一世紀に日本がアジア諸国、諸国民とともに歩み、力を合わせて平和な世界をきずく道を進むうえで、日本国民自身が解決を迫られる歴史的な責務、課題の核心をついたものとして、きわめて重要な意義を持っていると私は考えます。

ドイツはなぜ信頼と友好をかちえたのか

あの戦争はなんだったのか、ドイツに比べて国民的討論の遅れとはどういうことか、またその原因はどこにあるのでしょうか。

まず、侵略戦争とユダヤ人大虐殺・ホロコーストなどによって史上最悪の罪を犯した過去を、第二次大戦後のドイツ及びドイツ人がどう克服したかを見てみましょう。第二次大戦終結六〇周年にあたってシュレーダー首相（当時）は、「ナチスの恐怖政治と戦争の犠牲者すべてに対して、その責任を負っているのはわれわれである。われわれは、自国の歴史を前にした責任、そして自国の歴史に対する責任を負う。たとえ個人的な罪はなくとも、過去を心に刻むもののみが、自分たちの歴史に責任感をもってたちむかうことができる。これこそ、われわれ、そしてわが国にとってよき未来をつくっていくうえでの前提である」（「ミッテルバイエリッシュ・ツアイトゥンク」二〇〇五年三月二六日付）と語りました。

日本の自民党や民主党の一部の政治家とは雲泥の違いです。一九八五年五月八日、終戦四〇周年の記念式典では、キリスト教民主同盟のワイツゼッカー大統領が、「罪の有無、老若いずれを問わず、われわれは全員が過去を引き受けなければなりません」「過去に目を閉ざすものは、結局のところ現在にも盲目となります。非人間的な行為を心に刻もうとしないものは、またその危険に陥りやすいのです」と語っています。

ドイツでもはじめからこういう立場を国民的に確立していたわけではありません。むしろ、最初はできるだけ過去に触れないように、責任を問わないようにという姿勢が顕著だったのです。しかし、一九六〇年代後半にベトナム反戦運動などとむすんで、学生や知識人を中心に、自分たちの過去にまともに向き合おう、その罪を明らかにしつぐないをしようという論議と運動が国民的な規模でおこります。その到達点がワイツゼッガー演説であり、シュレーダー論文であったのです。ドイツではいろいろ曲折を経ながらも、①ナチスの犠牲になった国内外のすべての人々への謝罪と補償、ユダヤ人以外の犠牲者への補償の拡大、②ナチスが侵略した国々への謝罪と賠償（ポーランド、ウクライナなど）、③ナチスの犯罪の自国民による追及と裁判、そのための刑法改正、ナチスの犯罪には時効を認めない（六〇〇〇人以上有罪）、④若い世代にナチスの犯罪をきちんと教える歴史教育改革（七〇年代末には、どの学校の生徒も、ナチズムの政治体制と迫害、絶滅政策について授業を受けない生徒はいなくなった）、をすすめています。

これらの結果、ドイツは何を得たでしょうか。周辺諸国、諸国民の信頼と友好です。あるいは、ＥＵ（ヨーロッパ連合）の中核国家としての国際的地位です。日本がアジア、世界で孤立をふかめ、昨年国連安保理常任理事国へ立候補して、各国大使館などを総動員してあらゆる支持獲得工作をおこなったにもかかわらず、アジア諸国のなかではアフガニスタン、ブータン、モルジブの三カ国の支持しかえられなかったのと際立って対照的です。

日本では、首相があの戦争を侵略と公式に認めたのは、一九九三年の細川談話が初めてです。一九九五年の村山談話で「植民地支配と侵略」への反省をまとまった形で述べました。しかし、このときも一九一〇年の韓国併合に対しては、村山首相は「当時の国際関係の中で法的に有効に締結されたと認識しています」と国会で答弁しています。被害補償はなし、賠償はなし、歴史教科書も歴史学者などの努力はあるものの逆流もあってきわめて不十分です。戦争責任、戦争犯罪は、追及どころか正当化です。なぜこんなことになったのでしょうか。

すでに「靖国参拝を許さない国民の歴史認識を」（『前衛』二〇〇五年九月号）で詳しくのべたところですが、国際的国内的要因があると思います。国際的には、終戦直後から周辺諸国がこぞってナチス追及の手をゆるめなかったヨーロッパとちがい、アジアでは、中国、韓国、マレーシア、フィリピンなどどの国も、独立したばかりで自国の国づくりに全力をあげていて、対日批判を行う余裕がなかったという国際環境の違いなどがあります。

国内的には、第一に、アメリカの占領政策の転換です。中国革命の成功により、アジア戦略の転換を迫られたアメリカは、日本をアジア侵略の前線基地として利用、育成する政策に大転換します。戦犯勢力を免罪して、その力を利用する政策に転じたのです。四八年の判決で死刑執行された以外は、A級戦犯容疑者が四七年に二四名、四八年に岸信介ら一九名が釈放され、死刑以外で服役していたA級戦犯一八人も五〇年代にすべて釈放されています。そして、この釈放された人物が戦後政治の中心に坐ったのです。

第二に、アメリカの占領政策による極東国際軍事裁判での天皇免責です。この裁判は、最初から天皇の責任は一切問わないという枠組みの中で行われました。戦争の最高責任者に罪がないなら他の誰も罪を問われないのは当然という風潮が生み出されたのは当然です。

第三に、戦前の日本では、国民が主権者であったドイツと違い、日本国民は主権在民ではなく、主権者天皇の意にしたがう臣民であり、臣民として戦争に駆り立てられたという事実です。だから、日本国民の中には、自分たちは被害者であるという意識がつよく、対アジアの侵略戦争として、戦争に正面から向き合い、とくにその加害責任を考えるという姿勢が国民的規模で弱かったという事実です。これらが、ドイツに比べて国民的討論の決定的な遅れをもたらす客観的な要因となってきたといえるでしょう。

しかし、この遅れをそのままにして、二一世紀のアジア、世界で、日本がその一員として生きていく道はありません。この遅れをただすことは二一世紀の日本の国民的課題であり、首相の靖国参拝の大元の根を断つ道でもあります。あの戦争はなんだったのか、国民一人ひとりが戦争被害だけでなく、加害という問題とも向き合う、被害者への補償と侵略戦争を史実にもとづいてとりあげる歴史教育改革などなど、いずれも国民の戦争観、歴史認識にかかわる大問題であり、国民一人ひとりの思想、生き方にかかわる問題です。現に、元兵士たちの人生最後における、あの戦争がなんだったかを伝えずに死ぬわけにいかないという、勇気ある、苦渋に満ちた証言も相次いでいます。その一端は、『元日本兵が語る「大東亜戦争」の真相――「しんぶん赤旗」社会部取材班』(日本共産党出版局)にも見ることができます。

歴史認識を確立するために

この国民的討論をすすめるうえで、物事の本質をつかみ、それを論理だてて伝えることを仕事とし、あるいは自分や周囲の人々の気持ちや感情をリアルに表現する手段をもつ知識人・文化人の役割は決定的ともいえます。この問題での民主的な歴史学者などの多年にわたる奮闘はよく知られています。また、最近の映画をみても、「にがい涙の大地から」(海南友子)、「蟻の兵隊」(池谷薫)といったドキュメンタリーや、「紙屋悦子の青春」(黒木和雄)、「出口のない海」(佐々部清)などが、また演劇では、新国立劇場の「夢のかさぶた」(井上ひさし)、俳優座の「風薫る日に」などが、8月におこなわれた一連のピースリーディングとともに、それぞれの角度からあの戦争の本質にせまって大きな役割をはたしています。

あの戦争は、他国を侵略してその国の人々に想像を絶する苦しみと損害をあたえたところにこそ最大の本質があります。そのことについての科学的な歴史認識を確立することは、二一世紀の国民的な課題です。学問、民主的な文化、芸術に携わるすべての人が、その課題実現へのとりくみをみずからの大きな歴史的責務として受けとめてほしいと思います。

二　二一世紀の国民的たたかいと文化、知識人の歴史的役割
——とくにアメリカいいなり政治の異常とのたたかいに関連して

二つ目に、自民党政治のもう一つの「異常な特質」であるアメリカ言いなり政治についてです。これについては、今日どこまできているかが「新世紀の日米同盟」をうたった六月二九日の日米首脳会談での「共同文書」に集大成されているということができます。日米同盟を地球的規模に拡大し、世界のどこでアメリカが戦争を起こしても、その無条件の同盟者として、日本が協力しともに戦う体制をつくる、そのために米軍基地機能の抜本的強化を住民の反対を無視して推し進める、さらにそうした体制をささえる国家体制をつくる、そのために国のあり方を根本から変える憲法、教育基本法改悪をおこなうという策動として、ご存知のところです。

植民地体制が崩壊し、独立と主権の尊重が普遍的な国際的原則になっている二一世紀の世界で、それこそ他に類例のない異常きわまる政治です。これが、政治的には保守的な立場の人たちをふくめて広範な国民との鋭い矛盾をかつてなく広げ、基地問題でも、憲法問題でも政府、自民党の策動に反対する大規模なたたか

いがひろがっていることはご承知のところです。米軍基地拡大強化に反対するたたかいは、沖縄はもとより、岩国、横須賀、座間、厚木などなどで、保守系の自治体首長をふくめて自治体ぐるみ、あるいは自治体の枠を超えた広域な住民各層を結集したたたかいとして大きく広がっています。

なかでも、憲法改悪に反対するたたかいは、全国五〇〇〇を越す九条の会に見るように、空前のひろがりと盛り上がりをみせています。憲法九条は、戦争によってではなく、平和的な手段で国際紛争を解決する、そのための国家のあり方を、戦力不保持、交戦権の否定というかたちで、歴史的にも先駆的に明確にしたものです。そこには、あの侵略戦争に対する深い反省と二度と同じ過ちを犯さないという固い決意がこめられていたことはいうまでもありません。米ソ冷戦が終わった二一世紀の世界で、この憲法の原則が、国連憲章とともにいよいよ国際的にも注目され、その精神と力を発揮しようというとき、これを葬り去ろうという時代錯誤の反動的策動が改憲策動です。これをゆるさないたたかいは、二一世紀の日本と国際社会の未来がかかった歴史的意義をもつたたかいといってよいでしょう。このたたかいが、あらゆる妨害やマスコミの黙殺をはねのけて、全国津津浦浦で草の根に広がりつつあることは、わが国の歴史においても注目すべきことであり、日本の未来への希望をきりひらくものといってよいでしょう。

専門の枠をこえ国民とともにたたかいをすすめ

私がとくに注目したいのは、国の未来をかけたこのたたかい、憲法改悪反対、米軍基地強化反対の闘争のなかで、文化、知識人がはたしている注目すべき役割です。九条の会の呼びかけ人に名を連ねている井上ひさしさん、梅原猛さん、大江健三郎さん、奥平康弘さん、小田実さん、加藤周一さん、澤地久枝さん、鶴見俊輔さんらが、いずれも日本を代表しうる知識人であり、文化人であることに異論はないでしょう。これらの方々が、九条の会発足の呼びかけ人となったばかりでなく、それぞれご高齢にもかかわらず、この運動の先頭に立って全国を精力的にまわっておられます。まさに頭が下がる思いです。

同時に目をむけたいのは、こうした動きはけっしてこの方々にとどまらないことです。全国五〇〇〇を越すさまざまなレベルで組織されている九条の会には、そのどこででも学術・文化や宗教、スポーツにたずさわる有名無名のかたがたが、運動の中心に座り、要の役を担っておられます。また、映画、音楽、短歌、俳句、美術といった各分野で「九条の会」がつくられ、これまでにない幅広い人々が参加し、継続した運動を広げています。これは素晴らしいことではないでしょうか。

同様のことは、新しい党綱領のもとで統一戦線の結成とその上に立つ民主的な政府の樹立をめざす日本共産党が、党の綱領的立場からとくべつに重視する全国革新懇運動についてもいえます。第二回中央委員会総会では、浦田宣昭党国民運動委員会責任者が、この革新懇運動の発展とその意義について発言しましたが、そのなかで、革新懇の組織が今日全国七五〇にのぼり、各地で地域・職場に根をはり、「大変幅広い文化人、知識人の方々と共同をつくり出す力を発揮しています」と、報告しています。志位委員長は討論の結語でこの発言をとりあげ、「全国革新懇の活動にこそ、統一戦線の本流がある」ことを強調するとともに、「幅広い文化人、知識人が、革新懇とのつながりという形で、平和と進歩への思いを語る動きが広がっていることも、素晴らしいことであります」とのべています。つまりここでも、党内外の広い知識人、文化人が、革新日本を目ざす運動に結集し、共同の輪を広げているのです。

私は、戦後六〇余年の日本の歴史を通じて、国の将来を左右する重大な国民的たたかいにおける文化・知識人のこのような活躍は、かつて例のない壮挙といってよいのではないかと感じています。

もちろん、一九五〇年代はじめの全面講和を求める運動でいわゆる岩波知識人といわれた人たちの発言とか、一九六〇年の安保闘争で大学人や安保改定阻止新劇人会議の人たちがデモの隊列をつくるなど、知識人、文化が大きな役割を果たしたことはあります。しかし、それらはいずれも文化人、知識人の枠のなかからの発言であり、行動であったといってよいでしょう。いま九条の会でも革新懇運動でも、そのなかでの広範な知識人・文化人が果たしている役割の特徴は、これらの人々が自らの専門の枠をこえて、国民の中に直接入って国民とともにたたかっているところにあります。これは日本の知識人、文化人の歴史のなかでかつてなかったことです。日本の文化と学術をになう知的良心が、まさに歴史の曲がり角の大事なたたかいのなかで、民主主義と平和のためにその真価を発揮しつつあるといってよいでしょう。これは素晴らしいことであり、そこに日本の未来への大きな希望を見ることができると、私は確信します。

もちろん、文化と学術の専門領域においても、それぞれの分野で研究と創造において、あるいは各分野での九条の会において、さらには日本共産党後援会の活動において、素晴らしい創意と力が発揮されていることは大変喜ばしいことです。一例ですが、民主主義文学会が多喜二百合子研究会、婦人民主クラブ（再建）と共催で六月におこなった、宮本百合子没後五〇周年記念の夕べは、講演、作品朗読、若手作家の発言と大変濃密な内容で大成功を収めました。詩人会議が平和をテーマに募集した詩のアンソロジーは、冊子「戦争はしない」になって会の内外に広く普及され大きな反響を呼んでいます。新日本歌人協会はさきに創立六〇周年を盛大に祝い、これを機に協会の六〇年史をまとめるとともに、会員一〇〇〇名達成などの目標をかかげてさらなる発展へと意欲をもやしています。新俳句人連盟もまもなく創立六〇周年をむかえ、意欲的な記念事業を予定しています。うたごえ運動でも、「願い」という曲が世界に広がり、ＮＨＫでも取り上げられました。これらは、事柄の一端です。

日本共産党の後援会活動においても、多彩な創意が発揮されていることを大変喜ばしく思います。四月には、美術家後援会のみなさんが、党躍進を期して自分たちの絵を展示即売するという together 展を開催しました。六月の演劇人後援会の全国交流集会では、能楽の観世榮夫さんの演出で、戦後教職を辞して生涯をおわる老人が中国戦線で手を染めた三光作戦についてはじめて孫に語るという寸劇につづいて、能の鼓の音にあわせて劇団の違いを超えて集まった俳優さんたちが憲法前文と九条を朗々と朗読するというユニークな出し物が披露されました。文化・芸術に携わる人たちならではの闊達で創意あふれる試みでした。

これらを通じて、歴史の大事な節目で日本の平和と進歩のために発揮される文化人・知識人の偉大な創意と力に、私は限りない心強さを実感するとともに、大きな敬意を表したいと思います。ふりかえれば、戦前戦後の歴史をつうじて、もっとも困難な時代に、国民を勇気づけたたかいをはげましてきたのが進歩的な文化、芸術運動だったといってよいでしょう。戦前の天皇制専制支配のもっとも厳しい時代に、これに敢然とたちむかい花開かせたのがプロレタリア文化運動でした。敗戦後、焦土と化した国土で飢えにさいなまれ、多くの国民が生きる希望さえ見失いがちだった時に、〝歌声よ、おこれ！〟のスローガンで澎湃と沸き起こり国民をはげましたのが、民主的な文化、芸術運動でした。わたしは、日本の進歩的な文化・芸術運動が、歴史が重大な岐路にたつ二一世紀のいまこそ、その伝統を生かした底力を思いきって発揮することを、心から期待したいと思います。

三　新自由主義路線とのたたかいについて

三つめは、極端な大企業中心主義が文化・学術の分野になにをもたらすか、文化・学術分野での新自由主義路線とのたたかいについてです。

市場化原理、効率主義は学術・文化の発展と相容れない

まず明らかにしておかなければならないのは、新自由主義の名による市場化原理、効率化、競争主義といったものは、本来的に、学術・文化の発展とは相容れないということです。つまり、学術や文化の分野に市場化原理だとか、効率主義だとかをもちこんで引っ掻き回すのはとんでもないことだということです。

もともと、学術にしても文化にしても、かつて封建社会のなかで、封建的権力から様々な弾圧をうけながら、権力からの自立をめざす並々ならない努力とたたかいをつうじて、発展してきたものです。それらは、確かに資本主義の発展のなかで、資本主義とともに発展し成長をとげてきましたし、その成果が経済のさらなる発展に貢献するということもあります。しかし、そこには、学術や文化を資本のあからさまな論理、もうけのためには手段をえらばないといった論理を、様々な手法で規制する仕組みがおのずからつくられ、学術・文化の自主的な発展を保証してきたという事情があります。美術館や博物館、あるいは様々なホール、

会館を公共の施設として保証するとか、大学に自治を認めるといったことは、その一例です。

小泉内閣が進めてきた新自由主義というのは、こうした規制をとりはらい、学術・文化の分野にも新自由主義、資本の論理をおしとおそうというものです。それが、国立の美術館や博物館の統合や、観客動員の数字を運営の基準にする市場化テストであり、公立文化施設への指定管理者制度の導入、あるいは国立大学の法人化でした。しかしみなさん、資本主義の自由競争の時代、つまりそれぞれさほど力の差のない者同士が自由に競い合う時代ならいざ知らず、いまは独占資本主義の時代です。巨大な大企業が経済の支配権を独占している、ここで市場原理を野放しにし、効率化、競争原理の働くままに任せたらどうなるか、それが弱肉強食の社会を作りだし、もうけにならない文化や学術を衰退させることは火を見るよりも明らかです。

貧困と社会的格差のひろがりがいま深刻な社会問題になっています。青年の半数が不正規雇用を強いられ、その多くが年収二五〇万円以下で働かされ、結婚もできない、子どもも生めないという状況におかれています。年金ぐらしのお年寄りが、八倍、一〇倍の住民税の通知にびっくりして、市役所に抗議に殺到する。医療費の値上げ、介護保険の改悪と、まさにふんだりけったりです。その一方で、トヨタ自動車などが空前の利益をあげ、その金が村上ファンドなどの投機にまわり、そこでぬれてに泡の儲けをさらに手にする。これが新自由主義のもたらした現実です。

文化や芸術の発展、享受には、生活のゆとりが欠かせません。その条件が根本から崩壊させられている、これが今日の実態です。多くの青年、お年寄りにとって、文化、芸術を鑑賞するどころではないといった事態のひろがりが、どうして文化と芸術の発展を促進するでしょうか。創造活動のほうでも、演劇人と接するたびに、名のある演出家や俳優さんでさえ生活保護基準以下のような苦しい条件のもとで、必死になって舞台をつくりささえていることに驚かされます。舞台稽古でお昼になっても、コンビニで五〇〇円の弁当を買うのを躊躇する、といった生活を強いられているのです。また日本が世界に誇るアニメの制作に当たるアニメーターは、一日一〇時間半も働いて、その四分の一が年収一〇〇万円以下です。その実情にふれるたびに、いまの政治に対する強い憤りを禁ずることができません。

くわえて、国立の美術館、博物館を市場化テストの対象にする、つまり儲けをあげる企業に払い下げるという政策がうちだされたのです。これにたいして、平山郁夫東京芸大元学長らが、猛然と反対の声をあげ、署名運動を展開して撤回させたことはご承知のところかと思います。衆院行革委員会で石井郁子議員がこの問題を取り上げて追及しましたが、担当の中馬大臣は「美術や芸術に競争原理はなじまない」と答弁せざるを得ませんでした。作家の阿刀田高氏も、小泉「構造改革」によって「社会のいろんな分野で二極化が進んだと指摘するとともに、「博物館・美術館への市場化テスト、統廃合などとても文化の真髄を理解した施策とはおもえない」ときびしく批判しています(「東京新聞」九月四日付)。これらの事実は、文化や芸術の分野に市場化原理を持ち込むという野蛮な政治に対して、政治的立場や党派のちがいをこえた広範な人々の社会的連帯による反撃が可能であり、たたかえば勝利できるということを事実で示していると思います。

学術の分野では、国立大学の法人化から二年がたちました。効率化の名で学長権限を強め、大学に中期目標をださせて、その達成状況を文部科学省が評価し、予算をきめる、そして毎年予算を減らす代わりに、大学が自力で研究費を民間から調達せよ、こういった政策がいま、大学間格差の拡大、基礎研究の崩壊など、日本の学術の発展にとって放置できない深刻な矛盾を生み出していることもご報告しておきたいと思います。たとえば、高エネルギー加速器研究機構長の戸塚洋二氏は、「来年度に始まる第三期科学技術基本計画(国の――引用者）を見ると、基礎科学の大型プロジェクトは『重点化項目』からこぼれている。また基礎研究の担い手である国立大学法人への運営費交付金は毎年一％削減されている。基礎科学研究者の士気は下がるばかりだ」（「読売新聞」二〇〇六年三月二〇日付）と指摘しています。同様の声は、いま研究者のなかにあまねく広がっているのです。

おわりに

こうした新自由主義路線とどうたたかうかです。大きな方向としては、その具体的なあらわれに即して、問題を学術・文化の枠内にとどめず、その不当さ、重大性を国民的に明らかにしてたたかうことが、なによりも大事だと思います。それによって国民的規模で世論を喚起し運動をおこし、社会的連帯による反撃を組織することが可能になります。一つの例ですが、総理府に消防研究所というのがありまして、これが行革による廃止の対象にされました。これにたいして、国民の安全という見地からその不当をつき反対する運動が、その分野にとどまらないひろい範囲で、国際的な学会の運動といったかたちで展開され、マスコミでもとりあげられ、実質的に研究所の継続をかちとっています。憲法運動や革新懇運動で果たす、知識人、文化人の大きな役割ともむすんで、文化・芸術、学術の分野でも社会的な連帯による反撃を発展させたいと考えます。現在、文化行政の「基本方針」見直しがすすんでいますが、各分野の切実な要求をかかげるとともに、国民の文化的権利を実現する方向で広く訴えていくことが大事です。

自民党政治の三つの異常な特質のどれにたいしても、正面から対決し、それらを正す方向を示してたたかいの先頭に立っているのが日本共産党です。「二大政党」といわれても、民主党が三つの異常のどれについても、自民党となんら変わらないことは明瞭です。来年のいっせい地方選挙、参院選挙で日本共産党が躍進することが、異常な政治を正し国民の暮らしと権利、平和を守るなによりの力になると確信します。そのために、文化後援会のみなさんのお力添え、ご活躍を心から期待して、私の話を終わらせていただきます。ご清聴ありがとうございます。

三

科学的社会主義の擁護

日本共産党が確立した原則の歴史的位置

――その国際的先駆的意義について

一九九五年新春インタビュー（「赤旗」元日付）で宮本議長は、アメリカの活動家マニング氏が宮本議長にあてた手紙で、「日本共産党が焦点をあて、マルクス主義の体系――それはいわば蓄積された科学的社会主義の知識ですが――からとくに引き出した諸原則は、日本の人民だけでなく、世界が喜んで従う諸原則であり、こうした諸原則を保持することによって私たちはさらに不抜の前進をすることができると確信しています」とのべていることにふれて、「ことがらの本質は、日本共産党の創立以来の歴史を世界の共産主義運動の歴史においてどうとらえるかということにかかっているようです」と指摘し、つぎのように語っています。

「これらの歴史を科学的社会主義の発展として認識する外国の友人があらわれたことは、本来、国際的科学である科学的社会主義の生命力の発揮として異とすることができないからでしょう」「そして私が愉快に思ったことは、ソ連に追随しただけでなく、日本共産党にたいし、ソ連に批判的ということであらゆる攻撃と中傷をさかんにやったアメリカ共産党の党員という経歴をもつ氏が、今後、二つの国の自覚した人びとが共同して、新しい世界の建設にふみだそうではないかと、私への手紙の最後で、胸をふくらませていることです」

第二〇回党大会決議は、「資本主義世界の政治的社会的矛盾の深まりのなかで、一連の国ぐにで、科学的社会主義の方向への模索をともないながら、それぞれの国での社会進歩の道を自主的に探究する新しい運動の萌芽が生まれている。それらの勢力、人びとのなかでは、自主独立をつらぬいてきた日本共産党の路線に、社会発展の未来への一つの光明をみいだし、信頼と関心をよせる動きも少なくない」と指摘しています。マニング氏の手紙は、大会決議のこの指摘を裏づける一つの物証といえるでしょう。

誤解を恐れずにいえば、そこには、アジアの一角に位置する日本の共産党の歴史と路線がどのような意味で国際的な普遍性、妥当性を主張しうるかという、きわめて大きな問題が提起されています。つまり、日本共産党の歴史と路線が、日本にとどまらず現代世界の根本問題を科学的社会主義の立場から正しく解明し、回答をあたえているかという問題です。社会進歩の科学的な指針とは何かが、ソ連・東欧崩壊後の世界において、国際的に鋭く問われるなかで、その検証があらためてせまられています。そして、結論をいえば、旧ソ連・東欧の体制をささえた原理の根本的誤りが疑問の余地がなくなっているなかで、それらにたいするもっとも峻厳な批判者であった日本共産党の歴史と路線について、マニング氏の指摘は的を射たものということができます。

一　日本共産党の歴史と路線の国際的な意義と先駆性

マニング氏は、不破委員長にも、あるいは労働組合運動での日本の友人にも手紙をよせ、後者への手紙のなかでは、日本共産党が中国の文化大革命を最初に批判した一九六七年の論文、ソ連など社会主義をめざす国ぐにを歴史の進歩の決定的要因とする誤った歴史観を批判した「資本主義の全般的危機」規定の削除をめぐる八七年の論文をあげて、「あなたがたの党があのころすでにこんな明晰《めいせき》な考えをもっていたことに、いまさらながら驚いています」と述懐しています（不破委員長「国会、地方議会の議員・候補者会議での報告」で紹介、「赤旗」一九九四年一一月二五日付）。マニング氏にとってそれらが新しい発見ではあっても、日本共産党が以前からこうした時代の根本問題に的確な回答をあたえてきたことは、動かすことのできない歴史的事実です。

自主独立の確固とした立場

マニング氏の驚きはなによりも、ソ連や中国の覇権主義にたいする日本共産党の確固とした先駆的なたたかい、徹底した自主独立の立場にむけられています。

社会主義は本来人間解放の事業です。帝国主義の時代においては、民族抑圧に反対してすべての民族の独立と平等を実現することを、その重要な歴史的使命の一つとしています。

ところが、戦後世界において、社会主義をめざす国ぐにが地球人口の三分の一を占めるまでになりながら、ソ連など特定の国と党の路線のおしつけが世界の共産主義運動のなかで当然のようにまかりとおり、社会主義の名による民族抑圧や民族主権の乱暴な侵犯が横行するにいたりました。それらは歴史的にみれば、社会主義をかかげる運動とその政府の自殺行為に等しいものでした。それだけに、こうした誤りにたいする日本共産党の早くからの原則的なたたかいと自主独立の立場は、日本と諸民族の権利と利益を擁護するにとどまらず、共産主義運動における原則的立場の擁護という意味においても、世界史的意義をもつものであったということができます。

ソ連共産党による日本共産党への干渉、指導部転覆の策動は、一九六〇年代の早い時期に、部分核実験停止条約などソ連共産党の誤った路線に日本共産党が同調しないことなどを理由に、直接に、あるいは志賀一派や野坂などの内通者をつうじて、おおがかりにくりひろげられました。日本共産党のたたかいは、一九六四年八月二六日付の「ソ連共産党中央委員会の書簡（一九六四年四月一八日付）にたいする日本共産党中央委員会の返書」などに、明瞭です。そこでは、マニング氏を驚かせた論文より、さらに三年も早く、科学的社会主義の原則的立場にたって、ソ連の核武装によって帝国主義が〝力の立場〟にたつ物質的基盤を失ったとする、ソ連のアメリカ帝国主義美化論などをきびしく批判、追及し、ソ連の不当な干渉が科学的社会主義とあいいれないことを明確にして、ソ連共産党を回答不能においこみました。以来、日本共産党の覇権主義にたいするたたかいは、自主独立の立場から一貫してつづけられてきました。

だからこそ、日本共産党はソ連共産党が解体したさいには、科学的社会主義をかかげる党として、世界でただ一党、これを「もろ手をあげて歓迎」する態度を鮮明にし、各国の運動が「これまでの運動の主体性を検討して運動の再検討をはかる絶好の機会となることを希望する」(一九九一年九月一日の常任幹部会声明)との態度を表明しえたのです。その後、旧東欧などにとどまらず、資本主義国の有力な党も、ソ連の資金援助をうけて本質的に自主性を喪失していたことがあきらかになり、内外からの批判とともに、これらの党の混迷と衰退に拍車がかかるなかで、日本共産党の自主独立路線と、その立場からのあらたな出発へのよびかけの方向にこそ、世界の共産主義運動の未来への希望があることはいよいよ明白です。

国際分野での日本共産党のたたかいは、ソ連や中国の覇権主義とのそれにつきません。

二〇世紀は帝国主義の時代です。帝国主義はこの世紀のはじめに列強による世界の領土的分割を完了させましたが、その政治的特質は「あらゆる面での反動と民族的抑圧の強化」(レーニン『帝国主義論』)にありました。それだけに、帝国主義による民族的抑圧とのたたかい、民族解放、民族自決のたたかいこそ、二〇世紀の社会進歩の決定的ともいえる重要な内容の一つをなしています。

日本共産党は、戦前、帝国主義本国＝抑圧民族の前衛党として、朝鮮、台湾、中国の植民地支配に反対し、その解放を要求しぬいて、不屈でした。日本帝国主義の侵略性は、独占資本のそれにとどまらず、「絶対主義的な軍事的＝封建的帝国主義の軍事的冒険主義によって倍加」(三二年テーゼ)されていました。そのもとでの日本共産党のたたかいは、侵略と戦争への加担の汚名をぬぐいえない他のすべての党の追随を許さないばかりか、アジアにおける被抑圧民族およびその解放闘争との連帯という意味でも不滅の国際的意義をもっていました。一九八六年の赤旗まつりに参加して、この事実をはじめて知ったフィリピンのシスター・シアツさんの〝そういう党が日本にあったのか〟という感慨は、そのことをよく物語っています。

第二次世界大戦での敗北によって日本は、アメリカ帝国主義の占領、半占領下におかれ、半世紀の長期にわたって民族の主権を侵害されつづけてきました。そのなかで、日本共産党は、民族の独立、主権回復の国民のたたかいの先頭にたってきました。党は、一九六一年の第八回党大会における党綱領確定にさいして、アメリカ帝国主義を中心とする帝国主義の国際的な反動的役割を正確に分析するとともに、アメリカ帝国主義の対日支配にたいするいっさいの過小評価をしりぞけ、民族独立を日本革命の主要な戦略的課題の一つに位置づけ、以来、この見地を基本にすえてたたかいぬいてきています。

戦後、世界反動の主柱となったアメリカ帝国主義とそれによる民族的抑圧にどういう態度をとるかは、民族問題にたいする科学的社会主義の最大の試金石の一つとなりました。この問題で日本共産党は、アメリカ帝国主義の侵略的本性を、その具体的あらわれにそくして一貫して暴露、追求するとともに、戦後世界の共産主義運動にくりかえし生まれたアメリカ帝国主義美化論に反対し、アメリカを中心とする帝国主義の侵略と他民族抑圧とのたたかいこそ、世界の進歩を促進する主要な要因の一つであることを、あらゆる機会に主張しつづけてきました。このことのもつ特別に重い今日的意義も強調されてよいでしょう。

一九六〇年代前半にあらわれた、ケネディ政権との協調を中心とするフルシチョフのアメリカ帝国主義美化論にたいして、あるいは七〇年代前半におけるブレジネフ政権によるニクソン政権美化、さらに中国の毛沢東派によるアメリカ帝国主義美化にたいして、また、八〇年代後半のゴルバチョフらによる「新しい思考」の名によるアメリカ帝国主義への同調・屈服路線にたいし、日本共産党はアメリカ帝国主義の各個撃破政策の分析など実態究明にもとづいて、科学的社会主義の原則的立場からきびしい批判を展開してきました。

日本共産党がソ連・東欧の崩壊後、「冷戦終結」論の名によるアメリカ帝国主義美化論にたいして、クリントン政権の核兵器固執政策などアメリカ帝国主義の冷戦体制がひきつづき存続、強化されている事実を指摘して、断固とした批判的態度を堅持しているのも、戦後世界におけるアメリカ帝国主義の役割と本性についての、そうした見地にたってです。アメリカ帝国主義の反動と干渉の政策が、日本の反動勢力をまきこんで世界的な規模で展開され、ハイチ侵攻などその危険がいっそうあらわになる今日の世界で、日本共産党のアメリカ帝国主義論の重要な意義は、国際的にもいよいよ明確になっています。

民主主義革命路線の先駆性

民主主義の擁護という問題でも、日本共産党の路線の原則性と先駆性はきわだっています。とりわけ第八回党大会（一九六一年）で確定された現綱領において、反帝反独占の民主主義革命の路線を確定したことの意義は、国際的にも特別に重要で先駆的な意義をもつものでした。党綱領は、「わが国は、高度に発達した資本主義国でありながら、アメリカ帝国主義になかば占領された事実上の従属国」（改訂前）との現状規定のもとに、当面する日本の革命の性格を、アメリカ帝国主義の支配を打破するとともに、独占資本の支配に反対して民主主義を実現する新しい民主主義革命と定式化しました。

これが、当時、世界的にもきわめて独創的な革命路線であったことは、一九六〇年にモスクワで開かれた八一カ国共産党・労働者党代表者会議での、この問題をめぐる論争の経緯をみてもあきらかです。その会議で、日本共産党はこの路線の国際的普遍性を主張しました。しかし、当時、資本主義国のなかの有力な党であったフランス共産党やイタリア共産党などの反対によって、この路線の妥当性は、声明文では「ヨーロッパ以外の」という地理的限定をつけて発表されました。

そこには、発達した資本主義国における革命は社会主義革命以外にありえないという教条的見地が、当時のフランス、イタリアにとどまらず、世界の共産主義運動において、いわば当然の常識とされ、日本でも日本社会党や日本共産党内で現綱領に反対して反党分子に転落していった少なくない人びとに共通する見解とされていた事実が横たわっていました。当時、ソ連共産党も、独占資本主義の段階では社会主義革命以外にありえないという教条から、日本共産党の路線を中国からの輸入とみなす的外れな見解をとっていました。

しかし、その後、三〇年余の歴史と日本と世界の人民のたたかいをつうじて、発達した資本主義国における民主主義のたたかい、民主主義革命の路線こそ、これらの多くの国における社会発展の法則的筋道に合致することが無数の事実によってあきらかになりつつあります。

今日、発達した資本主義国において、政治であれ経済であれ、国民的諸要求の圧倒的部分は民主主義的性格のものです。多くの発達した資本主義国で、民主主義的要求での国民の力の結集にこそ、社会発展の法則的展望があることは、ヨーロッパをふくむ世界の資本主義諸国の現実と人民のたたかいをつうじても、立証されつつあります。日本共産党の民主主義革命の路線は、「自由と民主主義の宣言」にしめされる生存の自由、市民的政治的自由、民族の自由の将来にわたる擁護・充実といった路線や展望とともに、その科学性、先駆性が浮き彫りになりつつあります。第二〇回党大会は、綱領の一部改定によって、民主主義革命の段階が日本の社会発展において歴史的段階としてもつ独自の意義を、よりいっそう明確にしました。

一方、社会主義革命を自明とみなして日本共産党に異をとなえたりしたヨーロッパの一連の党は、その後、フランスの党のように民主主義の課題の歴史的戦略的意義の不明確さから理論的政策的混迷を深めたり、イタリアの党のように、分裂して社会民主主義への変質をとげていきました。これらの党が、民主主義の根本前提をなす党と運動の自主性をみずから放棄するにひとしい立場にあったことも、すでにふれたようにソ連共産党への資金面からの依存の露呈によってはっきりしてきました。

日本共産党の民主主義の路線は、戦前、党が絶対主義的天皇制の専制支配に反対し、天皇制の打倒、主権在民、基本的人権の擁護の旗をかかげ、不屈にたたかいぬいた革命的伝統に裏打ちされています。民主主義がタブーとされた戦前の日本で、民主主義のたたかいとそのための国際的な連帯の歴史のなかに自己の席を見いだすことができるのは、日本においては日本共産党以外に存在しません。当時、日本の社会民主主義者が、社会主義革命論をかかげて天皇制とのたたかいを回避する、みずからの日和見主義を隠蔽《いんぺい》しようとしていたことと対比しても、民主主義の徹底した擁護者としての日本共産党の役割は明白です。

鮮明な人類の死活的緊急課題＝核兵器廃絶への道

二〇世紀における世界諸国民の進歩と変革の運動は、発達した資本主義国においてであれ、植民地・従属国においてであれ、独占資本主義、帝国主義の反動支配を人民の多数の利益をまもる方向で打破することを中心的な課題として発展してきました。そして、帝国主義の支配と抑圧からの民族の解放、政治反動と専制支配に抗しての民主主義の発展は、その本質的な内容をなしています。第二〇回党大会決議が指摘するように、戦前戦後の日本共産党のたたかいは、その「不滅の構成部分」となっています。そして、このことは、人類を二度まで破局に追いやった世界戦争をはじめとする戦争に反対し、平和を擁護するたたかいの前進についてもいえます。

とりわけ核兵器廃絶の問題では、事態はいっそう鮮明です。

戦後、約半世紀にわたって日本共産党は、核戦争の脅威から人類を救い、核兵器を廃絶するために、核固執勢力の妨害や、さまざまな反動的潮流による運動の攪乱、分裂策動とたたかいつつ、日本と世界の諸国民の運動の文字どおり先頭にたってたたかいぬいてきました。そして、その実践の裏づけのもとに、この問題で理論的にも他の諸党の追随を許さない科学的達成をなしとげてきました。

その核心は、党綱領にも、あるいは一九八四年の日ソ両共産党の共同声明（他のさまざまな問題での意見の対立、不一致を残しながら、核兵器廃絶の一点で一致して発表されたもの）などにもしめされています。

党綱領は、核戦争の脅威を一掃するたたかいを「共産主義者の第一義的任務」と規定しています。

核兵器の廃絶が人類の死活的緊急課題であること、核戦争の脅威を根絶するには、核兵器廃絶にかわる対案はないこと、その実現のためには核固執勢力を包囲し孤立させる世界の人民の力の結集、反核国際統一戦線が必要なこと、そうした人民の団結した力を背景に、大衆運動でも外交交渉でも、あらゆる舞台で核兵器廃絶を正面にすえてたたかう必要があること、そして核兵器廃絶の国際協定を実現してこそ核兵器の廃絶を実現できること、それぞれの国における非核の政府の樹立がそのために求められること、あれこれの実効ある部分的措置も核兵器廃絶のたたかいとむすんでこそ実現できること、核抑止力論、均衡論の誤りの暴露などは、その主な内容にふくまれます。

第二〇回党大会に参加した外国代表のなかからは、日本共産党綱領における核兵器廃絶の課題の位置づけそのものに感嘆の声が聞かれました。現に、世界各国ですすめられている「ヒロシマ・ナガサキからのアピール」署名運動のひろがりは、日本共産党と日本の革新勢力の提起している方向にこそ核兵器廃絶の問題での展望があることをしめしています。

二　日本共産党の立場は何によって形成されたか

では、日本共産党はこうした歴史と路線をどのようにして確立しえたのでしょうか。世界中で共産主義をかかげた党が破たんと混迷を深めるなかで、確固とした立場にたって日本と世界の進歩と変革の進路と展望をしめす日本共産党にたいして、心ある人からこのような質問が発せられるのは当然です。マニング氏も日本の友人への手紙で、「あなたがたの思考がどのようにしてそこに到達したのか」を理解することなしに、あなたがたに追いつくことはできない、と書いています。

筆者なりにいえば、この問題には、一つには世界のなかで日本がおかれてきた歴史的位置という客観的条件の側面があります。同時に、より根本には、そうした条件のもとで、日本共産党の主体的努力がどのようにおこなわれたかという本質的な問題があります。

前者についていえば、戦前戦後をつうじて、世界資本主義のなかで、日本が歴史的社会的諸矛盾のとりわけ鋭い集中によって国際的にもきわだった位置におかれていたことを指摘しないわけにはいきません。

戦前の日本は、「世界の主要な独占資本主義国の一つになってはいたが、農村では半封建的地主制度が支配しており、これらの土台のうえに、絶対主義的天皇制が反動支配勢力の主柱として軍事的警察的な専制権力をふるい、国民から権利と自由をうばい、アジア諸国にたいする侵略戦争の道をすすんでいった」（党綱領）。そこでは、帝国主義と被抑圧民族の矛盾、独占資本と人民の矛盾にとどまらず、絶対主義的専制権力とすべての労働者、農民、勤労市民との矛盾を中軸に、寄生地主制と農民の矛盾などが重層的にかさなり一体化し、それらが日本帝国主義のくわだてた侵略戦争によって、日本とアジアの諸国民への未曽有の苦しみと犠牲の強要をさけがたいものにしていました。

三二年テーゼによれば、「日本帝国主義は戦争の道にすすむことによって、軍事的＝警察的天皇制の支配を、勤労者にたいする前代未聞の専横と暴力支配とを維持し強固にし、農村における賦役《ふえき》支配を強化し、大衆の生活水準をなおこれ以上に低下せしめんと」していたのです。そして、日本帝国主義のくわだてた侵略と侵略戦争は、帝国主義と被抑圧民族の矛盾、軍国主義、ファシズムと民主主義の矛盾の現代世界におけるもっとも鋭い現れの一つをなしました。

それだけに、戦前、日本共産党のたたかいは、民主主義と民族解放、反戦平和のいずれにおいても、言語に絶する困難をきわめ、虐殺、拷問、長期の投獄と非人間的扱いなど多くの犠牲を強いられました。そして、この党の不屈のたたかいは、社会進歩を促進する立場からの時代の根本問題への真摯《しんし》なとりくみとして、日本における社会進歩の歴史においてはもとより、国際的にも重要な意義をもつことになったのです。

戦後の日本は、世界最強のアメリカ帝国主義による長期にわたる民族的抑圧のもとにおかれるとともに、このアメリカ帝国主義に従属した独占資本の搾取と抑圧によって、労働者、農民、中小企業、勤労市民は二重の苦しみをしいられてきました。加えて、そうしたなかでの社会変革の運動が、社会主義をかかげるソ連や中国による乱暴な覇権主義的干渉をうけたことは、すでにふれたとおりです。さらに、第二次大戦末期、アメリカ帝国主義による広島、長崎への人類史上最初の原爆投下による惨禍は、核兵器の廃絶への国民の党派をこえたつよい決意を生みましたが、この国民的悲願と決意は、日本と世界を存亡の危険にさらしつづけた核軍拡競争と、日米軍事同盟のもとでの米日反動勢力の核固執政策によってふみにじられつづけてきました。

一九回党大会冒頭発言にみる特徴づけ

このように、戦後の日本は、政治的にも社会的にも今日の世界が直面する根本的で主要な諸矛盾のいずれもが鋭く集中する位置におかれてきています。日本共産党の今日の歴史と路線は、こうした客観的条件のなかで形成されたものです。日本資本主義が、世界最強のアメリカ帝国主義に深く従属したまま、あらゆる犠牲を国民におしつけつつ世界第二位の経済力を誇る経済大国に成長するにいたったことは、そうした条件を今日さらにいっそうひろげています。

もちろん、こうした客観条件が自動的に日本共産党の歴史と路線をもたらしはしません。日本共産党の主体的な努力があってこそ、そうした条件を本当に生かすことができたのです。では、日本共産党の主体的努力を特徴づけるものはなんであったでしょうか。

日本共産党第一九回党大会の冒頭のあいさつで、宮本議長は、ソ連・東欧の破たんのなかで日本共産党が確固とした展望をもって前進していることについて、「日本共産党員でよかった」と、当時多くの同志が抱いた感慨にふれて、「わが党のこうした立場は、何によって形成されたか」を問い、つぎのようにのべています。

「それは、第一に、アメリカに従属した発達した資本主義国のもとでの解放闘争の任務として、反帝反独占の人民の民主主義革命という方向を提起し、活動していることであります。

第二には、アメリカ帝国主義の抑圧と干渉、中国、ソ連からの覇権主義的干渉にたいする反撃を自主的に展開してきたことであります。

第三に、人類史上はじめての核兵器による惨害を経験してきた民族の前衛という自覚にたって活動してきたことであります。おもにこの三つの立場の堅持によって、わが党の先駆的な立場が形成されたのであります。

発達した資本主義国での、独占資本の支配にたいする闘争経験と反帝闘争という二つの側面、この面でわが党は政治的理論的に成長いたしました。また、世界の共産主義運動の根本的で長期の病気である大国主義、覇権主義にたいするき然とした批判的能力を成熟させてきたのであります。全人類の緊急中心課題である核兵器廃絶への闘争と人民の進歩と前進のための闘争との弁証法的関係をつかみ、そのために国際的国内的課題を提起し、実践の先頭にたってまいりました。これらはさきにのべた三つの立場の堅持があったからこそできたのだと、私はあらためて強調したいのであります」

問題の核心はここに尽きていますが、さらに若干の点に言及しておきましょう。

創造的な展開を保障したもの

一つは、こうした日本共産党の創造的な理論的政治的展開が、マルクス、エンゲルス、レーニンらの理論の真髄に正確に依拠し、それを日本の現実に創造的に適用することによってもたらされたということです。

宮本議長が第一に指摘した反帝反独占の民主主義革命という綱領路線についても、それは、高度に発達した資本主義国でありながらアメリカ帝国主義に従属している日本の現状分析への科学的社会主義の、とりわけレーニンの帝国主義論の真髄の発展的な適用を重要な側面としています。レーニンは帝国主義の経済的政治的イデオロギー的本質を全面的に分析し、そのなかで帝国主義が、農業地域だけでなく「もっとも工業化された地域の併合をもめざす志向」をもち、「もっともすすんだ、もっとも教育のいきわたった、もっとも文化的な、技術の面では現代の進歩の水準にある国」をも民族的に抑圧すること、さらに民族的従属にはさまざまな「過渡的」形態がありうることなどを解明しました。発達した資本主義国である日本の対米従属という現状のわが党による科学的分析も、そこからの反帝反独占の民主主義革命という路線の導出も、レーニンのこうした分析に依拠してこそたしかなものとなったのです。

それは科学的社会主義の理論にたいする態度という点でも、当時、レーニンの『帝国主義論』があげている五つの経済的指標を日本に教条的機械的にあてはめて、日本が経済的には帝国主義の諸特徴をそなえていることから、政治、軍事、経済におよぶ対米従属を無視して日本を基本的には自立した帝国主義国と規定し、社会主義革命を主張した修正主義者の誤った議論と、きわだった対照をなしています。

民主主義の理論でも、日本共産党のそれがマルクス、エンゲルスの立場を日本の現実にそくして発展させたものであることは、「自由と民主主義の宣言」などにあきらかです。「自由と民主主義の宣言」は、「十九世紀四十年代に科学的社会主義者として活動をはじめたマルクス、エンゲルスは、国民の自由と民主主義にたいする、封建的あるいはブルジョア的ないっさいの制限に反対して、人民主権の国家、すべての国民への普通選挙権、出版・結社・集会の自由などを、もっとも徹底した形で実現することを、民主主義の根本問題として主張しつづけた」と指摘しています。

マルクス、エンゲルスは青年時代、ブルジョア民主主義的諸課題が未発達であった当時のドイツで、民主的共和制など民主主義の実現を社会進歩の当面する最優先課題とみなし、そのためにたたかいました。またかれらは、民主共和制の実現が、労働者階級の解放運動の勝利にとって欠くことのできない条件となることを疑いませんでした。さらに、社会主義の国家形態としても民主的共和制を想定していました。日本共産党の自由と民主主義論は、マルクス、エンゲルスのこうした見地を日本の現状にそくして発展させたものです。

もちろん、そうしたことを可能にしたのは、なによりも日本共産党が自主独立の立場にたって、どんな問題にたいしてもソ連などをモデルにすることをきっぱりとしりぞけ、日本の現実にそくして自分の頭で考える立場を堅持してきたことによってであることもあきらかです。その点で、科学的社会主義の原理原則の創造的適用・発展は、覇権主義反対、自主独立の立場と一体不可分です。

はかりしれない「五〇年問題」克服の意義

同時に、もう一つ強調したいのは、そうした自主的立場を確立するうえで日本共産党が、「五〇年問題」

を自主的に総括して克服したことの意義についてです。資本主義国の多くの党がソ連や中国の干渉あるいはそれらへの追随によって、分裂したり、解体したり、活力を失っていきました。そのなかで日本共産党は、徳田、野坂らの分派主義によって引き起こされ、ソ連、中国の干渉によって増幅された不幸な分裂を、自主的に克服して自主的立場で総括して、それをつうじて今日の綱領路線と自主独立の立場を確立してきました。そしてそのことが、日本共産党の自主独立路線の創造的発展の原点になりました。「五〇年問題」での徳田、野坂らの分派主義とソ連、中国などの干渉の実態が、北京機関のそれにもみるように、その後、いっそうリアルに暴露されるにおよんで、この問題の自主的克服の意義がどんなに重要であったかがいよいよ鮮明になっています。

その点で、宮本現議長のように、当時、徳田、野坂らの最悪の分裂主義、分派主義によって不当にも組織的に排除されながら、分裂に反対して原則的な態度をつらぬき、統一と自主的総括を導く先頭にたった党幹部の役割は、はかりしれないものがあります。コミンフォルムが一九五一年八月、徳田、野坂分派を擁護して、当時生まれていた統一への機運を妨害し、分裂を固定させた二度目の干渉をおこなった当時をふりかえって、宮本議長はつぎのように回顧しています。「私自身のコミンフォルム観は大きく変わらざるを得なかった。自分たちが身をもって日々切り開こうとしている日本共産党のまさに内部問題についての実情を知らない干渉の不当さというのが私の当時の判断の到達点だった」（一九八八年『五〇年問題の問題点から』「まえがき」）と。ここには、分裂の克服への主導が自主的立場の確立への前進と一体のものであったことが象徴的にしめされています。

日本共産党は「五〇年問題」の総括をつうじて、集団指導と民主集中制の組織原則を確固としたものとして確立してきました。その後の日本共産党の政治的理論的に正確で創造的な発展が、こうした組織原則とそれにもとづく党の集団的民主的運営によって保障されてきていることも、あらためて強調しておきます。

三 「ともにやろう」という立場で

宮本議長は新春インタビューで、マニング氏の手紙によせて、「日本共産党の集団指導は、『おれについてこい』式のリーダーシップというより、『ともにやろう』という式のもの」であることに注意をうながしています。日本共産党が科学的な路線を発展させながら、これを世界におしつける態度をとらないところが素晴らしい、というのがマニング氏の日本共産党にたいするもう一つの感想でもあります。

自主・平等、内部問題不干渉を原則とする国際連帯という立場から、ソ連や中国の覇権主義と長年にわたってたたかってきた日本共産党にとって、こうした見地はきわめて当然のことです。自国での社会発展の道の自主的探究こそ、国際連帯の基礎であることもあきらかです。

第二〇回党大会決議は、「日本共産党は、ソ連覇権主義の巨悪とたたかいつづけた党として、発達した資本主義国である日本での社会発展の自主的探究と前進こそ、国際連帯の最大の基礎であることを、深く自覚する。そして、各国で、科学的社会主義の事業を自主的に探究しようとする勢力、世界平和と社会進歩をまじめに追求しようという勢力――集団や個人との対話と連帯を発展させるものである」とのべています。

われわれは、日本共産党の歴史と路線の立脚する原則が、今日の世界において先駆的普遍的意義をもつことを信じてうたがいません。しかし、そのことは日本共産党が他国の活動家や運動に指示をしたり、号令をかけたりすることとは無縁です。それぞれの国の社会進歩の事業は、その国の革命運動、社会進歩の運動が科学的社会主義の理論にもとづいて自主的に探究することによってこそ切り開かれます。日本共産党は、世界の共産主義運動の巨悪であった覇権主義との闘争の経験をつうじて、そうした自主的立場にたつ各国の運動の発展を確信し、ソ連共産党の解体にあたって発表した声明でもその見地を内外にあきらかにしてきました。

そうした立場にたった国際連帯の萌芽が生まれつつあることは、第二〇回党大会に参加した一九カ国、一地域からの来賓のこもごもの感想をつうじてもあきらかです。その一端は、『前衛』一九九四年一〇月号で緒方靖夫国際部長が紹介しています。

資本主義世界の矛盾が必然的に深まり、その矛盾の根本的な解決をもとめる運動の各国における自主的な発展が必然である以上、どんな曲折があるにしろ、そうした国際連帯の発展をおしとどめることはできません。

日本共産党は、なによりも日本における社会進歩の事業を自主的に促進することによって、みずからの国際的責任を果たしていきます。歴史的にいえば、発達した資本主義国での革命はいまだ人類史上、一度も実現していません。日本のような発達した資本主義国での社会進歩と変革の事業が大きな世界史的意義をもつことについては、すでに第一五回党大会でもあきらかにされてきたところです。そこでは、「アジアにおけるただ一つの高度に発達した資本主義国――日本における労働者階級と人民の闘争が果たすべき役割は、国際的にもきわめて重大である」と指摘されています。

ソ連・東欧などが経済的にも社会主義と無縁であったという第二〇回党大会の認識によって、人類史上、社会主義への本格的な前進はこれからであり、まさに壮大な模索と実験の分野として未来に可能性がひろがっていることもいっそうあきらかになりました。世界第二位の経済力をもち、高度に発達した資本主義国である日本の社会変革のたたかいを前進させることが、この意味からも重要な世界史的意義をもち、それがいわば社会進歩のための真の「国際貢献」となることは、いよいよあきらかです。われわれはそうした大局的展望のもとに、アメリカ人民をもふくめて「ともにやろう」という立場で、当面の三大選挙勝利にむけて、政治的な「地殻変動」を現実のものとするたたかいに全力をあげる決意です。

「あれか、これか」でなく、弁証法の見地で
――複雑な激動する情勢を全面的、発展的にとらえるために――

はじめに――「きびしい情勢」と「やりがいある情勢」との関係は

八中総（日本共産党第八回中央委員会総会・一九八七年一八回党大会）決定の討議のなかで、「総じて非常にきびしい情勢」（冒頭発言）という指摘について、これを「いまほどわが党にとって、働きがいもあり、やりがいもある情勢」という七中総（第七回中央委員会総会）決定の規定と対立的にとらえ、一貫していないかのようにとらえる傾向が党内の一部にみられます。これについては、「赤旗」別刷学習党活動版「八中総決定の理解を深めるために――『困難なきびしい情勢』と『やりがいのある情勢』との関連は」（四月七日付）でも解明しています。

七中総の「働きがいもある情勢」とは、けっして情勢のきびしさを軽視したり、たたかわずして前進できるという意味ではありません。また総選挙後の情勢について八中総決定は、日米軍事同盟維持という古い政

治の枠組みに固執する自民党と国民の矛盾がいっそう深まり、また、日米軍事同盟容認、日本共産党排除という野党の「社公合意」路線の破綻もいよいよあきらかになるなかで、わが党の役割、任務がきわめて重大になっていることを指摘しています。つまり「やりがいのある情勢」という七中総決定の見地は、情勢の発展にそくして八中総にもつらぬかれています。

同時に、これから選挙をたたかうというときと、選挙結果をふまえて後退した原因解明をふくめ総括し教訓をひきだす見地とでは、情勢把握の力点のおきかたが異なるのは当然です。情勢の客観的側面についていえば、今日、七中総当時とくらべて東欧問題のいっそうの劇的展開と、これを利用した世界的な反共の嵐のたかまり、総選挙での自民党の安定多数確保とわが党の後退が、全体として反動攻勢の強まりという情勢の一定の変化をつくりだしていることをもみる必要があります。その点では、総選挙という階級闘争の一つの局面がたたかわれた結果生まれたあたらしい状況を、情勢の変化、発展の見地でとらえることが重要です。そういう意味でも七中総決定と八中総決定を対立的にみるのは、非弁証法的です。

八中総決定と七中総決定を矛盾するかのようにとらえるのは、「きびしいが、同時にやりがいのある」情勢のこうした複雑な関係と発展とをみることができないところからきています。その根本にあるのは、「あれか、これか」という単純な二者択一の物差しでものごとをとらえ、全面的なつながり、関連と発展の見地、つまり科学的社会主義のものの見方、弁証法の見地、考え方の根本の欠落、あるいは未習得です。

一　情勢の正確な理解をさまたげる思想的根源

重要なのは、こうした「あれか、これか」の見方が、今回にかぎらず、情勢の発展やたたかいの局面の変化のたびにくりかえし党内の一部にあらわれ、党がしめす科学的な情勢分析、方針についての正確な理解をさまたげ、情勢の困難な側面だけをみて敗北主義におちいったり、変化、発展をみることのできない機械的・教条的誤りをも生みだす思想的要因の一つとなっていることです。

昨年七月の参院選挙では、わが党は中国の天安門事件という突風の直撃をうけて、これをはねかえしきれず後退を余儀なくされましたが、消費税はじめ悪政にたいする国民の憤激が自民党を惨敗させ、戦後史上はじめて参院で同党を過半数割れに追い込むという歴史的意義のある事態を生みだしました。ところが、「あれか、これか」の見方では、わが党が勝ったか、負けたかという基準でしか問題をとらえることができず、選挙結果とそれをめぐる情勢全体からきりはなしてわが党の後退を孤立的、一面的にみて、敗北主義、消極主義におちいる傾向さえ生まれました。

また同じく昨年、消費税をはじめとする自民党の悪政にたいする国民の怒り、世論と運動の高揚のなかで、社会党が「社公合意」に固執しながら、弱点や限界をもちつつも消費税廃止など国民の欲求にこたえる言動をおこなわざるをえなくなったさい、常任幹部会がこの変化を「歴史の矛盾であるが、国民の『深部の力』への一定の順応」(九月十五日の常任幹部会の訴え)と指摘して、これへの正しい対応の必要を説いたときにも、「あれか、これか」の見地に立つ一部の人は、社会党右転落を批判してきたこれまでの党の態度と矛盾するでないかとか、さらになかには、〝方針がくるくる変わる〟とか、党中央が弁証法の名で詭弁をもてあそんでいるかのように批判するという事態さえ生まれました。

これは、みずからが「あれか、これか」という、せまい、硬直した思考、反弁証法的考え方にとらわれ、そのために弁証法的な見地で科学的、全面的、発展的に情勢をとらえることができないにもかかわらず、そのことを棚に上げて党の方針に見当はずれな非難をむけるという、二重にも三重にも誤った態度でした。

こうした「あれか、これか」論は、エンゲルスが『空想から科学へ』で指摘しているいわゆる形而上学的（反弁証法的）思考の典型です。エンゲルスはそこで、「形而上学者にとっては、事物とその思想上の模写である概念は、個々ばらばらな、一つずつ順次に他のものと関係なしに考察されるべき、固定した、硬直した、いちどあたえられたらそれっきり変わらない研究対象である。形而上学者は、まったく媒介のない対立のなかで考え、かれのことばは、しかり、しかり、いな、いなであり、それ以上に出ることは、悪から来るのである（新約聖書マタイ伝のなかのことば）」（新日本文庫３９ページ）とのべています。このような見地からは、複雑な情勢とその変化・発展を全面的に科学的にとらえることは不可能です。

エンゲルスはつづいて、「この考え方は、いわゆる常識の考え方であるので、一見したところきわめて明白なようにみえる」（同）とものべています。つまり、われわれの日常生活では、こうした形而上学的思考はごくあたりまえに、不断にくりかえされているものの見方、考え方であり、日本共産党員といえども、科学的社会主義の唯物弁証法の世界観、哲学的基礎をまなび、よく習得する努力をしなかったり、それらをまなんでも知識にとどめて自分の考え方、ものの見方として応用し、活かす努力をしなければ、複雑な情勢の展開というような問題を扱うさいにも、おうおうにしてこうした形而上学的思考におちいることになります。

情勢の全面的で科学的な分析、歴史的・発展的な分析にもとづいて、日本の社会進歩をおしすすめるたたかいの先頭に立つのが日本共産党です。しかも日本は、高度に発達した資本主義国でありながら、アメリカ帝国主義になかば占領された事実上の従属国であり、政治、経済、イデオロギーのいずれの分野も情勢はきわめて複雑で流動的です。そのうえ、東欧問題をはじめ国際情勢も激動のただなかにあり、わが国は直接間接にその影響を不断にうけています。そうしたなかで、日本共産党員として、科学的社会主義の党にふさわしく情勢とその発展を的確につかんでたたかうには、「あれか、これか」の思考の水準にとどまることなく、弁証法の見地にたって複雑な情勢をありのままに、全面的・発展的にとらえる力を身につけることがどうしても必要です。昨年の拡大全国都道府県委員長会議（一九八九年九月一八～一九日）のあいさつで宮本議長はこの点について、わが党の『基本課程』（当時の党内学習テキスト）での弁証法の記述を紹介しながら、「この基本課程教育ぐらいの哲学の初歩的命題を各級機関のメンバー自身も実践的に体得することが重要です。六中総以後の情勢への無理解のさまざまな実例が、わが党にまさに弁証法的唯物論の立場からの認識を要求するのです」とのべているところです。

二　弁証法の見地で情勢をとらえるとはどういうことか

では、弁証法とはなにか、弁証法の見地で情勢をとらえるとはどういうことか。

『基本課程』は弁証法について、「第一は世界（自然や社会）やわたしたちのまわりにある物事（事物）を関連や相互関係、つながりとしてとらえるということです」、「第二は、すべてを、たえず運動し変化し、生まれては消えていくもの、つまり不断の『運動と変化、生成と消滅』においてとらえるということです」とのべています。ここに、弁証法の考え方の核心が簡潔にのべられています。

マルクスは『資本論』第二版後書きで、「弁証法は、ブルジョアジーやその空論家たちにとっては腹立たしいものであり、恐ろしいものである。なぜならば、それは、現状の肯定的理解のうちに同時にまたその否定、その必然的没落の理解を含み、いっさいの生成した形態を運動の流れのなかでとらえ、したがってまたその過ぎ去る面からとらえ、なにものにも動かされることなく、その本質上批判的であり、革命的であるからである」とのべています。

エンゲルスも『空想から科学へ』で、世界の弁証法的なありかたについて「関連と相互作用が無限にからみあった姿であり、この無限のからみ合いのなかでは、どんなものも、もとのままのところ、もとのままの状態にとどまっているものはなく、すべてのものは運動し、変化し、生成し、消滅している」と書いています。また、『フォイエルバッハ論』では、「世界はできあがっている諸事物の複合体としてではなく、諸過程の複合体としてとらえられなければならず、そこではみかけのうえで固定的な諸事物も、われわれの頭脳にあるそれら諸事物の思想上の映像、つまり概念におとらず、生成と消滅のたえまない変化のうちにあり……」とのべています。『基本課程』の記述は、こうしたマルクス、エンゲルスの思想の核心をわかりやすくまとめたものです。

エンゲルスは、同じ『フォイエルバッハ論』のなかでつづいて、「この根本思想は、とくにヘーゲル以来、普通の人びとの意識によくしみこんでいるので、こういうふうに一般的にいいあらわされたところでは、おそらくほとんど異論はなかろう。しかし、この根本思想をことばのうえで承認することと、これを実際の研究のそれぞれの領域にわたって個々に遂行することとは、別のことである」と指摘しています。エンゲルスの当時でさえそうですから、こんにち、ここにのべられている思想そのものについて、その一般的な表現のかぎりでは疑いをはさむ人はまずいないでしょう。エンゲルスが自然を弁証法の試金石と呼んだように、自然科学のこんにちにいたるあらゆる成果をみても、自然の弁証法的あり方、姿をいかんなく証明してきているからです。

重要なのは、そうした思想を一般的に認めるにとどまらず、弁証法の見地でものを考えたり、情勢をとらえるということです。それには、全面的な見方、歴史的・発展的な見方、考え方、すなわち弁証法の核心について深くまなぶとともに、その見地をつらぬくよう努力し習熟することが大事です。ロシア革命の指導者レーニンは、第一次世界大戦をはさんで激動する当時の情勢を分析するにあたって、とくに弁証法を深くまなび、意識的に適用した一人ですが、「弁証法が要求しているのは、相互関係の具体的発展を全面的に考慮にいれることであって、あるものの一片、他の一片を引っぱりだすことではない」（全集㉚、８８ページ）という趣旨のことをくりかえしのべています。

全面的で発展的な認識、見方のために、レーニンがとりわけ強調したのは、ものごとを「あれか、これか」に一面化することなく、あい対立する諸側面、諸要素、働きの統一においてとらえることです。レーニンは「哲学ノート」とよばれる遺稿で、「世界のすべての過程を、その〝自己運動〟において、その自発的な発展において、その生きいきとした生命において認識する条件は、それらを対立物の統一として認識することである。発展は対立物の〝闘争〟である」とのべています。レーニンはまた「弁証法は簡単に対立物の統一の学説と規定することができる。これによって弁証法の核心はつかまれるであろうが、しかし、これは説明と展開を要する」（同）とも書いています。

つまり、ものごとはすべて、どんなに単純にみえるものであっても、実際にはつねに複雑な関連のうちにあり、一つのもののなかにまったくあい反する側面、要素、働きなどが同時に存在している、そのうちの「あれか、これか」ではなく、対立物の統一としてとらえることが重要なのだ、それによってこそ全面的な認識に到達できるばかりか、ものごとの発展をも正しく認識できる、なぜなら発展とは「対立物の闘争」だから、というわけです。

レーニンのこうした見地の重要性は、今日の日本の情勢にそくしてみればあきらかです。日本の現状を米日反動勢力と人民との矛盾、対立を軸にとらえる党の綱領路線については、いうまでもありません。最初にのべた「やりがいのある情勢」と「きびしい情勢」についても、それらが「あれか、これか」別々にではなく、同じ情勢の重要な二つの側面として同時に存在すること、社会党の右転落という本質は変わらなくても、世論の反映としてそれと矛盾する一定の変化が同党の言動にあらわれうること、東欧の事態は、本来日本共産党の路線の正しさ、先見性を証明するはずなのに、東欧問題での反共の嵐で党が前進をはばまれることなど、いずれもあい反する傾向、働き、現象が同時に同じ情勢、党をめぐって存在し複雑に関連しあって、変化・発展していることをしめしています。その両面を、両者の相互関係、その変化、発展とともに正しくとらえてこそ、はじめて全面的な認識となるのです。

そしてたとえば、「やりがいのある情勢」の特徴を正確につかみ、そこに確信をもつとともに、東欧問題など情勢のきびしさをも同時に正確にとらえて、これを重視して力を結集し、それをのりこえる取り組みをしてこそ、「やりがいある」情勢を党の前進にむすびつけることができるのです。単純な「あれか、これか」で臨むかぎり、そうした全面的な情勢の認識も、それにもとづく科学的な方針によるたたかいも、とうてい不可能なことはあきらかです。

三　弁証法は、「あれも、これも」という折衷主義ではない

では、ものごとや情勢の諸側面を「あれも、これも」とあげつらうのが全面的なとらえ方、弁証法的な見方かというと、そうではありません。無限に多面的な諸要素、側面からなりたつ事物や現象、情勢について、そのなかの本質的な諸要素、諸側面と、それらの相互の関係を、変革の立場、実践的な立場からの具体的な研究、分析をつうじてあきらかにしてこそ、正確で全面的な認識になるのです。レーニンは、われわれが実践的な見地からものごとを正確に規定しなければならないときに、「あれも、これも」の見地をとることを折衷主義としてきびしく批判し、しりぞけています。

一九一七年のロシア革命後の一九二一年に、社会主義建設における労働組合の役割をめぐってボリシェビキ（ロシア語で多数派という意味。一九〇三年のロシア社会民主主義党（のちのソ連共産党）第二回大会において中央諸機関の選挙でレーニンを中心とする革命派が多数をえたことに由来する呼び名）党内に論争がおこり、トロツキーらがその条件もないのに労働組合に性急に一面的に生産管理の任務をおしつける誤った

主張をし、これにたいして生まれたばかりの社会主義国・ソ連で労働組合の教育的機能（管理の学校、経営の学校、共産主義の学校としての）を重視するジノビエフ、レーニンらと対立したさい、ブハーリンが論争のなかに割ってはいりました。そしてブハーリンは、「同志ジノビエフは、労働組合は共産主義の学校であるといったが、同志トロツキーは、これは行政的・技術的生産管理機関である、と言った。……この命題は二つながら正しく、これらの両命題の結合が正しいのである」と主張しました。これにたいしてレーニンは、ブハーリンの見地を「マルクス主義弁証法の折衷主義によるすりかえ」としてきびしく批判して、つぎのようにのべています。

「ブハーリンの立場が、生気のない、無内容な折衷主義であるというのは、なぜか？　なぜならブハーリンにあっては、所与の論争の歴史全体をも、また所与の時期、所与の具体的事情のもとでの問題の取扱い方全体、問題提起全体——あるいは、たぶん、問題提起の全方向——をも、自主的に、自分自身の見地から分析しようとする試み（マルクス主義、すなわち弁証法的論理学は、それを無条件に要求しているのだが）は露ほどもないからである。……彼は、ほんのすこしの具体的研究もなしに、まったく抽象的なやり方で問題を取あつかい、ジノビエフから一片、トロツキーから一片をとっている。これこそ折衷主義である」（「ふたたび労働組合について、現在の情勢について」全集㉜、９３ページ）

ブハーリンは自分の折衷主義の立場を正当化するために、コップの例をもちだして、これは円筒でもあり、飲むための道具でもあると主張します。これにたいして、レーニンは、コップはこれら二つの性質だけではなく、無限に多くの他の属性、性質、側面をもっている、コップは重い物体であって、投げつける道具となりうる、文鎮にもなるなどと指摘しながら、「もし私が飲むための道具としてコップを必要とするなら、それが円筒であるかどうか、それが本当にガラス製かどうかは、わたしにとってまったく重要でない。そのかわり底にひび割れがないこと、このコップを使うときにくちびるを傷つけたりしないこと、等がたいせつである」（同９０ページ）と反論します。

つまり、レーニンがここで強調している弁証法的な認識とは、よく調べ、研究もしないでものごとの表面だけをみてあれこれあげつらって、全面性、客観性をよそおうことではまったくなく、具体的な状況、場面をよく研究、究明して、そこでどのような要素、性質がどのように対立、関係しあっているかを具体的にあきらかにし、なにが重要か、本質的な問題かを実践的に明確にしなければならない、ということです。

その点についてレーニン自身のまとめを引いておきましょう。

「弁証法的論理学は、われわれがもっとさきへ進むことを要求する。対象を本当に知るためには、そのすべての側面、すべての関連と『媒介』を把握し、研究しなければならない。われわれは、けっして、それを完全に達成することはないだろうが、全面性という要求が、われわれに誤りや感覚喪失に陥らないよう用心させてくれる。これが第一。第二に、弁証法的論理学は、対象を、その発展、『自己運動』（ヘーゲルがしばしば言っているように）、変化においてとらえることを要求する。このことはコップについては、すぐには明らかにならない。だが、コップとて、永久に不変ではない。また、とくにコップの用途、その使用、その周囲の世界との連関は変化する。第三に、人間の実践全体は真理の基準としても、対象と人間が必要とするものとの連関の実践的規定者としても、対象の完全な『規定』にはいらなければならない。第四に、弁証法的論理学は、故プレハーノフがヘーゲルにならってこのんで言ったように、『抽象的真理はない、真理はつねに具体的である』ことをおしえている。……いうまでもなく、私は、弁証法的論理学の概念を説きつくしたわけではない。しかし、さしあたりは、これで十分である」（同92ページ）

レーニンが強調するように、弁証法は、折衷主義とは無縁です。全面的発展的な認識は、変革者として実践的な方向が明確になるような、深い具体的研究に裏づけられたものでなければならないのです。たとえば、正当防衛が緊急に必要な状況のもとで、その状況を全体として正確に判断すれば、コップは飲むための器としてではなく、身をまもる武器として明確に規定しなければならないこともありうるのです。

今日のわが党のたたかいについていえば、思想建設も重要だが、機関紙拡大もあり、大衆運動もある、財政問題もあるし、中間選挙もあるなどなど、諸課題をただあげつらったとしても、それはまさに問題にたいする折衷主義的接近以外のなにものでもありません。今日の日本と世界の情勢を全面的具体的に分析して、東欧問題での世界的な反共の嵐が党の存立の根幹にかかわる攻撃であることを正確にとらえ、これにゆるがず胸を張って前進できる党の質的強化をはかることの第一義的意義を明確にし、その課題を正面にすえつつ、同時に、この中心課題と諸課題との関連をもあきらかにして、「あれか、これか」でなく諸課題の総合的な推進をはかることこそ、弁証法の見地ということができます。

四　弁証法と詭弁について

弁証法は、固定した硬直した見方でも、「あれか、これか」の二者択一論でもなく、事物、現象を対立した諸側面、諸要素、働きの統一、不断の変化、発展としてとらえますから、そこで使われる概念はきわめて柔軟で流動的になるのが特徴的です。そのこともあって、弁証法はときに詭弁と混同されたり、弁証法の名のもとに詭弁を弄するということもおこります。しかし、弁証法と詭弁とは、全然別のものです。このことをしっかりと理解することが弁証法を正しく運用するうえで重要です。

弁証法と詭弁との根本的違いについてレーニンは、「哲学ノート」のなかでつぎのようにのべています。

「諸概念の全面的な、普遍的な柔軟性、対立物の同一にまで達する柔軟性、——ここに（弁証法の——筆者）核心がある。この柔軟性が主観的に適用されると＝折衷主義と詭弁、客観的に適用された柔軟性は、弁証法であり、世界の永遠の発展の正しい反映である」（全集㊳、83ページ）

ここでレーニンがのべているのは、弁証法とは、客観的な世界、事物、現象を具体的全面的に研究、分析して、対立した傾向や働き、要素とそれらの相互関係、変化と発展を明らかにする立場、つまり唯物論の見地にしっかり立つのが唯物論的弁証法であり、これにたいして、事物、現象のなかからあれこれの要素、傾向などを主観的、御都合主義的にとりだして推理、推論して、自分に都合のよい結論を主観的にひきだすのが、詭弁だということです。つまり、事実にもとづく具体的で全面的な研究に立脚しない、一面的、観念的推論が詭弁です。

たとえばある「著名な」反共右派知識人が、共産党は、その前身が共産主義者同盟（ブンド）であり、ブンドは同盟、束の意味である、一方ファシズムの語源であるファッショもイタリア語の「束」である、だから共産主義とファシズムは、対立しているかのようにみえるが同一である、という議論を展開したことがありますが、これなど、まったく恣《し》意《い》的主観的な類推によって共産主義とファシズムの本質的な違いをぬりつぶす、という意味で、まさにそうした詭弁の極端な一例です。

レーニンは、一九一六年の論文「ユニウスの小冊子」のなかで、ドイツの社会民主党の急進左派とみられる同冊子が帝国主義戦争に反対する原則的な立場に立ちながら、この戦争ではどんな民族戦争も帝国主義戦争に転化しうることを理由に帝国主義のもとでの民族戦争を否定する誤りにおちいっているのを批判して、つぎのように指摘しています。

「帝国主義戦争と民族戦争がたがいに転化しうるということを根拠にして、両者の区別を抹殺するようなことをやれるのは、詭弁家だけである。弁証法は、ギリシャ哲学の歴史でも、一度ならず、詭弁哲学への橋渡しになった。だがわれわれは、あらゆる転化一般の可能性を否定することによってではなく、あたえられたものをその環境のなかで、またその発展のなかで具体的に分析することによって、詭弁哲学とたたかうときに、弁証法家としてとどまるのである」

レーニンは、第一次世界大戦をめぐって第二インタナショナルの社会民主主義諸党が労働者階級の立場を裏切って帝国主義戦争に協力していったさい、これとのたたかいのなかで弁証法と詭弁について多くのことを論じています。なぜなら、第二インターのなかでも、とくにドイツのカウツキーやロシアのプレハーノフらは、きたるべき戦争の帝国主義戦争としての本質を明確にして各国社会民主党がこれに断固反対してたたかう決意を表明したバーゼル宣言(一九一二年)をもふみにじって戦争協力の立場に転落しながら、自分たちをいぜんとして労働者階級の利益の擁護者であるかのようによそおうために、ありとあらゆる詭弁を弄し、それを弁証法的であるかのようにみせかけようとしたからです。そのため、これらの詭弁とのたたかいは、レーニンにとって、革命闘争の前進のために欠くことのできない課題となったのです。

レーニンは論文「第二インタナショナルの崩壊」(一九一五年)などで、プレハーノフやカウツキーらが、みずからの階級的裏切りをごまかし、正当化するためにあれこれ論じているのを詳細に批判して、その詭弁を一つずつ具体的にあばいていています。

たとえば、プレハーノフは、科学的社会主義が解明すべき戦争の本質、階級的性格の問題を、だれが戦争をはじめたかの問題にすりかえ、「張本人」はドイツだとして、これを論拠にツアーリへの協力を弁護しますが、これについてつぎのように批判します。

「弁証法を詭弁とすりかえるという高尚な仕事にかけては、プレハーノフはレコードをやぶった。詭弁家は『いくつかの論拠』のうちの一つをぬきだすが、すでにヘーゲルが正当に述べているように、世界のどんなことのためにもかならず『論拠』はみつかるものである。弁証法はあたえられた社会現象をその発展において全面的に研究し、外的なもの、外見的なものを、根源的な推進力に、すなわち生産力の発展と階級闘争に帰着させることを要求する。プレハーノフは、ドイツ社会民主党の新聞から一つの引用文を抜きだしてくるが、それによると、ドイツ人自身が、戦争のおきるまえにオーストリアとドイツが張本人であることを認めていたという――それだけである」

レーニンはカウツキーについても、彼がもちだすさまざまな論拠を一つひとつ批判し、それが弁証法ではなく詭弁であることを証明しています。たとえば、帝国主義が超帝国主義に発展し、平和な国際関係をもたらす可能性についての論議でドイツ帝国主義とのたたかいの放棄を合理化するとか、帝国主義戦争のなかに民族戦争もありうる――ここではセルビアの独立運動――ことを理由に、帝国主義戦争にたいする幻想をふりまくなどなどです。これらにいちいちたちいることはしませんが、レーニンの結論はつぎのとおりです。

「弁証法がもっとも卑劣な、もっとも卑しい詭弁に転化しているのだ！」。「科学的＝進化的方法の最新の成果であるマルクスの弁証法は、対象を孤立的に、すなわち一面的に、またかたわにゆがめて観察することを、まさしく禁じているのだ」。「一般に科学的研究の、とくにマルクス弁証法の、第一の基本的な準則は、社会主義における諸流派――裏切りについて語り、さけびたて、これについて警鐘を鳴らす流派と、裏切りを見ようとしない流派――のあいだの現在の闘争と、それ以前にまる数十年にわたって行われてきた闘争とのつながりを考察することを著作家に要求している」（同233～237ページ）

レーニンのこれらの論戦は、今日のわれわれにとっても教訓的です。なぜなら、政治の世界では、反動諸党派が国民をあざむくために詭弁を駆使することは日常茶飯事であり、これとのたたかいを軽視するわけにいかないからです。

同時に日本においても、あるいはヨーロッパにおいても、第二インタナショナルの流れを受け継ぐ社会民主主義諸党が、とくに日本では日本社会党が日米軍事同盟容認、反共分裂主義の立場に固執し、あるいはそれを増幅させて国民との矛盾を深めながら、なお革新をよそおい、勤労人民の味方にみずからをみせかけるために、やはりさまざまな詭弁をもてあそんでいるからです。そのことは、われわれが毎日のように目撃しているところです。

社会党は、日米軍事同盟・自衛隊容認の立場を一段とつよめつつ、さきの大会でも「平和と軍縮の党」をアピールしています。また、日米軍事同盟・自衛隊容認、日本共産党排除の「社公政権合意」をむすんだのは、公明党などの右寄りを引き止めるためだなどと強弁してきました。外交防衛政策には継続性が必要だから、野党連合政権では日米軍事同盟、自衛隊は容認する必要がある、あるいは日本共産党排除の「社公合意」路線に固執して、消費税廃止などでのわが党の国民的共同・暫定連合政府の提唱には背をむけながら、言葉のうえでは消費税反対でのすべての勢力の共同をとなえるなどなど、かぞえあげればきりがありません。

これらがいずれも、みずからの右転落をおおいかくし、ひきつづき「平和・革新の党」を演出しつづけるための詐術としての本質的側面をもつことは、同党について多少なりとも研究した人にとっては疑問の余地のないところです。同党は、たしかに「平和・革新の党」をアピールするためにあれこれの諸課題をかかげてはいます。しかし、日本の平和と社会進歩をはばみ妨害する根源が日米軍事同盟にあることが日々具体的事実であきらかになっているもとで、この軍事同盟を容認する態度をあらためようとさえしないでいて、いくらあれこれの課題をならべてみても、それによって同党の本質的立場はいささかもかわるものではなく、むしろ矛盾がふかまるだけです。また、日米安保・自衛隊容認の「社公政権合意」が七〇年代後半いらいの反動攻勢、反動勢力による反共・革新分断の攻撃への屈服であり、それが公明、民社の右傾化を食い止める戦術などでまったくなかったことは、今日では明白です。それはまさに同党の社会進歩への弁証法的な変化、発展などではなく、右転落をとりつくろうための卑劣な詭弁にほかならなかったのです。

同党がいう野党連合政権の安保・防衛政策での「継承性」を口実にした自民党基本路線への同調についても、消費税廃止などでの国民的共同とあいいれない日本共産党排除合理化論についても同様です。そこで社会党が主張する議論は、同党があおちいっている理不尽な立場をもっともらしくみせかけようとする苦しまぎれの詭弁にほかなりません。そうした議論は、事態の全面的具体的な分析と日本社会の法則的発展の見地に立った、つまり、弁証法的見地に立った科学的な主張、見解とはおよそ無縁のものです。

今日、日米軍事同盟の古い枠組みに固執する米日反動勢力と国民と矛盾がますます深まり、その一方で、この日米軍事同盟容認を不動のものとする社公民などの「社公合意」路線の破綻と混迷もいよいよ深まるなかで、これらの諸党がますます詭弁にたよることはさけられないでしょう。反動勢力とともに、社会民主主義諸党のこうした詭弁、国民欺まんとたたかい、これを国民のまえであばききることなしには、革新勢力の前進はのぞめません。その意味でも、第二インタナショナルの指導者たちの詭弁にたいするレーニンのたたかいとそれをつうじての弁証法についての解明、展開は、今日、あらためて見直されてよいし、また学ぶべき多くのものをふくんでいるといってよいでしょう。

なお、日本共産党が社会党右転落をきびしく批判しつつ、消費税廃止などで生まれたこの党の一定の変化を的確にとらえたこと、さらに総選挙後の八中総決定では、「社公合意」路線の破綻が明白になっているにもかかわらず、自民党との連合志向をつよめる公民両党にひきづられる同党の態度にあらためて批判的な指摘をしているのは、事態の変化、発展についての弁証法の見地からの具体的全面的な分析によるものであり、詭弁とは無縁です。そのことも、誤解のないように念のために指摘しておきます。

おわりに

弁証法は、ドイツ古典哲学が自然科学の当時の最新の成果にも立って哲学的に一般化し、マルクス、エンゲルスがこれを唯物論哲学の立場から批判的に継承、発展させたものです。それは、科学的社会主義の学説の構成要素の一つである弁証法的唯物論の哲学を特徴づける、人類の知的達成のもっともすぐれたものの一つです。自然科学と社会進歩のその後の歴史は、この考え方の正しさを疑問の余地なく証明してきています。それは「あれか、これか」のせまい、硬直した思考からも、「あれも、これも」という表面的な折衷主義からもまぬかれた、まして詭弁とは無縁の、真に高度の知的、科学的な考え方、ものの見方です。

これを身につけ、実践のなかで正しく運用することは、科学的社会主義の党と党員にとって、ものごとを全面的・発展的にとらえ、正確な方針のもとで活動するうえで欠かすことのできないきわめて重要な課題ということができます。

レーニンについていえば、その生涯においてもっとも集中的に、ヘーゲル、アリストテレスにもさかのぼって弁証法について研究したのが、第一次世界大戦の勃発と第二インタナショナルの階級的裏切りというまさに激動の情勢のなかであったことも教訓的です。弁証法についてのそうした研究は、『帝国主義論』などの著作をはじめその後のレーニンの活動に生かされています。

今日のように複雑で激動する情勢のもとで、この情勢を全面的に正しくとらえ、日本と世界の社会進歩、発展について科学的な確信をもってたたかうために、弁証法の見地は、これまでにもまして必要不可欠となっています。科学的社会主義のそもそも論の深い学習が強くもとめられているなかで、そのことをあらためて強調しておきます。

科学的社会主義と人間の問題

赤旗まつりでの宮本議長あいさつの重要な意義

第三二回赤旗まつり三日目の一一月三日（一九九二年）、記念式典のあいさつで宮本議長は、「人間の問題」に言及し、「党創立七〇周年記念の赤旗まつりにあたって、私たちの運動体が、政治的理論的な成熟をめざすだけでなく、新しい人間集団として、連帯と相互批判でも成長することを、私は心からねがうものであります」とむすびました。短いあいさつですが、ここで述べられた内容は、今日、科学的社会主義にもとづく運動の前進にとって、またそれをになう人間と組織の問題にとって、きわめて重要な意義をもっています。

そのなかには、つぎのような言葉がふくまれています。

「仲間の人が困っているときにこそ世話をするのが、人間を大切にする第一歩であり、同志愛のある党生活であります。プロレタリア・ヒューマニズムが大事だといわれているのもそのことです」「どこからも第三者として判定するものはないのでありますから、『批判と自己批判』は活動の発展の源泉であり、原動力であります。とくに、自分を分析するということは、勇気のいることですが、それをやらないと人間は前進できません」「よく政治的、理論的水準が低い、あるいは高いということがいわれますが、それだけでなく、人間の出来具合、品性という言葉でいわれてきました人間的水準ということが、党活動でも、大事な基準になっております。このことが、いま新しい課題となっておりますが、こんごもかならずそうなるでしょう」「組織と人間という関係でみますと、正しい方針を実践する努力のなかでこそ、正しい人間関係は結ばれ発展するものであります」

これらの言葉は、その一つひとつが科学的社会主義と人間の問題について、きわめて本質的で今日的な根本問題を提起しており、そのそれぞれが独自に探究し解明するに値するテーマでもあるといえます。それは、いわゆる「野坂問題」と、そこからの現時点での教訓といった範囲に決してとどまるものではありません。

体制選択論攻撃うちやぶるうえでも重要

このあいさつと、そこでのべられた諸命題のもつ今日的意義について、ひとまずつぎのように整理しておきたいと思います。

第一に、ソ連・東欧問題を利用した体制選択論攻撃をうちやぶるたたかいをすすめるうえでの重要性です。

科学的社会主義が人間性を否定するかのようにいう反共デマ宣伝は、以前からありました。今日、科学的社会主義を世界観的に否定し、日本共産党の存在意義を抹殺しようとする体制選択論は、スターリンによる大量粛清などをもひきあいにだしつつ、科学的社会主義と党が人間をないがしろにし、人間を尊重しない思想であり組織であるといった宣伝を、このときとばかりくりひろげています。

こうした攻撃にたいして、スターリンの弾圧・専制支配などが、科学的社会主義の理論・原則と、まったくあいいれないことを明確にするにとどまらず、科学的社会主義こそ、だれよりも人間的抑圧に反対し、もっとも人間を大切にする思想であり、理論であることを積極的におしだし、その理解を国民的にひろげることが、きわめて大事になっています。宮本議長の「人間の問題」の提起は、この意味で非常に重要な今日的イデオロギー的意義をもつといわなければなりません。

第二に、日本共産党がいまとりくんでいる「党創立七十周年記念・総選挙躍進めざす特別月間」の三つの課題の一つ、七中総決定と選挙八文書の全党員読了、文字どおり「かけ値なしに一〇〇%の読了」の課題ともかかわり、すべての党員の初心を大切にし、さまざまな困難をかかえる同志を「あの人はダメ」と突きはなすのではなく、そういう同志にこそあたたかい援助の手をさしのべるという、プロレタリア・ヒューマニズムにつらぬかれた党をつくる重要性です。

反動勢力による党と党員、党支持者への攻撃が政治、思想、暮らしのあらゆる分野でつよめられているいま、日本共産党がこうした攻撃をうちやぶって前進するには、一人ひとりの党員が直面する困難や苦しみを、人間的な援助、同志愛によって克服し、すべての党員の初心を生かす党活動、党運営を実現することがいよいよ重要となっています。この点で、議長の問題提起は特別に重要で深い意義をもっています。

第三に、社会変革のたたかいにおける人間の自己変革の問題を提起し、そのための自己分析、相互批判の意義をあらためて明確にしていることです。日本共産党とその党員が前進するうえで、このことのもつ今日的意義は、いまあらためて強調されなくてはなりません。

第四に、組織には人間味がないとか、組織は自由を抑圧するといった俗説や宣伝にたいして、組織と人間の統一的発展という問題を提起していることです。「正しい方針を実践する努力のなかでこそ、正しい人間関係は結ばれ発展する」という指摘は、その核心をなしているといえます。組織と人間の統一的発展は、日本共産党のすべての党組織が、そのいっそうの前進のために、いま真剣な努力をもとめられる大きな課題でもあります。

最後に、理論的水準にとどまらない、人間的品性という問題です。それが提起している重要な含意と意義は、社会進歩をめざす人間にとって十分深めるに値します。

実践的活動のなかでの革新的変化に信頼

宮本議長のあいさつは、すでに紹介した言葉につづいて、「人間の発展についての探究は、いまに始まったことではありません。実に百五十年前、そのころから科学的社会主義の創設者たちが、人間の核心的変化に信頼をよせ、それは実践的活動のなかでのみ可能であるとしたのであります。そうしてこそ、社会を新しくつくる力量を身につけられるようになることに注目したのであります。それは、マルクス、エンゲルスが当時書いた『ドイツ・イデオロギー』のなかにもあります。そういう点で、私たちが、この問題で人間的にも一番できている党といわれるようになりたいと、私は考えております。それはけっして歴史的にも早すぎることではないのであります」とのべています。

この指摘にも触発されて、科学的社会主義と人間の問題にかんするマルクス、エンゲルスらの論究にもたちかえりつつ、議長あいさつの提起の理解を深める立場から、以下、重要と思われるいくつかの問題について考察しましょう。

一 科学的社会主義と人間の解放

エンゲルスは「共産主義とはなにか」という問いにたいして、「共産主義とは、プロレタリアートの解放の諸条件にかんする学説である」(「共産主義の原理」、マルクス・エンゲルス全集第四巻381ページ、以下全集は○数字で略記)と答えていますが、もともと科学的社会主義の理論とそれにもとづく私たちの運動は、そのときどきの社会の根本的な矛盾を解決し、社会の法則的発展をうながすとともに、究極的には人間の真の解放をめざしています。

人間の解放——自由な人間の共同、個性の全面的開花

近代における共産主義、社会主義思想は、資本主義の搾取と抑圧が労働者階級と勤労人民にもたらした想像を絶する貧困、労働苦、無権利、道徳的退廃など、あらゆる非人間的な弊害、惨状にたいする人間的な憤り、批判、告発という、ヒューマンな動機を出発点、原点としています。科学的社会主義の学説は、この近代の共産主義、社会主義をその思想的源泉の一つとし、資本主義のもとでもっとも苦しめられ虐げられた労働者階級の自己解放、この階級のすべての人びとの人間としての尊厳と権利の、高い歴史的水準での回復を歴史的使命として登場しました。

この学説、理論が展望するのは、資本主義の枠を乗りこえた社会の進歩、人類の理想である共産主義社会の実現です。科学的社会主義を理論的指針とする日本共産党の綱領は、日本におけるそうした人類史の未来について、「共産主義のたたかい段階では、生産力のすばらしい発展と社会生活のあたらしい内容がうちたてられる」とし、そこでは「原則としていっさいの強制のない、国家権力そのものが不必要になる共産主義社会、真に平等で自由な人間関係の社会が生まれる」とのべています。そして日本共産党は、このような社会の建設をめざしつつ、当面する反帝反独占の人民の民主主義革命の達成のためにたたかっています。

この「自由な人間関係の社会」の特徴は、一つは、そこにおいて真に人間らしい連帯と共同が実現されるということです。マルクス、エンゲルスは共著『共産党宣言』で、「階級と階級対立のうえに立つ旧ブルジョア社会に代わって、各人の自由な発展が万人の自由な発展の条件であるような一つの協同社会が現われる」（④496ページ）と書いています。マルクスは、この社会を構成する人間の経済生活の側面について、

つぎのように指摘しています。

「そのときにはじめてブルジョア的権利の狭い視界を完全に踏みこえることができ、社会はその旗の上にこう書くことができる——各人はその能力におうじて、各人にはその必要におうじて！」（「ゴータ綱領批判」⑲、21ページ）。

もう一つは、この共産主義社会では、すべての人間の個性と能力が全面的に発展・開花するという展望です。エンゲルスは「共産主義の原理」で、共産主義社会が「社会全体が共同で、また計画的に経営する産業は、あらゆる面に素質の発達した、生産の体系全体を見とおせる人間をなによりも前提としている」とし、「産業教育および仕事の交替によって、すべての人の生産した利益にあらゆる人があずかることによって、都市と農村との融合によって、全社会成員の能力を全面的に発展させること。——以上が私的所有を廃止したおもな結果である」と書いていています（④、393ページ）。

マルクスも『資本論』で、共産主義社会を「各個人の十分な自由な発展を根本原理とするより高い社会形態」（㉓b、771ページ）と特徴づけています。こうした展望を、マルクスやエンゲルスの著作のいろんなところに発見することは容易です。

このように、人間の解放による真に自由で平等な人間の連帯と共同の実現、すべての人間の個性と能力の全面的発展、開花——ここに、人間の問題をめぐる科学的社会主義の歴史観の根本見地があります。

必然の国から自由の国への人類の飛躍の展望

科学的社会主義は、人類の歴史が、そうした未来社会へ到達するのをねがうにとどまりません。そのときどきの社会の法則的発展の促進を基本にしつつ、人類史的展望についても、その実現への歴史の必然性、法則性を、史的唯物論にもとづいて科学的に裏づけています。

エンゲルスは、「これら二つの偉大な発見、すなわち唯物史観と、剰余価値による資本主義的生産の秘密の暴露とは、マルクスのおかげでわれわれにあたえられたものである。これらの発見によって社会主義は科学になった」（⑲206ページ）とのべました。レーニンも「マルクスの哲学的唯物論だけが、こんにちまですべての被抑圧階級にいじけた生活をおくらせてきた精神的奴隷状態から抜けでる道を、プロレタリアートにしめした。マルクスの経済理論だけが、資本主義全体の構造のなかでのプロレタリアートの真の地位をあきらかにした」（「マルクス主義の三つの源泉と三つの構成部分」レーニン全集⑲9ページ）と書いています。

マルクスとエンゲルスは、階級闘争が歴史発展の原動力であるという見地にたって、生産力の高度な発展を基礎に、生産手段を社会化し、計画的に運用することによって、資本主義の根本矛盾を解決し、すべての国民に豊かで真に人間らしい生活を保障する共産主義社会への人類史的発展の展望を科学的にしめしました。エンゲルスは、『反デューリング論』のなかで、そうした社会主義・共産主義への人類の前進について、「これによってはじめて、人間は、ある意味で決定的に動物界から分離し、動物的な生存条件からぬけだして、ほんとうに人間的な生存条件のなかに踏みいる」「これは、必然の国から自由の国への人類の飛躍である」（⑳292ページ）とのべました。これが、科学的社会主義が提示する人類史の壮大な法則的展望です。

一九一七年のロシア革命で成立したソビエト政権は、おくれた歴史的条件から出発し、あらゆる困難に遭遇しながら、レーニンの指導のもとで、徹底した平和外交や民族の自決権の擁護、社会保障制度の先駆的実施、男女平等など、人類史上はじめて社会主義の理念の実現にむかって歩みを開始し、短期間に目ざましい先駆的成果もあげました。しかし、その後のスターリンいらい、科学的社会主義の学説・理論をふみにじる覇権主義、官僚主義・命令主義によって、社会主義・共産主義の人間解放、人間的自由の理念を根底からふみにじる誤った政策、路線がとられ、それが長期につづきました。それは、社会主義・共産主義について、これが本来の姿と無縁であるのをみぬけない人びとの失望をまねき、世界各国で反共勢力に反共攻撃の格好の材料を提供する結果ともなりました。

日本の現実に適用した人間尊重の思想

そうしたなかで、日本共産党が自主的立場から科学的社会主義の本来の立場を堅持し、自由と民主主義を擁護し発展させる立場を明確にし、その路線を充実、発展させてきたことはよく知られています。その理論的実践的意義は、今日、国際的にもはかりしれないものがあります。

日本共産党が一九七六年の第一三回臨時党大会で決定した「自由と民主主義の宣言」はそのことを端的にしめしています。そこでは、生存の自由、市民的政治的自由、民族の自由の三つの自由を将来にわたって擁護、発展させる立場が明確に宣言されています。それは、人間解放を本来の歴史的使命とし、近代民主主義と自由、人権尊重の思想と制度を全面的に継承し、発展させる科学的社会主義の立場、理論を、今日の日本の現実にそくして具体化したものということができます。

一九八〇年の日本共産党第一五回大会は、発達した資本主義国が社会主義に前進するにあたって、人間の個性の発展が重要な歴史的条件となることを明確にしました。このことも、人間の問題とのかかわりで特別な意義をもっています。第一五回大会決議は、「マルクスは、発達した資本主義が社会主義にひきつぐべき歴史的遺産として、高度の物質的生産力とともに、人間の『個性』の発展の諸条件をあげたことがある」として、日本のような発達した資本主義国での社会進歩と変革の事業の勝利がもつ歴史的意義をあきらかにしています。

マルクスは、人類の歴史を個性の発展という見地から考察し、資本主義以前の、人間が支配者に人格的に依存していた時代、つぎに資本主義的搾取関係への実質的従属――「物的依存性」のもとでの人格的独立の時代＝資本主義の時代、さらに高度な生産力を基礎にした自由な個性の時代＝社会主義・共産主義という三段階にわけ、第二段階は第三段階の「自由な個性」の時代の諸条件をつくりだすとみなしました（『経済学批判要綱』高木幸二郎監訳、大月書店、第一分冊）。資本主義のもとで、自由な商品交換などの経済的基盤のもとで、その生産関係による歴史的制約をうけつつ、独立・自主の人格と個性、主権者意識などがつちかわれ、それがつぎの新しい発達した社会、個性の真に開花する社会をつくる人間的条件をはぐくむという重要な指摘です。

こうした見地をひきつぎ、日本において自由と民主主義、人間個性の発展を促進・充実させる社会主義・共産主義への歴史の進歩を展望する日本共産党の立場、路線は、それがまさに科学的社会主義の学説に合致し、真の人間解放をめざす運動と組織にふさわしいものであることをしめしています。

二 「教育者自身が教育されねばならない」──変革者の自己変革

批判と自己批判は活動発展の源泉、原動力

われわれの運動が、このように人間の真の解放という使命と目的をもち、発達した資本主義国の民主主義的個性をはぐくむものであるとすれば、その運動における人間と組織のあり方という問題も、その使命と目的に照らして検討されなくてはなりません。

歴史的な使命にふさわしく、われわれの運動と組織が、ほんとうに人間を大切にし、困った人がいれば援助の手をさしのべる血のかよった組織として運営され、発展しているかどうか。こうした問題もその一つです。それは、努力なしに実現するものではありません。

意識的な努力をおこたれば、どんなりっぱな目標をかかげた組織や運動であっても、たとえそれが、前衛党を自任する党を構成する組織であっても、そこに停滞や後退、あるいは官僚主義、実務主義、行政的指導などの正しくない傾向、誤りが生じることはさけられません。そこで、とくに社会変革のたたかいにおける人間の自己変革、人間的成熟ということが大きな問題になります。

赤旗まつりで宮本議長のあいさつが、「どこからも第三者として判定するものはないのでありますから、『批判と自己批判』は活動の発展の源泉であり、原動力であります」と指摘したことの特別の重要性も、こ

の点にあります。

生徒なら、先生がいて、発達の度合いを判定し、まちがいを指摘したり、みちびいたりしてくれます。しかし、教師自身は自分で学び、努力する以外にありません。まして、社会変革をめざす組織、政党、その党員にとって、みずからの努力、つまり自己分析、自己批判と相互批判による以外に、進歩と自己変革のすべはありません。第三者に期待はできないのです。ここに、われわれにとっての自己批判と相互批判の特別に重要な意義があります。それがどんなに勇気のいる、困難なことであっても、われわれが前進をのぞむなら自己分析、自己相互批判をおこたってはならない、もしそれをおこたるときは、変革主体として停滞と後退をまぬかれない――、議長の言葉からこういう観点を深く学びたいと思います。

マルクスによる〝社会進歩と自己変革の弁証法〟

このことは、哲学的にも重要な意味をもつ問題です。

マルクスが青年時代に、フォイエルバッハの唯物論哲学を批判的に検討し、自分が到達した世界観的立場を箇条書きしたメモが、「フォイエルバッハにかんするテーゼ」としてのこっています。その第三のテーゼでマルクスは、「環境と人間の変化にかんする唯物論的教説（マルクス以前の――引用者）は、環境が人間によって変えられ、そして教育者自身が教育されねばならぬことを忘れている。それゆえこの教説は社会を二つの部分――そのうちの一方の部分は社会を超えたところにある――に分けざるをえない」（③3〜4ページ）とのべました。これは、それまでの機械的唯物論が、環境が人間をつくるという見地には立つが、人間によって環境がつくりかえられることを認めず、歴史と社会について、指導者と大衆、社会変革をもっぱらリードする人と、もう一方でその人たちにもっぱらはたらきかけられ、教育の対象となる大衆とに機械的にわけてとらえていたのを批判したものです。

真の教育とは、教師が生徒に教えるにとどまらず、教師みずからが教育者として高まる不断の努力をすることによってこそ実現されます。同様に社会の変革においても、変革主体が社会と人びとにはたらきかけるにとどまらず、はたらきかける側が、その実践のなかで自己変革し、人間的成長をとげてこそ、その事業を真に成功させることができる、これがマルクスの思想です。これは、日本社会の変革をめざす私たちにとって、きわめて重要で根本的な歴史観、人間観といわなければなりません。

宮本議長が赤旗まつりのあいさつで紹介したマルクス、エンゲルスの共同著作『ドイツ・イデオロギー』では、この根本思想をさらに展開して、つぎのように述べています。

「この共産主義的意識の大量産出のためにもまた主義そのものの成就のためにも人間たちが大きく変化することが必要なのであって、このような変化はただなんらかの実践的運動、なんらかの革命のなかでのみおこなわれうる。したがって革命が必要なのは支配階級を倒すにはそれ以外に方法がないからというだけではなく、また倒すほうの階級はただ革命のなかでのみ古い垢をわが身から一掃して、社会を新しくつくりうる力量を身につけうるようになるのだからである」（③65〜66ページ）

変革者、私たちの場合、日本共産党員が、歴史と社会にはたらきかけるとともに、その実践のなかでみずからが自己変革をすすめ、自己をたかめ人間として成長する。そして、より高い水準でさらに歴史にはたらきかける。このように変革のたたかいと、そのなかでの変革者の自己変革、そして両者の相乗的発展によってこそ、社会は進歩するし、成長し自己変革をとげた人間による新しい社会の建設も可能となる。これが、マルクスが展開した社会と人間の進歩についての弁証法です。歴史の進歩は、社会変革の実践のなかで変革主体が自己変革をとげ、「古い垢」を一掃して前進することなしにはすすまない。ここに社会進歩についての大切な真理があります。

激動の情勢のなかでの学習の重要性

フォイエルバッハにかんするテーゼの最後にマルクスは、「哲学者たちは世界をただ様々に解釈してきただけである。肝腎なのはそれを変えることである」という有名な言葉を記しています。科学的社会主義の世界観、歴史観の根本的立場の表明といえます。この根本見地は、社会変革のために歴史にはたらきかける、その人間の自己変革、人間的成長という問題でもつらぬかれなければなりません。

フォイエルバッハをふくむそれまでの唯物論哲学の主要な欠陥は、「対象、現実、感性がただ客体の、または観照の形式のもとでのみとらえられて、感性的人間的な活動、実践として、主体的にとらえられないことである」(第一テーゼ)、とマルクスは批判しました。そして、フォイエルバッハのように抽象化された非実践的な人間ではなく、歴史的階級的社会に生き、実践し、この社会を変革する人間こそが問題だと主張します。そこからマルクスは、労働者階級と勤労人民が階級闘争をつうじて社会を変革し、社会進歩をおしすすめる歴史観、史的唯物論にむかってすすみました。人間は、社会のしくみと発展法則を認識し、この社会を変革することができる。これが科学的社会主義の歴史観の根本です。それは、変革主体の自己変革、人間的成長があってはじめて可能となります。ここに、社会変革、社会進歩についてのマルクスに深い洞察があったのです。

余談ですが、マルクスの死後、そのテーゼを発表するさい、エンゲルスは「教育者自身が教育されねばならぬ」という根本見地を欠いた古い唯物論者の例として、ロバート・オーエンをあげています。空想的社会主義者のオーエンはフランス唯物論に特徴的であった、人間は環境の産物であるとの教説にもとづいて、当時、劣悪で不衛生な環境のもとに放置されていた労働者の子女のために、幼稚園をはじめて創設したりした人でもありました。そしてアメリカでの共産主義の実験に失敗し破産したのちも、終生イギリス労働運動に一身をささげた、まれにみる尊敬すべき人物です。にもかかわらず、この人のその後の生涯にみるべき思想的理論的進歩がなかったことは、エンゲルスの指摘と無縁でないように思われます。

社会と歴史にはたらきかける人間にとって、不断の学習が特別に重要であることも、あらためて強調されてよいでしょう。今日の激動の情勢のなかで日本共産党員が大会決定、中央委員会決定、とくにいま、七中総決定と選挙八文書をよく読み学ぶことなしに、情勢を正確に認識し、情勢にふさわしい活動をすすめ、国民にはたらきかけることはできません。日本共産党が、党の各級機関での独習、集団学習を特別に重視しているのも、それによってこそ、党の指導機関が情勢におくれず、党の方針にもとづく正確な政治的思想的指導によって、一人ひとりの党員の初心をいかし、ふるいたたせ、当面する諸課題を達成できるからです。

実践をとおしての真理の認識という弁証法的唯物論の認識論の重要性についても、一言しておきます。フォイエルバッハの第二テーゼは、「人間的思惟に対象的真理がとどくかどうかの問題はなんら観想の問題などではなくて、一つの実践的な問題である。実践において人間は彼の思惟の真理性、すなわち現実性と力、此岸性を証明しなければならない」とのべています。実践をつうじて真理に到達し、その真理性を実践で検証してさらに認識を発展させる。この認識論の見地を、活動のなかでつらぬくことは、変革主体の自己変革、とりわけ理論的知的向上にとって欠かせません。

三　「組織と人間」の問題について

社会進歩のたたかいにおける人間の問題、人間の自己変革の問題は、そこにおける人間の相互関係、人間と組織の問題でもあります。人間解放をめざす組織と人間の問題について、解明すべき問題は多々ありますが、宮本議長のあいさつの内容にかかわって三つの問題についてのべたいと思います。

四人の若い女性党員の人間的成長と誠実さ

一つは、「正しい方針を実践する努力のなかでこそ、正しい人間関係はむすばれ発展する」という宮本議長の指摘にかかわってです。正しい方針の実践をつうじて、実践者自身が自己変革をとげ、急速な人間的成長をとげてこそ、そうした人間関係は現実のものとなるでしょう。

宮本議長もあいさつでふれましたが、戦前の党の活動のなかで、絶対主義的天皇制の野蛮な弾圧と不屈にたたかいぬいて、二十歳代前半で生涯を終えた四人の女性党員の人間としての生き方に、そのすぐれた実例をみることができます。伊藤千代子、高島満兎、田中サガヨ、飯島喜美です。

この若い女性たちは、党の路線への確信のもとに、特高によるどんな拷問や虐待、辱め、長期にわたる投獄にも屈することなく、最期まで一人の同志を敵に売り渡すことも、そうした危険にさらすことも、こばみぬきました。伊藤千代子は獄中にあって、同志で最愛の夫の裏切りと、それへの同調を執拗《しつよう》に迫る検事の脅迫に耐えぬき、心身ともに健康を破壊されて死にます。飯島喜美は、重い結核で身動きもできずに独房に横たわり、一言も口を割らず、みずからの死を迎えます。遺品のコンパクトには、彼女の覚悟をしめす「闘争・死」の三文字が刻まれていました。

この少女らの生きざまは、正しい方針とともに同志への信頼、同志への信義を、そしてその人びとにつらなるはたらく人びとへの人間的な連帯を、みずからの命にかえてもまもりぬいた、文字どおり人間としての誠実さと気高さにつらぬかれています。天皇制の暗黒専制支配と侵略戦争に反対し、社会進歩をおしすすめる正しい方針の実践のなかで、短期間のあいだにこの女性たちは成長し、これ以上ない逆境のなかで、もっとも人間的な信義と品位をまもりとおしたのです。

赤旗まつりの日本共産党館で、この人たちの展示コーナーにくぎづけとなった多くの参加者たちの世代をこえた感動と共感、そしてその人たちの目にあふれた涙に、半世紀の時の経過を超越して、この少女たちに人間的連帯をよせる同志たちの崇高な感情にもふれることができました。日本共産党館を担当し、このコーナーの展示に直接たずさわった当事者の一人としての深い感慨でもあります。

組織と人間の統一的発展は可能

もう一つは、組織と人間の統一的発展という問題です。十一月六日にひらかれた全国都道府県委員長会議の報告で志位和夫書記局長は、赤旗まつりでの議長あいさつを引用しつつ、『宮本顕治文芸評論選集』（新日本出版社）第四巻あとがきのなかから、「組織と人間の統一的発展の可能性」について論じた一節を紹介し、「わが党にとって、組織と人間とは統一的に発展しうるものなのだ、という確信をもって、一人ひとりの同志にほんとうに心をよせ、まさに全党員がいきいきと力を発揮する党をつくりあげなければなりません」とのべています。組織が人間をダメにするとか、人間味がないといった攻撃がひろくおこなわれているなかで、この問題もきわめて重要です。

宮本議長は『文芸評論選集』の「あとがきで」で、一九五〇年代のはじめ、新日本文学会の運営を牛耳るにいたった近代主義者の官僚主義・非民主的運営を批判するとともに、作家の伊藤整などが、組織と人間を対立させ、組織が人間の自由を抑圧するかのように主張しているのを批判して、つぎのように述べています。

「伊藤整が『組織と人間』という設定で、組織にある人間の宿命的非人間性という主題をくりかえし書いた。私は、これを信じたことはない。この組織と人間の統一的発展の可能性にこそ、組織を武器にする新しい人間、新しい歴史の前進の保障があると信じている」（606～607ページ）

組織と人間についての重要な真理が、ここに語られています。

たしかに、社会進歩に逆行する自民党などの組織、派閥や、これらの党や反動勢力が組織し、人びとを実質上、強制的に加盟させる組織は、非民主的運営によって構成員の人間的自由を抑圧し、腐敗・堕落もまぬかれません。宿命的な組織悪についての議論は、こうした事例をもちだして、みずからの主張を正当化しますが、これは不当な一面化といわなければなりません。社会進歩とむすびつく組織において、組織と人間の統一的発展の可能性は、否定されるどころか、それによってこそ歴史の新しい前進が保障されることは、われわれにとっては、今日、自明です。

日本共産党という組織にとって、その発展、前進をになうのは一人ひとりの党員であり、その政治的、理論的、人間的成長です。正しい方針のもとで、そうした成長を可能にするのが党組織です。その統一的発展こそ、われわれの前進の確固とした保障です。

同時に強調したいのは、組織と人間のそうした統一的発展は、自動的にではなく、正しい基準にもとづく党運営の自覚的な努力によってはじめて保障されるのだということです。民主集中制こそ、その基準であり、この組織原則に厳格にのっとって党が運営されてこそ、そうした統一的発展を促進することができます。日本共産党規約が、前文で「日本共産党の組織原則は、民主主義的中央集権制である。党内民主主義の保障は、党員および党組織の積極性と創意性をたかめ、自覚的な規律をつよめるとともに、党内のゆたかな意見と経験を集約し、個人指導を排して集団的指導を実現し、党の指導力をたかめるうえでかくことができない。しかし、このような党内民主主義が、党の中央集権制と正しく統一されてこそ、党は、団結をつよめ、強力な実践力を発揮することができる」と定めていることは周知のところです。

そうした党運営をすすめるうえで、とりわけ党機関や支部指導部の役割は重大です。機関と支部指導部が民主集中の組織原則を厳格につらぬくとともに、一人ひとりの同志の役割、能力、個性に十分気をくばり、その力と適性を最大限発揮させる指導に熟達することが、決定的に重要です。そうした努力によってはじめて、組織と人間の統一的発展を保障し、歴史のあらたな前進をかちとることができるのです。反対に、民主集中制からはずれ、官僚主義や自由分散主義におちいるなら、組織と人間の統一的発展どころか、その両方をだいなしにしてしまうことにもなりかねません。

なお、組織と人間の統一的発展について解明した文献として、志位書記局長が一九八七年に書いた論文「今日における組織と人間――青年の生き方の問題にもふれて」(『激動する世界と科学的社会主義』、新日本出版社所収)があります。今日の青年の意識についての分析をふまえたすぐれた労作として、あげておきます。

困っている人への援助は党組織、党活動の原点

最後に、この問題ともかかわって、「仲間の人が困っているときにこそ世話をするのが、人間を大切にする第一歩」という、宮本議長の指摘についてです。正面からこういわれて異をとなえる人はいませんが、この「第一歩」を党活動のなかで本当につらぬくかどうかが問われます。社会進歩のためにたたかう組織と人間の関係の原点、出発点にもたちかえって考えるに値します。

よく知られるように、マルクス、エンゲルスの共著「共産党宣言」は「万国のプロレタリア団結せよ！」の言葉でむすばれています。レーニンも、「プロレタリアートは、権力獲得のための闘争において、組織のほかにどんな武器ももたない」（「一歩前進二歩後退」⑦445ページ）とのべました。

労働者階級はなぜ団結し、つまり組織に結集しなければならないのか。いうまでもなく生産手段とも、また、いかなる権力とも無縁で、抑圧と搾取に苦しむ労働者、勤労大衆が、一人ひとりではばらばらで無力であり、強大な資本や権力にたちむかうことはできないからです。団結し、組織に結集して、おたがいに協力し、たすけあい、はげましあうことによって、はじめて大きな力をもち、強大な敵とたたかうことができるのです。それによってのみ、みずからの人間的要求、人間らしい生活へのねがいを実現することができるのです。わかりきったことですが、ここにたたかう組織の原点、根本精神があります。労働者階級の前衛を自任する共産党員にとってもそのことは例外ではありません。

したがって、同じ組織、党内で、物質的精神的困難に直面したり、あるいは、さまざまな事情で、心ならずも活動の中断を余儀なくされたりする同志に、あたたかい援助の手をさしのべることは、たたかう組織にとってなによりも大切な任務であるはずです。それこそ、組織が組織として力を維持し発揮する出発点、原点だからです。多くの日本共産党員が、苦しい生活やさまざまな困難のなかで、根深い反共偏見や反共攻撃ともたたかいつつ、さまざまな曲折をもへながら多年にわたって初心をつらぬいて活動をつづけてきているのも、そうした血のかよった同志愛、相互援助に大きくささえられてです。

それだけに、たとえ一部であれ困難に直面した同志を長期にわたって放置したり、あるいは「あの人はダメだ」とか「戦力にならない」として、事実上、差別し排除するようなことが現実に存在するとすれば、たとえ事情がどうあるにせよ、たたかう組織の原点、そもそもの根本精神に反することといわなければなりません。

よく、「わかってはいるが、いろいろ課題があって、とても手がまわらない」との弁解も耳にします。しかし、それは組織の存在理由にもかかわる根本問題を、事実上、第二義的にしか位置づけていないことを物語っています。七中総は、七中総決定と選挙八文書の全党員読了を文字どおり一〇〇％やりぬくことを決定しましたが、それは、総選挙躍進へ全党の力を総結集するとともに、体制選択論攻撃をはねのけて前進するための政治的・思想的援助をすべての党員につらぬくためでもあります。いまとりくまれているこの読了問題についても、組織と人間の関係の原点にたちかえって、その重要な意義を正確に認識したいものです。

党創立七〇周年を記念する今年の赤旗まつりのあいさつで宮本議長が、「困っているときにこそ世話をする」「同志愛のある党生活」「プロレタリア・ヒューマニズム」の問題を、「人間の問題」の第一に語ったことの深い意味を、あらためて考え自己検討をすすめようではありませんか。

世界最終戦争《ハルマゲドン》の狂信と科学的社会主義

オウム真理教の理性と人間性への破壊的攻撃

乗客など多数の人を殺傷した、残忍な地下鉄サリン事件をひきおこした容疑が決定的になっているオウム真理教は、数年まえから、実質的には、宗教団体の仮面をかぶった狂信的な反社会的集団に変質していたことが、今日では多くの人の目に浮き彫りになっています。人道と人権をふみにじるその反社会的犯罪行為にたいして、きびしい糾弾が必要であるとともに、もう一つ黙視できないのは、一部の青年をこうした蛮行にひきいれていくそのいかがわしい〝教義〟の思想的内実です。

とくに、オウム真理教の〝教義〟の核心ともいうべき核兵器などによる第三次世界大戦を不可避とする〝ハルマゲドン（最終戦争）〟の〝予言〟は、人類の進歩と理性にたいする冒涜《ぼうとく》であるとともに、それによって、人権も人命もふみにじる無法で凶悪な犯罪行為へ信徒を恫喝《どうかつ》的にかりたてる主要な精神的手段となってきました。

こうした無責任で非合理、非人間的な狂信をきびしく指弾するとともに、その非科学的本質を見抜いて、この狂信の波及を許さない科学的批判力、判断力、科学的な社会観、世界観と、それにもとづく社会発展への科学的展望、現実の諸問題にたちむかう勇気を、とくに青年たちのなかに培うことが特別に重要となっています。そして、そういう側面からも、科学と理性の立場、人間尊重の立場を首尾一貫してつらぬく科学的社会主義の今日的生命力が、いよいよ存分に発揮されなければなりません。こうした立場から、オウム真理教の〝ハルマゲドン〟の虚妄をめぐって、若干の考察をおこないます。

一 〝ハルマゲドン〟とはなにか

人類の願いに挑戦する第三次世界大戦不可避論

〝ハルマゲドン〟という言葉自体は、キリスト教の新約聖書の「ヨハネの黙示録」にでてくるイスラエルのテルアビブ近くの地名で、この世の終わりに神と悪魔の最後のたたかいがおこなわれる場所、転じてそのたたかいを意味します。オウム真理教が、ヒンズー教のシバ神を主神に、古代ヨーガ、原始仏教、大乗仏教を背景とする教義をうんぬんしながら、キリスト教の聖書の言葉をその教義の中心にとりいれること自体に、この教団の思想的無節操ぶりがしめされています。

それはともかくとして、オウム真理教の教祖である麻原彰晃が説く〝ハルマゲドン〟とは、どのようなものでしょうか。麻原自身の言葉を紹介しましょう。

「一九九七年にハルマゲドンが勃発することは間違いない。この戦争においては核兵器をはるかに超える最新兵器が飛び交うことになる。そして非常に多くの人々が死ぬことになる」（『麻原彰晃　戦慄の予告』第二

集）

「皆さんが日々修行をしっかり行ない、そしてその日々の修行によって、自分自身の状態を神々に変え、……原爆が投下されたとしても、平然と生きていけるような身体をつくること。このような意識状態で皆さんがこれから生活するならば、一九九〇年代に何が起きようとも、あるいは二〇〇〇年代に何が起きようとも、皆さんにとって全く問題ないはずです。それをわたしはあたえるために、ここに存在している」（『日出づる国、災い多し』）

「オウム真理教はハルマゲドン（最終戦争）に対していろいろ準備をしている。準備は何かというと、それは例えば毒ガス兵器を受けたときどのような防御をしたらいいのか……」（九四年三月『教学システム教本』）

「第三次世界大戦が起きることを今は喜んでいます」（九四年十二月ラジオ放送）

麻原は、一九九三年ころから、こうした世界破局の切迫をとくに強調するようになります。そして、信者のなかに絶望的な危機感をあおりつつ、一方で、これに生き残る超能力をつけるためと称して、すべての財産を放棄しての出家による〝解脱〟をあおり、そのための薬物投与、長時間の断食、眠らせない、熱湯につける、土のなかに埋めるといった、非人間的修行を強要しました。そして、これに耐えられず、脱会を希望するものについては、監禁したり、暴行をくわえたり、さらに正常な意識を麻痺《まひ》させる危険な薬物を投与するなど、おそるべき人権蹂躙《じんけんじゅうりん》、人命無視の犯罪行為をエスカレートさせていったのです。

同時にもう一方では、熱核戦争、生物化学戦争に備えるという名目で、教団の武装化やサリンをふくむと思われる毒ガスの製造など、宗教団体とはおよそ相いれない方向へ暴走し、「敵」への反撃の名目で多くの人命を危険にさらす謀略的な攻撃をも辞さないところまでつきすすんだのです。そのいきついたところが、地下鉄サリン事件のように、無差別大量殺戮《さつりく》という犯罪史上例のない蛮行であったとしても不思議はありません。

しかし、もしも麻原のいうように熱核兵器などによる第三次世界大戦がひきおこされたら、人類の破滅はさけられません。その意味で核兵器による第三次世界大戦とは、それがもたらす恐るべき破局という点で、これまでのどのような戦争とも、その意味が決定的に異なります。だから、そうした戦争は絶対におこしてはならないし、そのために人類のあらゆる英知と努力を結集しなければなりません。これが、世界と日本の平和をねがうすべての人びとに共通する立場であり、ねがいです。人類の存続という立場にたつならば、それ以外の前提にたつことは断じて許されません。

麻原のように、第三次世界大戦（最終戦争）を不可避とし待望さえすることは、こうした世界と日本の圧倒的多数の人びとの平和へのねがいとも、その実現のためにたたかう理性の立場とも相いれません。それは、人類のそうした努力への許しがたい挑戦といわなければなりません。

ここには、オウム真理教による理性と人間性への破壊的攻撃が端的にあらわれています。この集団が、理性と科学、民主主義のもっとも徹底した擁護者である日本共産党にたいして、共産主義は「悪魔」ときめつけるなどして本能的ともいえる敵意をむけ、反共謀略集団としての本性をむきだしにするのも、こうした反動的本質によるものといってよいでしょう。

宗教的終末論とは異質

世界の終末論についていえば、そうした観念自体は、宗教的世界観にひろくみられます（キリスト教、ユダヤ教、ゾロアスター教など）。しかし、オウム真理教の〝ハルマゲドン〟は、これらとは異質のものです。

第一に、宗教的終末論の多くは、たとえばゾロアスター教が善神アフラと悪神アーリマンのたたかいにそれをみるように、多くの場合、そこでいう世界の終末は観念的な想念であって、現実世界の問題として主張される場合には、地震など自然現象である天変地異による破局を予言するものが多数です。世界の破局を、現実世界の、しかも複雑な国際政治の延長としての戦争、それも核兵器による第三次世界戦争の不可避的到来とするオウムの終末論は、他の宗教団体の終末論とは、きわめて異質なものといわなければなりません。

一九九七年に〝ハルマゲドン〟が勃発するとか、「アメリカ合衆国、ロシア、中近東を中心とするイスラムの国々、そして日本が正面きってぶつかり合う」など、その〝予言〟はきわめて具象的です。しかもそれでいて、戦争の原因はカルマ（業）の蓄積によるとされるなど、それらは麻原の妄想による〝お告げ〟以外にいかなる根拠もありません。それだけに、現実政治、社会問題へのおそるべき非合理、非科学的な接近という点でこそきわだっているといえるでしょう。これがたとえ宗教的想念だったとしても、それによる現実政治への直接の介入という点では、近代民主主義の重要な原理のひとつをなす政教分離の精神にも反します。

第二に、宗教的終末論の多くは、ニュアンスはいろいろありますが、世界の破局にメシア（救世主）があらわれて、人類と世界を救うという点に本質があります。つまり、人類救済論です。ところがオウム真理教の場合、当初はオウムの布教によって世界戦争を防止ないし、世界戦争からの人びとの生きのこりをうながすかのようにもいっていますが、しだいに、最終戦争のなかで自分たちだけが超能力をもって生きのびるという、かれらの出家や修行による排他的な自己救済が主要な目的となり、人類救済といった宗教的救済論は後景においやられてしまいます。

この傾向が強まれば強まるほど、第三次世界大戦による圧倒的多数の人びとの死滅は自明の前提とされ、自分たちだけの生きのこりを追求するきわめて利己的で非人間的排他的な主張となり、無数の人命と人権軽視を極致までおしすすめることになるのは、自明です。オウムの教義にしたがわないものや、信者以外の人びとへの蛮行や、反社会的謀略行為も、こうした人命軽視、排他的人権蹂躙の思想的本質をみれば不思議はありません。

第三に、オウム真理教団は、この〝ハルマゲドン（最終戦争）〟の切迫を強調するにとどまらず、これを待望するようになります。そして、麻原らは〝ハルマゲドン〟への対処を理由に、自分への無条件の服従と全財産の放棄による出家や、非人間的修行の強要、オウムへの攻撃がすでにはじまっているとしての教団軍事化や毒ガスの製造など、集団的狂気をエスカレートさせてゆきました。ここには、非合理な妄想をテコに、人びとに理不尽な服従をしいつつ、反社会的凶悪行為を拡大するという、科学と理性、人間性への二重の破壊的攻撃をみることができます。

オウム真理教の青年たちも、その多くは最初は平和をねがい、現実政治に不満や批判をもち、生きがいと将来への希望をもとめる真面目な若者であったはずです。それだけに、〝ハルマゲドン〟のような狂信によって、青年たちをこうした妄想にひきいれ、その人生を狂わせ、無法と反社会的行為に走らせた麻原らの無責任な妄言は、信教の自由の名によっても断じて許されるものではありません。

二　非合理な〝終末論〟の社会的、認識論的背景

それにしても、まともな常識の持ち主ならだれがみても荒唐無稽《こうとうむけい》にみえるこのような〝終末論〟が、なぜ一部の人びと、とくに青年にうけいれられるのでしょうか。〝自然科学の専門家までがなぜ〟という疑問も広くきかれます。

その一つは社会的な原因、側面です。

社会的政治的矛盾の進化、青年の不安の増大

八〇年代に広がる〝終末論〟　いわゆる新宗教、あるいは七〇年代、八〇年代に急成長した新・新宗教といわれるもののなかに、非合理主義、神秘主義とむすびついて、なんらかの形で〝終末論〟、つまり破局の切迫と救世主の出現という観念が前面にでてくるのは、とくに一九八〇年代になってからといわれます。それまでは、たとえば創価学会などにも、王仏冥合《みょうごう》の理想社会を夢見るということはありますが、それが社会的破局とむすびつけて説かれるということはありませんでした。社会的矛盾がそこまで深まっていなかったからといえるでしょう。

ところが、七〇年代から八〇年代にかけて急成長した新・新宗教のなかで、とくにエホバの証人、統一協

会、真光、阿含宗などになると、終末論的世界観が急速に台頭してきます。麻原が所属していたことのある阿含宗（教祖・桐山靖雄）によると、一九九九年に先立って世界の破局が訪れ、キリスト教文明の支配がおわり、ブッダの教えによる理想社会がはじまるとされます（『一九九九年カルマと霊障からの脱出』）。しかし、それでもまだこれらの教団では、日本と世界の破局はさほど切迫したものとして、リアルに語られていたわけではありません。ところが、これらにくらべて麻原の破局の切迫感はきわだっていました。

そこに、日本と世界の資本主義における、八〇年代の、とくに日本ではバブル経済崩壊後の深刻な不況とゆきづまり、労働者、国民への犠牲の転嫁、とくに青年へのしわよせ、そのなかで青年が未来への展望も希望ももてない状況におかれている事態の反映が読み取れるでしょう。さらに〝冷戦終結〟どころか、ソ連東欧の崩壊後もひきつづきアメリカを中心として、核兵器と軍事同盟に依拠して他民族への威嚇と干渉をすすめる政策、冷戦体制はつづき、九一年の湾岸戦争にもみるように、戦争の危険は依然として人類の生存をおびやかしつづけています。しかも日本では、日米軍事同盟の地球的規模への拡大の策動が一段と強まり、アメリカ帝国主義の戦争と他民族抑圧の世界戦略に、日本がいっそう深く加担させられようとしています。日本などの多国籍企業による熱帯雨林の破壊やオゾン層破壊による地球環境の破壊も深刻の度をふかめています。

そうしたなかで日本の政治の世界では、日本共産党をのぞく〝オール与党〟体制のもと公約破棄と大義名分のない政党の離合集散がくりかえされるもとで、国民多数の意思と権利をふみにじる金権腐敗、国民いじめの悪政が支配しています。翼賛化した〝オール与党〟の政治によっては、日本と世界が直面する重要問題への国民的立場からの解決は期待できないばかりか、悪政と国民との矛盾はますます深まり、政党支持なし層の増大にもみるように、国民は政治不信をつのらせています。日本の将来への明るい展望をもてないどころか、ますますつよまる〝時代閉塞《へいそく》〟感が人びとをとらえつつあります。いじめや暴力など、人命と人権をふみにじる社会的病理も一段とふかまっています。オウム真理教をはじめとする新・新宗教が唱える〝終末論〟がどんなに非合理で荒唐無稽であっても、それらに青年の一部がひきこまれる背景に、こうした社会的条件が存在することは否定できません。

非合理な世界への憧れ、逃避が土壌に　もちろん、どんなに社会的矛盾の深化や不安の増大があったにしても、それだけではそこからオウム真理教のような人命軽視の破壊的〝終末論〟への短絡は説明できません。そこには、今日の教育における人命と人権尊重、平和愛好といった民主的人格形成の欠如や暴力肯定の社会的風潮のひろがりなど、さまざまな要因が多角的に作用しているといえるでしょう。ここでは、オウム真理教などのきわだった特徴であり、科学と理性にたいする破壊的攻撃の思想的土壌でもある非合理主義、神秘主義の青年のあいだでのひろがりに注意を喚起しておきます。

超能力、神秘主義、オカルティズムを特徴とする新・新宗教が、八〇年代に急成長していったのも、その一つのあらわれです。宗教学者の島薗進氏の『新・新宗教と宗教ブーム』（岩波ブックレット）によれば、その数は一九九一年には、一五二万七二七八人にものぼっています。

最近の青年のなかにみられる、超能力や神秘主義、オカルトにたいする意識の一端をみてみましょう。

毎日新聞が、一九八六年一月四日付で国民の宗教意識調査の結果を「占い、霊魂信じる二〇代」の大見出しで報道しています。それによると、「神や仏の存在を信じるか」の問いにたいして、「信じる」が、国民全体では五一％。三〇代では四〇％なのに、二〇代は四六％、うち二〇代前半は四八％となっています。さらに、霊魂について「死後も世界は残る」と答えたのは、三〇代の三四％にたいして、二〇代は五〇％、「人間の力を超えた霊能力（超能力）の存在」では、「存在すると思う」が中高年層で二〇％台、三〇代で三〇％台なのにたいして、二〇代では五三％となっています。ここには、青年のあいだに、超能力や神秘主義への傾向がいかに強まっているかがしめされています。

もう一つ紹介したいのは、国学院大学日本文化研究所が、一九九二年に全国三二大学の学生を対象におこなった大がかりな調査結果「大学生の宗教意識――宗教教育に関するアンケート調査の分析から」（井上順孝、一九九三年）です。それによると大学生の意識は以下のとおりです（中高生もだいたい同じ）。

▽「死後の世界の存在」を信じるか、との問いにたいして

信じている	二九・八％
ありうる	四〇・三％
合計	七〇・二％

▽「星占い」を信じるか、との問いにたいして

信じている	二〇・八％
ありうる	二〇・三％
合計	四一・一％

オウム真理教のような非合理な狂信も、今日の青年のなかにみられるこうした意識状態を土壌として生まれているといわざるをえません。そして、ひとたび麻原を信奉するようになると、科学的批判力の欠如と非

合理主義からその狂信を容易に真にうけて暴走し、反社会的な犯罪行為にまでつきすすむことになるのです。オウム真理教の〝ハルマゲドン〟は、そうした非合理主義、神秘主義を反社会的暴走、凶悪犯罪にむすびつける橋渡しの役割をはたしているといってよいでしょう。

重大なテレビなどマスコミの責任　人生に悩み、社会的な諸問題にも真面目な関心をもっていた青年が、ある日、突然、非合理な超能力やオカルトなどにのめりこんだり、あるいはオウム真理教のような新・新宗教に身を投じて、社会から隔絶された世界にとじこもろうとする――近年、こうした事例はけっしてめずらしくありません。

そこに特徴的なのは、一言でいえば、現実の問題、矛盾の解決のために現実の社会のなかで理性と科学を力に努力するのではなく、現実を離れて非合理主義な世界に逃れ、現実と科学を超えた世界に救いをもとめる傾向です。現実の問題の解決への無力感、あるいはそこからくる虚しさ、さらに自己の存在感の喪失、そしてそれらを乗りこえて精神的に成長していく理性的民主的人格の未形成――過酷な受験戦争や詰め込み、偏差値教育などによるものであろうとも――今日の青年たちのなかにみられるこれらの事態が、その背景となっています。

その点で、重大なのは、テレビなどマスコミが、青年たちのそうした心理状態にもつけこんで、青年らしい未知のものへの知的関心や科学的探究心をはぐくむのではなく、超能力など神秘的な力、オカルトなど非合理なもの、さらに科学と理性に反する反動思想を、あたかも新しい流行のように、これでもかとばかり無責任にあおりたててきたことです。テレビなどが映像をつうじて、スプーン曲げから心霊術、オカルトなどを無責任かつ興味本位に紹介し、批判力の未熟な若い世代にあたかもそれらに関心をもつのが当然で、信じないほうがおかしいといわんばかりの状況をつくりだしてきた責任は、重大です。

もう一つ、やはり一部マスコミが、ポスト・モダンとかニュー・アカデミズム、ニュー・サイエンスなどの名で、一部の学者の非合理主義、反科学主義、神秘主義の傾向の強い主観的観念論や不可知論の議論を、あたかも「新しい知の地平」をひらくものであるかのようにもちあげ、宣伝してきたことも見逃せません。そのなかには、麻薬や未開社会の呪術（じゅじゅつ）の世界にこそ、近代文明をのりこえる「新しい知の地平」があるかのように説いて、マスコミにもてはやされた著名な学者もみられます。

哲学についていえば、資本主義が帝国主義の段階にはいった二〇世紀には、観念論哲学の潮流のなかに非合理で極端に主観的な傾向が強まるのが特徴です――実存主義とか生の哲学、現象学などです。くわえて、とくに最近では、ポスト・モダンなどと称して、さらに極端に非合理で反知性的な思想潮流が一段と強まっています。それだけに、こうしたなかのもっとも反動的で主観的な潮流をもちあげ、青年、学生にすすめる一部ジャーナリズムの傾向はきびしく批判されなければなりません。

文部省が「宗教的情操」の名のもとに学習指導要領のなかに「人間の力を超えたものに対する畏敬」を導入し、「人間の力を超えた崇高なものに対してすなおにこたえる豊かな心を持つ」（文部審議官・熱海則夫他編『新しい道徳教育の展開――中学編』）などと称して、学校教育をつうじて非合理主義、神秘主義、非科学的精神を青少年に注入するのに一役買っていることも軽視できません。人類が到達した現在の認識のおよばない未知のものへの旺盛な知的関心や探究心、雄大な自然にたいする心からの感動などは、人間らしい感情ですが、これを「人間の力を超えたものへの畏敬」にすりかえるとき、学校教育のなかに、科学的思考に対置された超自然や非合理、神秘に青少年の心をいざなう危険を現実のものとし、促進することになります。

学習指導要領のこうした規定にもとづいて、教育放送などに宗教番組が大手をふって登場するようになっています。今日の学校教育のこうした問題にも、このさいきびしい目を向ける必要があります。

オウム真理教の場合、こうした非合理主義、神秘主義への傾斜が、毒ガスによる犯罪など反社会、非人間的蛮行とむすびついているところにこそ、その特異性があり、〝ハルマゲドン〟という妄信が、非合理主義をそうした蛮行にむすびつける触媒となっていることはすでにのべたところです。非合理主義や神秘主義によって、理性的判断や常識が通用しなくなったとき、一部の青年が〝ハルマゲドン〟のような妄信さえもうけいれかねないところに、今日の日本社会のおちいっている社会的病理の深刻さがあるともいえるでしょう。

非合理主義の哲学的認識論的側面

こうした問題の哲学的認識論的側面についても、ふれておきましょう。オウム真理教のなかに高学歴でとくに自然科学系の人物が少なくないのはなぜか、という疑問にもかかわる問題です。

自然科学の領域での仕事と世界観とは別　自然科学にたずさわる人が、非合理な世界や神秘主義に落ちこむことがありうるのは、実は少しもおかしくありません。レーニンが『唯物論と経験批判論』で強調しているように、その人が自然科学の個々の領域でどんなに才能があり業績をあげていようと、そのことと、世界観、哲学の問題でその人を信頼できるかどうかとは、まったく別のことだからです。自然のある特定の限定された領域を専門に研究しているからといって、社会と歴史の問題へ自動的に科学的に正しく接近できるわけではありません。

まして、世界を全体としてどうみるか、世界の根本は物質的なものか、精神的なものか、われわれの認識の源泉はなにか、認識は世界を反映するか、認識はどう発展するか、といった哲学的問題に、正しく答えうるということにはなりません。自然科学者といえども、自然発生的には素朴な唯物論的世界観にとどまり、科学的な世界観、首尾一貫した弁証法的唯物論の世界観、歴史観を学ばなければ、世界観の問題では、観念論や非合理主義の落とし穴に落ちこむ危険をさけられるとはかぎらないのです。

それどころか、レーニンが「反動的企てが科学の進歩そのものによって生み出されている」(『唯物論と経験批判論』新日本文庫、下186ページ)と指摘しているように、科学の進歩そのものによって、非合理主義や神秘主義をもふくむ、とんでもない反動的観念論的議論が生みだされることが少なくありません。二〇世紀のはじめに素粒子の発見など物理学の新たな発展を理由に、「物質は消滅した」と説いて、主観的観念論の立場に転りこんだ著名な物理学者エルンスト・マッハ(一八三八〜一九一六)らの物理学的観念論などは、その代表です。一九世紀には、生理学の進歩に依拠して、いわゆる生理学的観念論もとなえられました。

自然科学が進歩すればするほど、自然科学者が直接扱うのは自然そのものではなく、方程式や測定器ということになります。そういうこともあって、自然科学の発展の新しい局面ごとに、新たな観念論が生みだされるといっても過言ではありません。宇宙の歴史について研究がすすむなかで、いわゆるビッグ・バンによる宇宙の膨張といった理論をたてに、宇宙の始まり=神の存在が証明されたと考えた人たちがいるのも、その一つの例です。物理学、生物学、生理学の進歩などにかこつけて〝ニュー・サイエンス〟の名のもとに、一部の自然科学者は神秘主義、非合理主義をとなえています。

認識の相対性と弁証法

もう一つは、われわれの知識の相対性という問題についてです。つまり、われわれの認識が一面的で条件づけられたものから、より完全で絶対的な認識へと一歩一歩発展するという弁証法の見地にしっかりとたたないと、あたらしい発見や、理論の発展によってこれまでたしかな知識、真理だと思われていたことが、そうではないとなると、それを認識の発展という見地からとらえられず、われわれの認識はあてにならないとか、認識は主観的なものだ、真理など存在しないとして、相対主義、不可知論へ、さらに非合理な主観的観念論に容易におちいることにもなります。

さきに紹介した物理学的観念論はまさにその典型でした。レーニンは、「『物理学的』観念論を生み出したもう一つの原因は、相対主義の原理、すなわち、われわれの知識の相対性ということであって、この原理は特別な力をもって、古い理論の急激な崩壊の時期には、物理学者たちにつきまとうのであり、そしてそれは――弁証法を知らないと――不可避的に観念論にみちびくのである」（『唯物論と経験批判論』同、下１８７ページ）と述べています。われわれがそのときどきに到達する認識は相対的なもので、なお未解明な問題、知識のおよばない領域を多くのこし、新たな研究によって理論的にのりこえられる部分も少なくありません。しかし、だからといって、その認識が世界をある範囲において正しく反映しているならば、そこには絶対的に正しい認識、真理の要素がふくまれているのであって、われわれの認識がひたすら相対的で主観的なものだということにはなりません。ここに認識における弁証法の真髄があります。自然科学の急速な発展のなかで、専門家といえども非合理主義や神秘主義に落ちこむ秘密の一つが、この弁証法についての無知ないし無視があります。

なにが自然科学者を神秘主義にいざなうのか　それにしても、自然科学者をも超能力やオカルトに導くさいに、なにがそれを媒介するのかが問われなければなりません。実は、この問題について、百年以上まえにエンゲルスが注目すべき研究と指摘をしています。遺稿となった『自然の弁証法』のなかに「心霊界での自然研究」という論文があり、そこでこの問題を究明しているのです。

一九世紀の後半、イギリスでもいまの日本とある意味では同じように降神術だとか心霊術が大はやりで、著名な自然科学者、たとえば動物学者でダーウィンとならぶ業績のあるアルフレッド・ウォレス（一八二三〜一九一三）なども、心霊術に心酔してしまいます。エンゲルスは、心霊写真だとか、霊媒のトリックを具体的に指摘し、そのまやかしを暴きつつ、つぎのようにのべています。「たくさんだ。自然科学から神秘主義にいたる最も確実な道がどれであるかは、ここでは手にとるように示されている。それは、茂りに茂った自然哲学の理論ではなく、ごく平凡な、理論をいっさい軽視し、思考をいっさい信用しない経験のほうである」（『自然の弁証法　1』国民文庫61ページ）と。

つまり、思考を軽視して「平凡な経験」にたよること、これが自然科学者をも神秘主義にみちびくのだ、という指摘です。今日、オウム真理教などへの科学の専門家の入信の動機などをみると、これはきわめて的確な解明ということができます。オウム真理教への入信の動機をつづった手記などを読むと、自然科学の専門家をふくめて非常に多いのが、病気がなおったとか、麻原の空中浮揚、水中サマディティ（潜水）などを直接体験した、ということです。すなわち、「平凡な経験」を思考や論理的批判をくわえることなしにうけいれているのです。

病気が治るなら、なぜ麻原は自分の病気を治さないのか、空中浮揚＝座ったまま飛び上がることなど、少し訓練すれば普通の人ならできます――批判的理性的に、科学的に考え、分析するならば、そのペテンは簡単に見破れるのです。直接の体験だということで、あるいはそれに仰天して、論理的思考と冷静な批判を忘れてしまう、ここに秘密があります。そして、資本主義のかつてない矛盾の深まりのなかで、そうした非合理主義がオウム真理教の〝ハルマゲドン〟のように、途方もない非人間的反社会的妄信につきすすみうるところに、若者の心をむしばむ今日の日本の社会的病理の深刻さがあるのです。

三　求められるのは科学的な歴史観・世界観

〝ハルマゲドン〟のような理性と人間性への破壊的攻撃を許さず、そうした妄信を断固としてはねのけ、科学的な展望と確信をもって社会の法則的発展にみずからの人生を重ねうる生き方こそもとめられています。二つの面から、問題を提起しておきます。

科学的理論と世界観を

一つは、さまざまな問題をかかえる現実から逃げるのではなく、現実世界のなかで困難や危険がどこから、なぜうまれてくるのか、どうしたら克服できるのかを、冷静に、科学と理性の力で分析し克服する道を見いだすという態度、生き方を身につけるという問題です。

たとえば核戦争の危険についていえば、なぜこうした危険な兵器が地球上に蓄積されてきたのか、どうしたら核戦争を阻止し、核兵器を廃絶できるか、その具体的な道はなにかを、理性と科学の力で探究することこそ必要です。そうすれば、核兵器の脅威によって平和を維持できるという「核抑止力」論、あるいは「軍事力均衡」論にたった核軍拡競争こそ、今日の危険きわまりない事態を招いたこと、したがってそうした議論とたたかい、核兵器の廃絶を人類の緊急中心課題にすえ、日本と世界の人民の力を結集して核に固執する勢力を包囲し、孤立させること、それによって核兵器廃絶の国際協定を締結させること、こうした方向でこそ核戦争の危険を根底からとりのぞき、核兵器をこの地上から一掃できることは、多年にわたる平和運動、原水爆禁止運動をつうじ、実践的にも理論的にもあきらかにされてきています。

〝ハルマゲドン〟の妄信ではなく、こうした道筋をあきらかにする理性と科学的理論の力によってこそ、核戦争の危険を除去し、真の平和を実現できるでしょう。宗教を信じる人も信じない人も、現実の世界におけるそうした現実的でねばりづよい努力と共同こそ、もとめられているのです。

歴史は、ジグザグはあっても、人民大衆の力を原動力に人間の理性と科学に依拠してこそ確実に歩みをすすめることができます。社会進歩をめざすそうした人びとの実践に立脚し、社会の法則的なしくみと発展方向を科学的に解明する社会科学の力、さらにその基礎となる科学的な歴史観、世界観を身につけることこそ大切です。社会科学によって社会のしくみと進路について科学的な認識と展望をもったとき、私たちは、いっさいの困難と障害を克服して、科学的確信のもとに社会進歩のたたかいをおしすすめることができます。社会科学とともに、そうした科学と理性への信頼を確固としたものにする科学的歴史観、哲学的世界観、認識論をもしっかりと学びたいものです。

日本共産党第二〇回党大会決議は、つぎのように述べています。

「科学的社会主義における科学とは、社会科学としての意味をもつということが重要である。自然がある法則に支配されていると同じように、社会も一定の法則のもとに発展していること、人間はその法則を認識できること、その法則にそって必要な段階をへながら社会変革をすすめること――ここに科学的社会主義の立場がある」「現代における科学的社会主義の学問的価値は、社会科学のたんなる一学派にとどまらない、いっそうの普遍的価値をもつものとなっている。それは、まじめに真理を探究し、社会と歴史を科学の力でとらえようとする、すべての人びとにとっての共通の知的財産となっている」「歴史には法則があるが、それはひとりでにすすむものではない。人民のたたかいこそ、歴史を創造する力である。また、社会発展の法則を認識し、社会進歩に自己の人生をかさねることにこそ、真の生きがい、理性と人間性の発揮がある」

ソ連・東欧崩壊をめぐって反動勢力は、二〇世紀は科学的社会主義の破綻を証明したと声高に宣伝しました。しかし実際には、矛盾と破綻がますます明白になっているのは資本主義のほうです。二〇世紀は、民主主義の発展という点でも、民族自決の勝利という点でも、それらのもっとも首尾一貫した擁護者、推進者であった科学的社会主義とそれにもとづく運動の歴史的意義を、事実によって立証しています。日本共産党がこの理論にしっかりと依拠して、社会主義とは無縁なソ連の覇権主義やその政治経済体制をきびしく批判してきたことにもしめされるように、その生命力は今日いよいよ鮮明になっています。

科学的社会主義は、人類の最高の知的遺産を継承発展させたもっとも首尾一貫した科学的学説として、科学と理性、人間の生命、人権のもっとも確固とした擁護者です。日本共産党がいま、オウムの〝終末論〟などの狂信をもっともきびしく糾弾し、その虚妄を批判できる立場にあるのも、そうした理論、世界観にしっかりと導かれる政党だからです。山梨県の上九一色村の党組織と党員たちの、住民の先頭にたってのオウム真理教の反社会的行為にたいする断固としたたたかいも、そのことを実証しています。

オウム真理教のような狂信、理性と人間性への破壊的攻撃を生みだす現実的、精神的土壌がひろがっている今日、科学的社会主義の理論、世界観は、一部の人びとのいうように古くなるどころか、いよいよその生命力を発揮することがもとめられています。この学説に学び、若い世代にひろく普及することがいよいよ重要となっているのです。

社会進歩の共同と連帯の輪を

もう一つは、そうした社会進歩のたたかいをすすめうるのは、一人の力ではないということです。社会進歩をめざす仲間たちとの共同、民主的な組織やサークルの力、さらには日本共産党と革新無党派の人びととの広範な共同のように、多くの人びとの共同と連帯によってこそ、そうしたたたかいをすすめうるということです。また、そうした組織のなかでこそ、人間が本当に大切にされ、人間の真の意味での成長もありうるということです。組織と人間の問題でも、そうした社会進歩をめざす共同、連帯があってこそ、困難にくじけず、現実から逃避することなく、おたがいに助け合い、科学と理性の力によって人類的問題をも解決できるでしょう。ひとりぽっちでとじこもり、ひとりで悩むところからは、現実逃避が生まれ、非合理な世界への誘惑に負けることにもなります。

社会的矛盾や抑圧に苦しみながら、未来への希望をもとめ、真面目に生きようとする青年たちが、個々ばらばらにされた状態から脱し、社会進歩の立場に立った人間的連帯、協力の輪をひろげうるように、柔軟な接近による援助と、ともに考える対話がいよいよ重要になっています。

不破哲三著『レーニンと「資本論」』第三巻（マルクス主義論）に学ぶ

はじめに

この巻は、レーニンの活動の時期でいえば、一九〇五年～七年の革命の敗北から一九一四年の第一次世界大戦の勃発までの七年間をあつかっています。革命の敗北とともにツアーリ政府による反動の嵐が吹き荒れ、凶暴な弾圧が人民をおそい、民主主義と社会進歩のたたかい、革命運動は未曽有の苦難に直面します。そのなかで亡命を余儀なくされたレーニンが、マルクス主義にたいする全面的で包括的な研究をあらためておこない、マルクス主義観を仕上げていった、まさに激動の時代です。レーニンの波らんに富んだ生涯をつうじて、大変な苦難のなかでもっとも旺盛な知的探究がおこなわれた時期の一つといってよいでしょう。

この時期のレーニンの理論活動について、著者はつぎのようにのべています。「レーニンの理論活動にとってたいへん重要な意味をもつ、特別な時期」「一口でいうと、科学的社会主義、マルクス主義をとらえるレーニンの視野がぐんと広がって、壮大な規模でマルクス主義の全体像を問題にする、そういう流れが、この時期の理論活動の全体を大きくつらぬいていることですね。『マルクス主義の三つの源泉と三つの構成部分』（一九一三年）とか、『カール・マルクス』（一九一四年）とか、マルクス主義を総論的に扱った一連の諸論文が、この時期をしめくくるような形で執筆され、そのなかで、『全一的な世界観』という規定とか、人類の思想史のなかでの位置づけなどが、大胆に提起されてくる、こういうことも、偶然ではない、と思うんですよ」（巻末に収録された山口富男氏のインタビュー「再び・『レーニンと「資本論」』をめぐって」）。『唯物論と経験批判論』から「哲学ノート」にいたる哲学的世界観の徹底した研究、および自然と社会のあらゆる問題を縦横に論じたマルクス、エンゲルスの手紙、とりわけ『往復書簡集』との出合いが、この時期のレーニンの視野をひろげ、マルクス主義を哲学的唯物論と弁証法から経済学説、社会主義論、そして階級闘争の戦術問題にわたる総合的な学説として把握するにいたる、というのが、本書をつらぬく著者の太い認識です。

その探究のあとを追跡していく本書は、すでに刊行されている『エンゲルスと「資本論」』（上下）、本シリーズの一、二巻とともに知的刺激に満ちていて、とくに哲学とのかかわりが少なくなかった私にとっては、文字通りいっきに読みとおさずにはおれない魅力をもつ文献となっています。私の読後感を誤解をおそれずにいえば、力量のある推理作家の作品を読みだして、最後の一ページを読み切るまで離せない、あの感じにも近いものといってよいでしょう。

生身のレーニンが生きいきと

すぐれた推理小説には、なぞ解きの緊迫感、面白さとともに、それにとどまらない興味深い人間観察、奥深い人間の描写があります。本書も、高度の理論問題をテーマとしながら、抽象的な理論が一人歩きするのではなく、まれにみる優れた理論家であり革命家であるレーニンという人間が、それぞれの時代にどういう問題にどんな態度でとりくみ、マルクスやエンゲルスの到達点に学びそれに依拠しながらどう問題を解き、みずからの理論、政策を発展させ豊かにしていったかが、臨場感をも感じさせるほど生きいきと再現され、描きだされています。その意味で、レーニンの探究、なぞとき、発見の面白さとともに、生身のレーニンの魅力あふれる人間像、生き方、探究の姿勢にふれることができます。ここに、読むものをひきつける本書の大きな魅力の一つがあるようにおもいます。

たとえば本論の最初で、反動期の政治・理論問題の一つとして、反動期といえどもロシア社会が反動一色ではなく、歴史の歩みはとめることはできなかったという、それじたい深い洞察とともに、ツァーリの専制権力自身が「ブルジョア君主制への新しい発展の方向」にそってすすんでいたこと、これにどういう態度をとるかをめぐる左右の日和見主義とのレーニンのたたかいが紹介されています。戦前の天皇制の評価にもつながるこうした論及のひとつにも、レーニンと当時のロシア社会、政治へのかかわりが見事にしめされています。

著者は、『古典学習のすすめ』（新日本出版社）の冒頭で「なぜ古典の学習を重視するのか」と設問して、「第一の問題として、理論のいろいろな分野で、科学的社会主義の重要な命題がありますが、それをできあがった結論としてだけつかむのではなく、どうしてこの結論がひきだされたのか、どうしてそこにいたったのかという方法、あるいはそこに流れている精神をあわせてつかめるところに、古典の学習の値打ちがある――このことを、私はまず指摘したいと思います」（10～11ページ）とのべています。そして、「マルクス、エンゲルスが書いたものは、どんな著作でも、できあがった体系を読者に説明するという、いわゆる教科書ではないのです。著作には、いろいろな性格のものがありますが、そのどれも、ときには探究し、ときには論戦しながら、科学的社会主義の理論を生きた形で発展させ、仕上げ、展開している文献です。ですから、そこにはおのずから、天才的な思想家たちの生きた思考があり、真理にせまってゆく理論の発展の生きた姿があります。この生きた思考、その発展の生きた姿の真髄をつかむことが、重要です」（11ページ）と強調しています。

本書は、古典についてのこの指摘を著者みずから実にみごとに実践していることの証となっています。

一　「哲学ノート」にいたる理論的発展のなかで『唯物論と経験批判論』を

前置きはさておき、本論にはいりましょう。最初の章（十二章）は、「唯物論か経験批判論か」と題されていてレーニンの哲学上の代表作『唯物論と経験批判論』（一九〇九年）がとりあげられています。しかし、そのとりあげかたは、著者がすでにこの著作について論じた「『唯物論と経験批判論』によせて」（『「資本論」と今日の時代』所収）や、『古典学習のすすめ』とはちょっと違った観点からです。それはなによりも、レーニンが哲学研究、とくに弁証法の研究に力をそそぎ「哲学ノート」(一九一四〜一六年)を残すにいたる理論的探究とその成果という射程のなかで、この著作がとらえられていることです。

(1) 哲学論争の意義——科学的社会主義の世界観の擁護、発展

では本書で『唯物論と経験批判論』はどう論じられているでしょうか。一つは、この著作のはたした役割と意義の解明です。

『唯物論と経験批判論』はご承知のように、革命の敗北と弾圧の嵐のなかで、革命組織、団体の破壊、活動家の逮捕、流刑などにとどまらず、敗北主義と絶望、刹那主義、退廃などの思想的後退、混迷が社会をおおい、党内にも影響をおよぼすなかで、ロシアの党の中心的幹部の一人、政治活動ではレーニンのもっとも信頼する盟友だったボグダーノフらが、科学的社会主義の世界観、唯物論を放棄し、主観的観念論、不可知論を特徴とするマッハ主義、経験批判論(注)に転落していった、これを徹底的に批判し、科学的社会主義の世界観を守り、発展させた労作です。

(注) マッハ主義(経験批判論ともいう)は、オーストリアの物理学者・哲学者のエルンスト・マッハ(一八三八—一九一六)が普及させた哲学説で、世界は感覚=要素からなり、事物は、この要素の複合であると主張しました。唯物論と観念論をのりこえた〝第三の立場〟と宣伝されました。

本書では、当初、哲学論争と政治的活動を厳密に区別する立場をつらぬいたレーニンが、ボグダーノフらへの真正面からの批判にのりだすにいたる経過が生きいきとたどられます。そして、この論戦の意義をレーニンの論文「わが解散論者たち（ポトレソフ氏とヴェ・バザーロフについて）」（一九一一年）などにそくして三点にわたって指摘します。

「第一は、反動期とともに、思想と文化の戦線でも、すべての革命的、民主主義的な思想や世界観を否定しくつがえし、神秘主義、反動的な世界観を前面におしだそうとする反動攻勢が、全戦線にわたって強められたことです。なかでも、科学的社会主義の世界観にたいしては、ありとあらゆる方角からの集中砲火が浴びせられ、革命の時期には、民主主義をうんぬんしたロシアの自由主義派も、あからさまに変節して、この反動攻勢の一翼を公然とになうようになりました。こういう時期には、唯物論的な世界観をめぐる闘争が、いやおうなしに、歴史の前面におしだされてきます」（４９ページ）

歴史的社会的条件こそ大きくちがいますが、われわれも一九七〇年代後半からの反動攻勢の時期に、とりわけ旧ソ連の崩壊とむすびついた反共攻撃の洪水のなかで、科学的社会主義とはそもそもなにか、日本共産党の存在意義はどこにあるかといった、ある意味では世界観的問題、根本問題を大いに学び語りぬいてこれとたたかいました。そうした経験に照らしても、反動攻勢のなかで党の中枢部でおこった世界観的変質にたいするたたかいが、革命党にとってどんなに重要な意義をもったかはあきらかでしょう。

「第二は、唯物論的世界観にたいする反動的な攻撃が、『マルクス主義の哲学』という装いで現れ、そういう形で、革命的な運動の中枢部をおかしはじめたことです」（51ページ）。つまり、「革命党の世界観の基礎を内部から掘りくずす、もっとも危険な攻撃であって、これを打ち破る思想闘争は、科学的社会主義の党の存亡にかかわる重大な意義をもったのでした」（52ページ）。

第三に、この論争のもつロシア一国にとどまらない、国際的な意義にかんしてです。レーニンがとりくんだ経験批判論とは、震源地はもともとドイツでした。それは物理学の一連の新しい発見ともむすびついた国際的な現象でもありました。ところが当時、国際的にはもっとも権威をもっていたドイツの党のなかには、哲学問題にたいする無関心が支配し、経験批判論への譲歩、屈服さえみられました。こうしたなかで、経験批判論とのレーニンのたたかいは、「物理学が提起した一連の諸問題の解決と弁証法的唯物論の新たな発展」（53ページ）という意味で、ロシア的な意義にとどまらない国際的な意義をもったのです。

なお、西ヨーロッパ諸党の哲学、世界観的基礎への無関心は、それらの問題が理論的に重要な課題として提起されていたときだけに、レーニンがこれらの党の見地に疑問をふかめつつ、科学的社会主義を「全一的世界観」としてとらえる見地を確立していく一つの大事な契機になっているというのが、著者の認識です。

認識論の基本命題を出発点に

『唯物論と経験批判論』の内容については、著者は前出の文献との重複をさけて「レーニンがマルクス、エンゲルスの哲学をどう研究したか、ということに視点を定め、その角度から、『唯物論と経験批判論』の内容にせまりたい、と思います」（61ページ）とのべています。経験批判論者（マッハ主義者）たちがマルクス主義の攻撃の主戦場にえらんだのは認識論の領域でした。ですからレーニンの批判は、マルクス、エンゲルスの哲学、科学的社会主義の哲学とりわけ認識論を全面的に解明し、認識論の分野でマッハ主義の誤りを明らかにすることに注がれます。エンゲルスの『反デューリング論』『フォイエルバッハ論』から、唯物論の認識論となる基本命題をひきだすことが、その出発点となります。基本は、「人間の感覚および思惟を、外界のあるいは物の反映・模像とみなす反映論」と、「思考や意識は、物質的な器官である脳の機能である」という二つの命題です。

レーニンは、この命題に該当する見解が、エンゲルスの著作の随所にあることをしめしつつ、これらに依拠して経験批判論への批判を展開します。本書は、レーニンが経験批判論をどのように批判し、科学的社会主義の認識論をどこでどう発展させているかを、簡潔にしめしています。反映論にかぎっても、それは、真理論、因果性の問題、世界の統一性の問題、空間と時間論、自由と必然性の認識、「物理学の危機」からの活路などにおよびます。そのなかで、物質の哲学的概念と自然科学的概念との区別や、認識の相対性と絶対性との弁証法などをめぐって、いくつもの理論的な深化、発展がしめされていますが、それらについては本文を読んでいただきたいと思います。

（2）レーニンは不可知論をどう批判したか

経験批判論が哲学的には主観的観念論や不可知論（カント、ヒューム）などの雑多な要素からなりたつ潮流であり、レーニンはその批判にあたってヨーロッパ哲学の歴史や哲学界のなかのさまざまな流れや色合いを丹念に研究しました。『古典学習のすすめ』では、それらの哲学の〝政治地図〟をつかむことが大事だと指摘し、観念論、不可知論を公然と名のる潮流と、自分たちが観念論、不可知論の陣営にぞくすることを隠して〝第三の陣営〟を自称する潮流とを区別することの重要性が指摘されていました。

これにたいして今回は、経験批判論が主観的観念論であるとともに不可知論という側面をもつことに着目し、エンゲルスの不可知論についての見解を検討しつつ、不可知論にたいするレーニンの批判のしかたを吟味し、そこにエンゲルスからの「若干の微妙なずれ」を発見します。そして、それがレーニンのその後の研究の発展によって克服されていく過程が追跡されています。このくだりは、著者みずから「今回の『唯物論と経験批判論』研究の最大の収穫」（4ページ）と述べているとおり、本書の圧巻ともいうべきところです。

わたし自身についていえば、文字通り知的衝撃をうけ、これまでの自分の認識のあささ、せまさを思いしらされたというのが率直な感想です。

哲学上の位置づけ、評価をめぐる弱点

そういうところだけに、若干たちいっておきます。不可知論についてエンゲルスが解明した文献は、『フォイエルバッハ論』(一八八六年)と『空想から科学へ』の「英語版への特別の序文」(一八九二年)のふたつがあります(他に往復書簡のなかでマルクスの言及もあります)。レーニンはこの二つに依拠して経験批判論の不可知論批判をおこないます。

そこでエンゲルスの不可知論観をみておきましょう。エンゲルスは、思考と存在の関係を論じた『フォイエルバッハ論』第二章のなかで、不可知論について説明し、「そのほか(唯物論者と観念論者の――筆者)になお一連の哲学者たちがいて、彼らは、世界が認識できるということに、あるいは少なくともあますところなく認識できるということに、異論をとなえている。そのなかにはいるのは、近代の哲学者のうちではヒュームとカントであって、この二人は哲学の発展のうえで非常に重要な役割を演じている」(全集㉑280ページ、古典選書34ページ)と述べます。そして、この不可知論を打ち破る決定的なものが実践であることをしめします。

そのうえでエンゲルスは、不可知論を復活させる新カント派などの試みについて、「実践的には、唯物論をかげではうけいれて世間のまえでは否認する、はにかみやのやり方にすぎない」(全集㉑281ページ、古典選書36ページ)と指摘します。また、『空想から科学へ』の「英語版への特別の序文」では、「じっさい不可知論は、ランカシァの意味深長な用語を用いれば、『恥ずかしがりの』唯物論でなくてなんであろうか? 不可知論者の自然観は、徹頭徹尾、唯物論的である」(全集㉒299ページ、古典選書110ペー

ジ）と指摘します。「われわれに知られている宇宙の彼方に」なにか「至上者」が存在するかどうかについては、否定することも肯定することもできない、われわれがうけとるすべての知識は感覚をつうじてうけとるので、感覚のそとにある物自体は認識の範囲の外にある――「わが不可知論者は、一度こういう形式的な心的留保をしてしまえば、彼が本質的にそれであるものとして、すなわち頑固な唯物論者として語りかつ行動するのである」（全集㉒302ページ、古典選書114ページ）というわけです。

ところが、著者によれば、レーニンは経験批判論を批判するにあたって、「エンゲルスの不可知論批判から、その認識論上の誤りを論駁した部分だけをとり、哲学上の位置づけや評価を論じた部分は落とした」（95ページ）のです。そして、このことがレーニンの経験批判論にたいする「批判と闘争に、一つの弱点を残す」（同）ことにもなったというのです。つまり、レーニンは「恥ずかしがりの唯物論」というエンゲルスの言葉も引用しますが、それはもっぱら「ののしりの言葉」として用いられていて、唯物論への接近を評価するという意味あいはまったくみられません。

そこにはもちろん、レーニンの批判の相手が、経験批判論そのものではなく、ロシアの科学的社会主義の党の中心幹部の経験批判論への転落であり、弁解の余地のない思想的後退、転落であったという事情はありました。また経験批判論の不可知論が、主観的観念論と一体不可分であるという問題もあります。にもかかわらず、レーニンのこうした批判にみられるのは、観念論の諸潮流を十把ひとからげにしていて、それらのさまざまな色合いにたちいった内在的な批判という点では単純化をまぬかれなかったというのが、本書の指摘です。

エンゲルスの指摘を正確に読む

この指摘は、たんにレーニンの経験批判論批判の仕方にとどまらない重要な意義をもっていると、私はおもいます。一つは、エンゲルスの指摘は、不可知論という哲学的立場が、唯物論を承認はしないがそこへ接近しつつある人たちが、一定の観念論的留保をしながら、実際には唯物論者としてふるまうための隠れ蓑の役割をはたしているというものです。ここには、哲学の歴史的発展が大局的には唯物論の承認にむかってすすんでいるという深い考察があります。そこまで読みとることが大事だということです。私は、これまでレーニンの不可知論批判をそのまま受け入れて、不可知論者のカントやヒュームが「哲学の発展のうえで非常に重要な役割を演じている」というエンゲルスの指摘についても、むしろレーニンの側にたって、「重要な反動的役割」と勝手に読み込んでいたきらいさえあったようにおもいます。そのことを反省させられているところです。

余談になりますが、天皇制の支配、弾圧のもとで唯物論の立場を主張した哲学者の戸坂潤が、〝唯物論おけさ（民謡の佐渡おけさのこと――筆者）ほどにはひろがらず〟という狂歌を詠んで、自分たちの孤立無縁の状況をなげいたことがありました。しかし、もし不可知論が唯物論への接近の形態だというエンゲルスの見地にたってみれば、当時でも人間の思想の歩みの大局は唯物論へとむかっていたといえるでしょう。まして今日、唯物論的世界観が科学の進歩とともに広がっていく展望は、確固としたものといってよいでしょう。

第二に、今日、不可知論に立つ自然科学者などはすくなくありません。これらの人たちにたいする私たちの態度、姿勢の問題です。不可知論を唯物論への接近とみるなら、その立場をとる人びとを、唯物論を受け入れないことを理由に拒否するのではなく、思想のうえでも多くの点で共通の立場、対話と共同できる相手としてたいすることができるという問題です。今日、自民党政治からはなれた人たちの多くが、すぐには日本共産党にいたらないものの、無党派層として日本共産党と対話と共同する条件がひろがっています。これは政治の話ですから、次元を異にはしますが、自然科学者の圧倒的多数が、少なくとも実質的に唯物論と共通の立場で研究する人とみなすことができるということは大きな意味をもっています。不可知論についてのエンゲルスの古典を正確に読むことが、このように現実的問題に直結してくることに、あらためて驚きを覚えずにおれません。

第三に、これまで一部の研究者のあいだに、『唯物論と経験批判論』でのレーニンの批判に納得できないものを感じ、その原因が、意識から独立した実在、客観的真理の存在を強調するレーニンの哲学的立場にあるかのように錯覚して、レーニンがマルクス、エンゲルスから逸脱していて、むしろ真理の無条件の相対性を説く経験批判論こそマルクス、エンゲルスの正当な継承者であるかのように説く議論がみられましたが、こういう議論にたいしても、本書は問題の所在がどこにあるかをしめし、その誤りを明確にするのに寄与するということです。

(3) 弁証法の研究――レーニンの認識の発展

さらに重要なのは、本書が不可知論批判をめぐるレーニンの弱点の解明にとどまらず、レーニン自身がその後の研究で弁証法への理解をふかめるなかで、自分の欠点に気づき、それを克服していったことを跡づけていることです。

レーニンは周知のように、一九一四年に論文「カール・マルクス」を執筆するにあたって、その準備としてヘーゲルの論理学の研究にうちこみました。そして「哲学ノート」とよばれる研究ノートをのこしました。そのなかでレーニンは、カントの不可知論にたいするヘーゲルの内在的な批判、是正を知り、「現代のカント主義、マッハ主義、等々の批判の問題について」とメモして、プレハーノフがカント主義（および不可知論一般）の議論を入り口で拒否するばかりで、ヘーゲルのように深め、普遍化し、それによって訂正するのではなく、「弁証法の見地からというよりむしろ卑俗な唯物論の見地から批判している」と指摘します。そして、さらに「マルクス主義者たちは、（二〇世紀の初めに）カント主義およびヒューム主義者たちを、ヘーゲル流にというよりむしろフォイエルバッハ流に（およびビュヒナー流に）批判した」と記しています。

この「マルクス主義者たち」にはレーニン自身がふくまれ、このくだりはレーニンの自己批判にほかならない、と著者は推論します。ヘーゲルの不可知論批判については、エンゲルスが『空想から科学』への「英語版への特別の序文」で言及し、『フォイエルバッハ論』でも「観念論の立場から可能であったかぎりでは、すでにヘーゲルによって決定的になされている」と指摘しているところです。

私の理解によれば、カントは、現象や経験の世界と、本質、物自体とを切り離し、両者を機械的に対立させ、世界のあらゆる豊かな内容をすべて現象の世界、経験の世界にひきよせてしまいます。その結果、物自体は無内容で空虚な抽象以外のなにものでもなくなってしまうのです。そうではなく、現象のなかに本質をみるのであって、経験的世界を知りつくすなら物自体は認識されたのである――これがヘーゲルの不可知論批判のごくおおざっぱな内容です。ここには、不可知論の論理そのものに切り込んで、どこに誤りがあるかをしめして、その誤りを是正していく弁証法の考え方がつらぬかれています。これにたいして、プレハーノフや『唯物論と経験批判論』でのレーニンの批判には、不可知論の拒否はあってもそうした内在的な批判はみられません。ですから、ヘーゲルの論理学を学んだレーニンの自己批判という著者の指摘は、十分説得力をもっています。

著者は、レーニンがヘーゲルの弁証法を研究して到達したつぎの言葉を引用しています。「哲学的観念論は、粗野な、単純な、形而上学的な唯物論の見地からすれば、たわごとにすぎない。これに反して、弁証法的唯物論の見地からすれば、哲学的観念論は、認識の特徴、側面、限界の一つを、物質、自然から切りはなされた、神化された絶対者へと、一面的に、誇大に、過度に（ディーツゲン）発達させ（膨張させ、ふくらませ）たものである」（全集㊳、329～330ページ）。不可知論をふくむ哲学的観念論について、さらに人類の認識の発展についてのこうした見地は、『唯物論と経験批判論』の時点から五年をへて、レーニン自身が弁証法的世界観をどんなに豊かに発展させていったかをしめしています。

「哲学ノート」と著者の推理

なお一四章では、「哲学ノート」そのものに立ち入った研究と、そこでのレーニンの研究が「カール・マルクス」における弁証法の叙述にどう反映しているか、という興味ぶかい論及があります。そのなかでとくに私の関心をひいた問題の一つは、レーニンがあげている「弁証法の諸要素」についての研究です。レーニンは「哲学ノート」のなかで、弁証法について「概念をそれ自身から規定すること」「事物そのもののうちにある矛盾性」などをあげたうえで、「弁証法の諸要素」として十六項目あげています。そのなかには、「対立物の総和および統一」とか、「分析と総合」「他のものへの移行」「否定の否定」などがふくまれています。「ノート」のこの部分は、写真版で全集三八巻に綴じ込んであり、これによって読者はレーニンの肉筆にふれることができます。私も党学校の講義のさい受講者に示したりしたこともありますが、そこから先にはすすみませんでした。ところが著者は、この一六項目がどういう順序で書かれたのかということを、ノートの筆跡などで推理していくのです。内容を紹介する余裕はありませんが、それによってレーニンが弁証法について、どのように思考をめぐらしていったのかがよくわかり、弁証法の諸要素を立体的にとらえうるようになっています。私自身、この一六項目には、認識の弁証法と実在の弁証法が混在して書かれていたり、エンゲルスが重視した「否定の否定」や「量から質への転化」が最後につけたりのように書かれているのが解せなかったのですが、本書の推理である程度納得できたように思います。著者の徹底した探究ぶりの一端がわかる点でも、刺激をうけます。

こうした徹底した究明のうえにたって、著者は、レーニンの「弁証法の諸要素」が「カール・マルクス」を書き上げた後に書かれたという以前の自説を訂正し、「諸要素」などの研究の成果にたって「カール・マルクス」が執筆されたことをあきらかにしています。「カール・マルクス」の内容の深さにあらたな光をあてる結果になっています。

二　マルクス、エンゲルスの書簡集とレーニン

本書のもう一つの大きな柱は、マルクス、エンゲルスの書簡集からレーニンがなにを学んだかという問題です。「第一三章　マルクス、エンゲルスの書簡集を研究する」「第一五章　『カール・マルクス』と往復書簡」の二章がこの問題にあてられています。紙数の関係もありごく簡潔に紹介するにとどめます。

画期的だった書簡との出合い

マルクスの学説を研究するうえで、この時期（反動期）のレーニンにとって、『唯物論と経験批判論』へのとりくみとあわせて、マルクス、エンゲルスの一連の書簡に接したことは画期的なできごとでした。なぜなら、そこには、哲学、経済学の問題にとどまらず、そのときどきに二人が直面したありとあらゆる問題、いろんな国の革命家の相談にのったり、援助をもとめられた問題について縦横に語られており、それぞれに鋭く深い洞察や、的確な見解がしめされているからです。とくに階級闘争の戦略、戦術問題についての論及から、レーニンは多くを学びました。

まだ全集なども刊行されていなかったこの時代には、レーニンが接することのできたマルクス、エンゲルスの著作はいまと比べて、ごくかぎられていました。それだけに、二人の書簡集との出合いは、レーニンに

とって、マルクスとエンゲルスの見解を多面的に知るうえで、なにものにもかえがたい値打ちをもっていたのです。

たとえば、敗北したロシア革命をめぐって、当時のロシアには、「たちあがるべきでなかった」式の日和見主義の議論がまんえんしていました。そのとき、一八七一年のパリコミュンについて、それが敗北したものの「世界史的に重要な新しい出発点」となった、とのマルクスの評価（医師クーゲルマンへの手紙）にふれて、レーニンがどんなに意を強くしたかは想像にかたくありません。クーゲルマンへの手紙のなかには、価値法則をめぐって経済学における認識論を展開したマルクスの見解もしめされています。

レーニンは、当時、民族問題について文字どおり手探りで探究していました。その彼が、自分の探究の方向の正しさに確信を深めるのは、マルクス、エンゲルスのアイルランド問題についての研究と討論などについて、書簡集をつうじて知る機会をえたからです。そのときのレーニンの喜びも想像に余りあります。また、アメリカの労働運動の指導者ゾルゲにあてたマルクスの書簡では、労働運動がまだはじまったばかりのアメリカの運動にたいしては、先進国ドイツの運動の理論や経験を機械的に適用しようとする教条主義をいましめ、逆に、強力な国会議員団を擁するドイツの党には、日和見主義を警告しています。その内容はきわめて示唆に富んでいます。

詳しい摘要、系統的な研究

なかでも、レーニンがもっとも重視し多くを学んだのは、マルクス、エンゲルスの『往復書簡集』です。

レーニンは詳しい摘要をつくってますが、その研究が「カール・マルクス」をはじめマルクス主義を概観したレーニンの諸論文にどう生かされ、反映されているかを、本書はたんねんに跡づけています。そこでは、「カール・マルクス」の執筆プランと構成がくわしく研究され、マルクスの学説が、哲学、経済学、社会主義、階級闘争の戦術の総体として、すなわち全一的で総合的な世界観、理論としてしめされたことの意義が、あらためて解明されています。

たとえば、「カール・マルクス」の「哲学的唯物論」の節では、イギリスの自然科学者ハックスリの不可知論を批判したマルクスの手紙が援用されています。そこでの不可知論についてのレーニンの叙述は、『唯物論と経験批判論』より前進していることなど、哲学や経済学についても数々の興味深い指摘があります。同時に、「カール・マルクス」の最大の特徴は、「プロレタリアートの階級闘争の戦術」という節をたてて、階級闘争の戦略・戦術についてのマルクス、エンゲルスの見解を、主として『往復書簡集』に依拠しながら、系統的にまとめあげていることです。レーニンによる『往復書簡集』研究の成果が、ここに最大限いかされているといえるでしょう。

この節の冒頭でレーニンは、マルクス、エンゲルスが「その全生涯をつうじて、理論的な労作とならんで、プロレタリアートの階級闘争の戦術の諸問題にたゆみない注意をはらった」と指摘し、「マルクスが、この側面の欠けた唯物論は中途半端で、一面的で、死んだものだと、正当にも考えていたことを、強調しておく」（全集㉑、62～63ページ、古典選書70～71ページ）とのべています（残念ながらレーニンのこうした見地にもかかわらず、「カール・マルクス」のこの節は、その前の「社会主義」の節とともに、弾圧への配慮から削除して、グラナート出版社の百科辞典に掲載されました。この削除された節が復元されて出版されたのは、レーニン死後の一九二五年です）。

「マルクスは、プロレタリアートの戦術の基本的任務を、彼の唯物弁証法的世界観のすべての前提に厳密に一致して規定していた。ある社会の、あまさずすべての階級の相互関係の総体を客観的に考慮すること、したがって、この社会の客観的な発展段階をも考慮すること、この社会と他の社会との相互関係をも考慮すること、それだけが、先進的な階級の正しい戦術の土台となりうる。その場合、すべての階級とすべての国が、静態においてではなく動態において、すなわち静止の状態においてではなく運動（この運動の諸法則はそれぞれの階級の経済的な生存条件が生まれる）において、考察される」（全集㉑、63ページ、古典選書、71ページ）。この有名な文章ではじまるこの節の本文については、実際に読んでいただくことにしましょう。

ここでは、本書が、「カール・マルクス」で採用したレーニンの摘要と『往復書簡集』の原文とを対照してしめして、『往復書簡集』をレーニンがどう学び、その成果が「カール・マルクス」にどう反映されたかが、よくわかるように工夫されていることを紹介するにとどめましょう。

なお、「カール・マルクス」そのものについては、『レーニン「カール・マルクス」を読む』（新日本出版社）があり、そこで著者は、この論文が書かれた背景と論文の内容について、たちいった解明をおこなっているので紹介しておきます。

巻末に収録されている「再び・『レーニンと「資本論」』をめぐって――著者に聞く（聞き手・山口富男）」は、このシリーズの二、三巻について、あらためて著者の問題意識や論点を浮き彫りにして、本書を理解する格好の手引きの役を果たしてくれます。

不破哲三著『レーニンと「資本論」』第七巻を読む

夜明けをむかえた「最後の三年間」のたたかい

〝レーニン自身の歴史のなかでレーニンを読む〟という方法のもとに研究・執筆され、雑誌『経済』の一九九七年一〇月号から四三回、三年七ヵ月にわたって連載された『レーニンと「資本論」』が、今回刊行された第七巻（三六回から四三回分を収録）でついに完結しました。

これによって、二〇世紀の世界と日本の革命運動に大きな影響をあたえたレーニンの全生涯にわたる政治的理論的活動に新たな光があてられ、その偉大な探究と到達点が、そのなかにふくまれる弱点や誤りをふくめて鮮明にされるにいたりました。そのことのもつ特別に重要な意義を最初に強調したいと思います。

一　二一世紀の理論的発展にとって大事な仕事——全巻完結の意義と第七巻

不破さんは、日本共産党創立七七周年の記念講演（一九九九年）で、「科学的社会主義をどういう立場でとらえ、発展させるか」という問題にふれ、そのなかで雑誌『経済』の連載について、「二〇世紀を終わる前に、レーニンのやった仕事の全面的な再検討をしておきたいと思って始めた研究」と語り、「科学的社会主義の大きな流れのなかで、レーニンの理論を再吟味し、私たちが肯定できる発展的な部分と、理論的な誤り、あるいは歴史の試練に耐えなかった部分とをきちんと区別して解明することは、私は、二一世紀における科学的社会主義の理論的な発展の道を開くためにも、大事な仕事だと考えています」（『現代史のなかで日本共産党を考える』28ページ）とのべています。全七巻の膨大でしかも新鮮な解明と探究が充満したこの著作は、著者ならではの多年にわたる研究と蓄積のうえにたってはじめてなしとげられたものです。党委員長、議長として党活動の先頭にたちつつ、実践とむすんでおこなわれたその徹底した探究と努力に頭がさがる思いです。

レーニンが二〇世紀のうみだしたもっとも傑出した革命運動の指導者であり、理論家であったことに疑問の余地はありません。『帝国主義論』をはじめその理論的達成は、いまも私たちが理論的よりどころとし、発展させるべき多くの内容に満ちています。同時に、レーニンの理論的活動のなかには、とくに日本をふくめ各国の運動に大きな影響をおよぼした国家論、革命論、社会主義論などいわば理論の骨格にあたる部分に、大きな間違いがありました。そして、レーニン自身その誤りに気づき是正にとりくんだ問題もあれば、それができないまま生涯を終わった部分もありました。そのことを直視するとき、不破さんの今回の仕事の意義はいっそう明確になります。それは、二一世紀の科学的社会主義の理論的発展にとっての大事な礎石を敷いたものということができるでしょう。この研究をふまえてこそ、私たちは今後、レーニンの到達をさらに前へすすめることができると思います。

その全体については、本書の「前書き」で著者自身が、第七巻の内容のあらましとあわせて、全巻をふりかえって各巻の簡潔な紹介をしてくれていますので、それを見ていただきたいと思います（「しんぶん赤旗」二〇〇一年五月九日、一〇日付に掲載）。ここではただちに、「最後の三年間」と名づけられた第七巻を読みすすむことにします。

〝夜明け〟の時代

この巻は、一九二〇年一一月のロシア共産党（ボ）モスクワ県会議から二四年一月のレーニンの死にいたる三年二ヵ月をあつかっています。そのまえの苛酷な干渉戦争と戦時共産主義の時期を、著者は〝夜明け前〟と名づけ、「レーニンの全生涯のなかでも、理論的にもっとも〝荒れた〟時代」（六巻、２ページ）と特徴づけました。成立したばかりのソビエト政権を抹殺しようとする帝国主義列強の干渉によって強いられた、政権の存亡をかけた内戦をたたかいぬくと同時に、差し迫る労働者の飢えと窮乏をしのぐためのやむをえざる措置という側面をもちつつも、戦時共産主義という誤った路線に落ち込んでいった時期でした。第七巻は、この干渉戦争をうちやぶったソビエト共和国が、資本主義諸国の世界的な網の目のなかで「基本的な存立」をかちとった時期です。そして、この情勢の転換、「新しい一時期」の条件のもとで、国内では「新経済政策」を、国際的には革命運動のあらたな戦略・戦術を目を見張るような知的創造力を発揮して展開していきます。

著者はこの時期をレーニンの〝夜明け〟の時代と呼んでいますが、まさに新しい情勢にふさわしくレーニンの理論的創造力が、現実ときりむすんでいかんなく展開された時期ということができます。同時にこの時期は、一九二二年一二月に病気に襲われたレーニンが、みずからの病とたたかいながら最後の渾身の力をふりしぼって、大国主義をはじめ誤った道に踏み込んでいくスターリンらとの壮絶なたたかいをくりひろげた時期でもあります。

〝レーニン自身の歴史のなかでレーニンを読む〟という著者の方法は、この時期のレーニンの理論的探究とたたかいを追跡するうえで、とりわけすばらしい威力を発揮し、その生きいきとした実像をいかんなく活写することに、成功していると思います。

二　国際情勢の新しい認識――ソビエト政権と資本主義国との共存

この時期の、国内的国際的な政策・路線の大胆な転換は、国際情勢の変化とそれについてのレーニンの認識からはじまります。それは一口に言って、「ソビエト共和国が、資本主義諸国の網の目のなかで『自立して存立する権利』をかちとったという認識、いいかえれば、ソビエト共和国が『資本主義諸国と並存できるような条件』をたたかいとったという認識でした」（本書３３ページ——以下本書は略）。

ある種の均衡

この情勢認識の新しさは、それまでの認識と対比してみるとよくわかります。それまでは、資本主義国の数ヵ国、あるいは一ヵ国で社会主義革命が勝利しても、資本主義国のブルジョアジーが、革命の勝利を容認し、それらの国と共存の関係を結ぶことはありえない。革命の勝利した国を粉砕するためにこれらの国が干渉戦争にのりだしてくることはさけられず、革命をまもるためには、この干渉を革命的防衛戦争によってうちやぶらなくてはならない。この防衛戦争が、資本主義国の内部での被搾取階級の決起と結びつき、革命が国際的規模での勝利に発展したときはじめて、革命の成果を本格的に安定したものにすることができる、というものでした。

ロシアでたまたま革命が勝利したにしろ、ヨーロッパの一連の発達した資本主義国で革命が勝利してはじめて、ロシアの革命政権を維持し、社会主義へ前進できるというのが、レーニンらの情勢にたいする基本的な見方でした。しかし、現実には、ヨーロッパでの革命情勢は、レーニンが期待したような速さでは成熟しませんでした。一方、ソビエト人民の不屈のたたかいとともに、帝国主義国の労働者、人民の反対、抵抗とも連携して、ソビエト共和国は干渉戦争を打ち破り、ソビエト政権の存立を帝国主義諸国も事実上みとめざるをえないある種の「均衡」がうまれたのです。レーニンは、この情勢変化を機敏に正確にとらえ、新しい情勢のもとで国内政策、国際的な運動のあり方をねりなおしていくことになります。

それにしても驚かされるのは、レーニンのそういう情勢認識の転換の時期について、不破さんが一九二〇年一一月二一日のロシア共産党（ボ）モスクワ県会議での「わが国の内外情勢と党の任務」と厳密に特定していることです。私自身、干渉戦争とのたたかいと情勢の発展のなかでレーニンの情勢認識が変わっていったという認識は、なかったわけではありません。しかし、この時期のレーニンの多くの発言、著作のなかからその転換の時期とそれをしめす文献を特定するということは、問題意識にすらのぼったことがなかったというのが本当のところでした。どこでレーニンに情勢認識の変化がおこったのか、そこからどういう理論的な展開がなされたのか、といった発展的な見地と問題意識をもって研究にあたってこそ、それらが可能になったといえるでしょう。〝レーニン自身の歴史のなかでレーニンを読む〟という方法の大切さを、ここからも学ぶことができると思います。

一国社会主義の建設

新しい情勢認識は、近い将来に、世界的な規模に、あるいはヨーロッパ的規模への革命の拡大を展望していた、四ヵ月前に終わったばかりのコミンテルン第二回大会の情勢認識を大きく転換させるものでもありました。もはや迫りくる世界革命の勝利にソビエト政権の運命を託するのではなく、「反対に、国際的な存立をかちとったロシアは、自分の国で『共産主義体制、制度をつくりだすことができるということ』を、国内の非プロレタリア的大衆にも、世界の他の国々にも、『実例』をもってしめさなければならない」（63ページ）ということです。

いわゆる「一国社会主義の建設」という課題です。ソビエト権力プラス電化にその道をさぐることになりますが、それはまだ戦時共産主義を前提にしたままでした。レーニンが本格的にその探求をすすめるのがこれから考察する新経済政策（ネップ）です。

なお、一国社会主義の建設をめぐって、レーニン死後スターリンとトロツキーのあいだで激烈な論争がくりひろげられたことは、よく知られています。本書には、世界革命論を唱えたトロツキーはもとより、一国社会主義建設を主張したスターリンの双方ともに、レーニンがその議論の出発点にした一九二〇年一一月の転換を無視して論を争っていたことを論証した興味深い論及があることを紹介しておきます。

三　新経済政策——その段階的な歩みと展開

ソビエト政権の存亡をかけてたたかわれた苦難をきわめた干渉戦争にうちかって、ようやく平和的環境をかちとったにもかかわらず、ロシア国内ではじつはレーニンがあとで「もっとも大きな政治的危機」とよんだ重大な困難に直面していました。戦時共産主義によって余剰生産物のすべてをソビエト権力に徴発された農民の不満と怒りが高まり、一九二一年三月には、クロンシュタットの水兵（その圧倒的部分は農民出身）の蜂起——ソビエト権力にたいする内部からの計画的反乱——に発展するまでにいたったのです。農民は、コルチャックやデニキンの反革命勢力が農民にたいする専制支配を復活させるのをはばむというかぎりではソビエト政権を支持し、困難な内戦をもたたかいぬきました。しかし、反革命勢力が打倒されたもとでは、農民自身の生活に必要な部分以外の「余剰」はすべて徴発する戦時共産主義のやり方にがまんすることはできなかったのです。

この戦時共産主義が、市場経済を敵とし、その克服を共産主義建設の前提としたことは、本書の第六巻で克明に分析されたところです。そうしたやり方が、もともと小商品生産者として市場をつうじて生産物を商品として交換して生計をたててきた農民の存在そのものを敵視するものであったのです。このやり方を根本からあらためるため、農民に余剰生産物を自由に売買することを認め、市場経済を復活させ、農民との団結を回復し、それをつうじて社会主義へ長期の射程で接近するというのが新経済政策でした。

この新経済政策については、不破さん自身これまでいろんな機会に論及してきました。それらと対比して今回の研究の大きな特徴は、①この新経済政策がはじめから完成されたものではなく、さまざまな試行錯誤をつうじて発展させられていったものであることを明確にしたこと、および、②その発展のなかで、戦時共産主義の誤りについてレーニン自身が認識を次第に深めていったことが、あわせて発展的に跡づけられているることです。〝レーニンの歴史のなかでレーニンを読む〟という方法ならではの新しい発見を、ここにもみることができます。

食糧税の導入

本書の展開にしたがってその経緯をざっと追ってみましょう。まず、レーニンが事態の重大性に気づき、政策的対応を考えるのは、情勢認識の転換から間もない一九二一年一月から二月にかけてです。まず、割当徴発制をあらため、農民が一定の税を納めればのこった余剰生産物を経済的取引に利用できる食糧税の制度を新設し、税額も以前より引き下げることでした。この構想は、レーニンが一九二一年五月に発行した小冊子『食糧税について』で一つの体系だった政策にまとめあげられます。しかし、ここではまだ、戦時共産主義の枠組み、すなわち市場経済敵論を前提にしたまま、社会主義をめざす労働者階級とその国家が農民との関係をどう改善するかという問題が設定されています。

つまり、農民が食糧税を納めれば、残りの生産物を工業製品と交換する取引をみとめる、同時に、「生産物交換を、野放しの商業の自由という軌道にではなく、国家資本主義の軌道にのせる」(111ページ)というものでした。ここで「国家資本主義の軌道にのせる」ということが何を意味するかはさだかでないところがありますが、「市場経済によらない、国家の監督と規制のもとでの生産物交換の方策を生み出し、それを支配的な交換の形態としてゆくことに、レーニンが意図した中心点がありました」(114ページ)と説明されています。「『新経済政策』の特徴とされている市場経済への積極的、肯定的な態度は、『新経済政策』という名称が登場し、その政策的、理論的な体系化がはかられた一九二一年五月の時点においても、レーニンの構想には、まだ存在していなかったのでした」(115ページ)。

画期的意義もつ市場経済への転換

市場経済を敵として、その克服によってこそ共産主義にすすめると考えてきたレーニンや当時の共産党員にとって、これを容認する路線に転ずることは、いまでは考えられないくらい大変なことでした。レーニンがそこにたどりつくのは、徴発から食糧税へと転換してからさらに六ヵ月たった一九二一年一〇月です。それは、市場経済とは別のやり方で「交換」を「国家資本主義の軌道にのせる」という路線が、余剰を手にした農民による私的市場経済の奔流、普通の売買、商売によっておし流され、その破綻が明白になるなかででした。

そこでようやくレーニンは次の認識にたどりつきます。「いまわれわれは、さらにもうすこし後退し、国家資本主義に復帰するだけでなく、商業と貨幣流通との国家による規制に復帰しなければならない状態にある。われわれが考えていたよりも長期にわたる、こういう道によらなければ、われわれは経済生活を復興することができない。すなわち、経済関係の正しい制度を復興し、小農民生活を復興し、大工業を復興して自力で立ちあがらせることはできない。こうしないでは、われわれは危機から抜けだすことはできないであろう。これ以外の活路はない」(「新経済政策について」全集三三巻、85ページ)と。それまで断固として反対したたかってきた市場経済を容認し、それと正面からとりくみながら、社会主義への道を探究するというのです。ここでレーニンはなお「やむをえない『後退』」としていますが、不破さんは「実は、この転換は、『新経済政策』の展開の歩みのなかで、その後の歴史にてらしても、もっとも重大な、文字通り画期的な意義をもつものでした」(122ページ)と指摘しています。

「戦時共産主義」の誤りを段階的に認識

「新経済政策」のこうした展開のなかで、戦時共産主義の誤りについての認識も段階的に深まっていきました。「食糧税」へのきりかえを提起した一九二一年三月の時点では、「幾多の行きすぎ」があったという認識にとどまりました。その年の一〇月一八日に「プラウダ」に発表した論文「十月革命四周年によせて」では、「誤り」はみとめますが、それは「共産主義的な生産と分配への移行の道を、十分な準備なしに急ぎすぎた」(130ページ)というものでした。ところが、市場経済容認に転換した一〇月末の第七回モスクワ県党会議では、「われわれは、われわれの経済が市場や商業とどういう関係にあるかという問題を、全然提起しなかった」(全集三三巻、76ページ)こと、つまり「市場経済を黙殺したところに、この時期の経済政策の最大の問題点があったことを、自己批判的に指摘」(136ページ)するにいたります。こうして、「戦時共産主義」をそれ以前の「記帳と統制」の路線にまでさかのぼって大胆に清算し、市場経済へのとりくみを中心任務とする「新経済政策」の新しい段階へと前進していくのです。

著者は、こうした「新経済政策」の展開について、「単純なものではなく、苦痛に満ちた内戦を経たロシア社会の苛酷な現実と切り結びながら、レーニンがその理論的、政治的な創造性を大胆に発揮して切り開いていった過程だった」(137ページ)と指摘します。そして、「市場経済否定論の枠組みのなかで、対農民政策の変更を主として問題にしていた最初の時期(一九二一年三月〜一〇月)と、市場経済にたいする態度を一八〇度転換させ、『新経済政策』が本来もつ力が最大限に発揮されるようになった次の時期(一九二一年一〇月以後)とでは、政策の内容からそれを法則的にとらえる理論だてまで、根本的ともいってよい違いがあります。このことをあらためて鋭く認識できたことは、私にとって大きな収穫でした」(138ページ)とのべています。それまでの「主な注意と関心を全体としての共通点にむけて、『新経済政策』の全体像を描き出すという傾向」(同前)への著者自身の自省をもこめた述懐に、自分の反省をも重ねあわせて納得させられたくだりです。

なお、『食糧税について』はネップを代表する論文のようにいわれ、私もそういう先入見で読んだことがあります。そのとき、〝さっぱり面白くない〟というのが正直な感想でしたが、なぜそういう印象をうけたのかわからないままきていました。今回、不破さんの研究を読んで、そのなぞが解け、私にとっては一つの収穫でした。

商業が「当面の環」

市場経済のもとで社会主義への道をすすむということは、レーニンとボリシェビキ党にとって、まったく新しい経験であったばかりでなく、科学的社会主義の理論にとっても新しい挑戦でした。その中心は、「商業こそが全力をあげてつかむべき当面の『環』だという提起」（147ページ）です。この提起は、きのうまで市場経済を敵としてたたかってきた人々にとってはまさに青天の霹靂《へきれき》でした。レーニンは、この見地をこれらの人々に納得させるためにも、新経済政策の理論的意義づけをさまざまな角度から語っていますが、そこには基本的に二つの問題があります。一つは、当時の歴史的条件のもとでは、これによってのみ農民との関係を回復し団結を強化できるということです。「小農民に最良の製品を以前より大量に、はやく、やすく供給することのできる工業がないとすれば、幾千万という小農民と大工業とのあいだに可能なただ一つの経済的結びつきは、商業である」（全集三三巻、105ページ）との見地です。「われわれの陥った荒廃状態のもとでは、こうすることなしには、われわれは農民とのしかるべき結びつきを復活することができない。

こうしないなら、革命の先進部隊が遠く先ばしって、農民大衆から切りはなされてしまう危険がわれわれを脅かす。それではこの先進部隊と農民大衆との結合はできないであろう」（全集三三巻、155ページ）からです。

もう一つは、それによって資本主義との競争にうちかち、社会主義へすすむ物質的基礎をつくりあげるという問題です。「新経済政策にはもう一つの側面がある。それは、学ぶ、ということである。新経済政策は、われわれが経済の運営を本式に学びはじめる形態であって、この面でのわれわれの活動は、いまにいたるもだらしのないものである」（同前、168ページ）、不破さんはこれを「市場経済に熟達し、自分の利潤のために市場で活動する資本家にまけないだけの、いやそれ以上の力をもつようにならないと、社会主義の建設者にはなれないのです」（154ページ）と要約しています。

レーニンはこういう見地から、商売などに手を染めたことがなく、とまどう共産党員を叱咤激励、鼓舞しながら、「〝ヨーロッパ的に商売のできる〟一流の商人になろう」とよびかけ、「国有企業を資本主義企業との競争で点検する」ことから、「外国資本の導入」にいたるさまざまな政策を打ち出し発展させていきました。レーニンが市場経済の意義を自覚的にとらえた一九二一年一〇月から、病で政治的理論的活動を断念せざるをえなくなる一九二三年三月まで一年五ヵ月という短い期間ですが、その展開はまさに目を見張るばかりです。それらの詳細については、本書を直接読んでいただくことにします。

「新経済政策」は、レーニンがこれを理論的にしあげる余裕がないまま、その死後スターリンによって乱暴に投げ捨てられ、ロシアでは実をむすびませんでした。しかし、それが理論的にも大きな意義をもつものであったことは、時代と社会的条件を大きく異にしながら、いま、市場経済と結合した社会主義をめざす中国やベトナムで研究され活かされ、日本共産党の社会主義への将来展望のなかにも、「計画経済と市場経済の結合」（党綱領）という形で発展させられていることにあきらかです。本書には、不破さんが一九九九年にベトナムを訪問したさいおこなわれた「新経済政策をめぐるベトナム共産党との対話」も収録されています。

四　レーニン最後の世界革命論――多数者の獲得を中心に

レーニンは、一九二一年一二月に病気に襲われ、二二年五月に最初の発作、一二月にはいっそう重い命とりになった発作に見舞われ、二三年三月以降はいっさいの活動ができなくなり、二四年一月に亡くなります。著者は、この時期のレーニンの活動と問題関心について、一九二三年二月に病をおして口述筆記した論文「量はすくなくても、質のよいものを」の内容にそくして、つぎのようにまとめています。

（一）平和的な国際環境をできるだけ長期に維持することにつとめつつ、新経済政策によってすえられた社会主義的な「文明化」への新しい道を着実に前進すること。

（二）帝国主義諸国家との「きたるべき衝突」をひきのばすために、平和外交を展開すること。

（三）ヨーロッパを中心とした資本主義諸国が、それぞれの条件にふさわしいすすみ方で「社会主義への発展を完了する」ように、長期的な姿勢で各国の革命運動にとりくむこと。

（四）「革命的民族主義的東洋」との同盟を前進させ、より強いものとすることに、国際的な任務のなかでも、もっとも重要な地位をあたえること。

新経済政策についてはこれまでみてきましたが、これらのうち（二）について、本書では、ソビエト・ロシアの国際的な存立を確実なものにするために、レーニンが平和外交にどんなに力を入れたか、また、社会制度のちがう国との共存をかちとるために、ソビエト・ロシアが初めて参加した国際会議であった一九二二年四月のジェノバ会議をどんなに重視し、その成功のために奮闘したか、またそこで、全般的軍縮と大量殺戮兵器の禁止などのために尽力したようすが、生きいきと紹介されています。ここでは、それらに立ち入らず、レーニンが新しい情勢のもとでコミンテルンを中心に展開した革命戦略の転換をみることにします。

「労働者階級の多数者の獲得」

それ以前のコミンテルン第二回大会（一九二〇年七月）では、西ヨーロッパ情勢は革命に接近していると し、「ごく近い」時期のプロレタリア革命にそなえるというのが基本的な考え方でした。新しい情勢は、「この見方の根本的な修正」をせまり、「西ヨーロッパでの革命の長期的な成熟にそなえて、それに向かってのより根本的な準備を、革命運動に要求するものとなったのです」（251ページ）。その立場でレーニンが提起したのは、「労働者階級の多数者の獲得」という目標であり、戦略方針でした。この戦略転換は、新経済政策がロシア国内で多くのとまどいや抵抗をうみだしたのと同じように、ロシアの党やコミンテルンの内部に、少なからぬ抵抗をうみだしました。ここでもレーニンの活動は「旧来型の『革命的』な戦術に固執する『左派』にたいする論争や説得活動に彩られた過程となった」（252ページ）と不破さんは指摘しています。舞台は、コミンテルン第三回大会（一九二一年六〜七月）とそれを準備する過程です。

論争は、主としてドイツ共産党による一連の極「左」冒険主義的行動などにたいする態度と評価をめぐっておこなわれました。一九二〇年三月にドイツ軍部の反動派がおこした「カップの一揆」とよばれる軍事クーデターに抗してドイツの労働者がおこなったゼネストにたいして、当初党指導部がブルジョア民主主義否定の立場からボイコットを表明したこと、およびその後「労働組合政府」の樹立が提起されたさい、これに「忠誠な反対派」（誠実な野党）の立場を表明したことにたいする是非、さらに、一九二一年一月に、ドイツ統一共産党中央委員会が他の社会主義政党および労働組合に共同行動をよびかけた「公開状」の評価、および反動派の攻勢にたいする防衛的性格のたたかいであった「三月行動」の評価をめぐる党内とコミンテルン内での対立などでした。

第三回コミンテルン大会でのレーニンの演説

これらのいずれでも、性急な極「左」路線を支持するドイツの党とコミンテルン内の「左派」と、労働者階級の多数派の獲得という見地から、ドイツの党による「誠実な反対派」としての態度表明や「公開状」を支持し、極「左」行動を批判するレーニンの見解は真っ向から対立します。決着はコミンテルン第三回大会の場にゆだねられますが、そこへ提出する「労働者階級の多数者の獲得」を中心命題にいれた「テーゼ」草案を作成する過程でも、ベラ・クンとタールハイマーといった「左派」の抵抗にあって、草案起草者のラデックが動揺し、「労働者階級の多数者」を「労働者階級の社会的に決定的な部分」と書き換える一幕もありました。やっとしあげた「テーゼ」草案にたいし、ドイツの党は、「右への転換の危険」を理由に当初予定していた共同提案者にはなれないと通告してきました。大会の討議はきわめて激しいものでした。レーニンのテーゼを支持をする代表は、フランスなどごくわずかだったといいます。この形勢を逆転して、「テーゼ」を採択する最大の力になったのがレーニンの演説でした。

レーニンは、「左派」が提出した修正案の誤りを徹底的に批判するとともに、ロシア革命の経験をひいて、「われわれがロシアで勝利したのは、労働者階級の明白な多数者がわれわれに味方したからだけでなく（一九一七年の選挙では、労働者の圧倒的多数が、メンシェヴィキに反対して、われわれに投票した）、われわれが権力を奪いとった直後に、軍隊の半数がわれわれの味方に変り、また数週間のうちに農民大衆の一〇分の九がわれわれの味方に変ったからである」（全集三二巻、506ページ）と説きました。また別の演説では、「総攻勢が近ければ近いほど、われわれは『いっそう日和見主義的に』行動しなければならない」（全集四二巻、435ページ）といって、多数者の支持のない性急な行動をいましめています。

統一戦線の探求

多数者獲得というレーニンの立場は、大会後さらに発展させられ、一九二一年一二月には、第二インタナショナル系の労働者との共同行動、それも大衆レベルでの〝下からの統一戦線〟だけでなく、政党や労働組合相互の〝上からの統一戦線〟の探求へとすすみます。実際に一九二二年にはいると、第二半インタナショナル、第二インタナショナル、コミンテルンの三つのインタナショナルの国際会議の開催、共同のための組織委員会の結成などの動きがありました。第二インタナショナルなどの妨害からこれらは実りませんでしたが、レーニンは統一戦線の促進のために、今様にいえば「一致点での共同」や、相互批判の自由、「相手の党派への政治的な罵倒を意味するような言葉は使うべきではない」ことなど、原則的で細心の心配りをして指導にあたりました。

この統一戦線の探求は、コミンテルンの第四回大会（一九二二年一一～一二月）でもあらためて強調されます。この大会でのレーニンの活動は重い病をおしてのものでしたが、そこで注目されるのは、大会の「テーゼ」のなかで、統一戦線からの不可避的な結論として「労働者政府」ないし「労働者・農民政府」の問題が提起されたことでした。これをめぐってはさまざまな立場からの議論があったようですが、最終的に採択された「戦術についてのテーゼ」について、不破さんはつぎのように解説しています。

「これは、革命運動の目標となる政府形態が、プロレタリアート執権（社会主義政権）一本槍ではなく、革命をめざすたたかいの過程で、中間的な政府形態が問題になりうること、それが統一戦線の発展と関連していることを、コミンテルンとしてはじめて承認したものでした」（３４４ページ）

しかも重要なことは、「テーゼ」が、労働者政府が「純然たる議会的起源」をもって生まれる場合がありうることを、みとめたことです（３４５ページ）。著者は、「ここにも、意味の深い政権論の発展がありました」（同前）とコメントしています。その延長線には、レーニンとコミンテルンがそれまでとってきた議会制民主主義と議会をつうじての革命否定論の克服にすすむ道も開けていたのではないでしょうか。

この時期のレーニンの活動について、著者は「そこには、干渉戦争に反対する闘争の時期には見られなかった活き活きした考察が、満ち満ちています」（３４９ページ）と述べています。同時に、「この転換の実践的・戦術的な方向づけは明らかにされましたが、そこにふくまれる可能性を徹底して追求し、それを本格的に理論化する仕事は、将来に残されました」（356ページ）とも指摘しています。もし、レーニンがもう少し存命してその仕事をなしとげてくれていたら、その後の世界の革命運動はあるいはもう少し違った道を歩んだかもしれない、そういう思いにもとらわれます。

五　被抑圧諸民族との大同盟、大国主義との最後のたたかい

「量はすくなくても、質のよいものを」でレーニンが強調した世界戦略の最後の柱は、東洋の諸民族との大同盟でした。台頭しつつある世界の被抑圧民族との連帯、団結のうちにこそ、歴史の進歩とソビエト・ロシアの将来をみたからです。「ソビエト政権が内政において〝被抑圧民族にたいする帝国主義的な態度〟に少しでも陥ったら、それは、西欧帝国主義にたいする大同盟をめざす努力に致命的な打撃をあたえる――レーニンが、国内での大国主義の表れをきびしく告発した中心点は、まさにこの点にありました」（358ページ）と、著者は指摘します。

レーニンはそうした立場から、エストニアなどバルト三国やフィンランド、さらにアフガニスタン、ペルシャ、トルコなどと、相手国への大きな譲歩をいとわずに、また、ことの重要性を理解しない党内の潮流のさまざまな妨害とたたかいながら講和条約をむすんでいます。そのなかで、内政不干渉の原則へと接近していきます。同時にこの時期、レーニンが病とたたかいながら、最後の力をふりしぼってたたかったのが、国内の少数民族にたいするスターリンらの粗暴な大国主義的態度、政策にたいしてでした。レーニンはそこに、

自分の余命のすべてを賭けるに値する「世界史的」な意義をみていたのです。

グルジア問題に世界史的意味を

問題は二つありました。一つはソビエト連邦の結成をめぐってです。スターリンらが計画したのは、独立・平等の諸民族の同盟ではなく、大ロシア国家が他の民族国家を吸収・合併するという、併合主義的「連邦」でした。スターリンらは、レーニンが病でいないのをいいことに、こうした計画をグルジアなどの強力な反対を封じ込んで強行するため、中央委員会に提出する決議案まで作成しました。その時点ではじめて知らされたレーニンは、スターリンを呼んで直接説得するなどあらゆる努力をつくして、この計画を粉砕し、決議案は、分離の自由をふくむ対等・平等な連邦の結成に書きあらためられます。

もう一つは、こうしたスターリンの横暴なやり方にもっとも強く反対したグルジア共産党の指導部にたいして、スターリンとその配下のオルジョニキッゼが、粗暴で抑圧的な態度で臨み、暴力沙汰までひきおこしていた問題です。この問題では、現地に派遣されたゼルジンスキーを責任者とする調査委員会の報告が、スターリンらを擁護するという、同じ大国主義の立場にたっていたため、事態をさらに複雑にしていました。

これとのたたかいは、文字通りレーニン最後のたたかいとなりましたが、スターリンによる資料提供や調査への執拗な妨害に抗してのまさに壮絶なものでした。夫人のクルプスカヤが、粗暴な言葉でスターリンから罵倒されるのも、その過程のなかででした。

レーニンは事件の調査をつうじて、グルジア共産党の抑圧された同志たちの擁護を買ってでる決意を固め、予定される党大会にむけて口述筆記による覚え書などを準備します。そこでレーニンは、スターリンをきびしく批判し、大ロシア的排外主義が、どんな害悪をおよぼすかを鋭く説いています。「もし東洋がこのように登場してくる前夜に、また東洋のめざめがはじまっているそのときに、われわれが自国内の異民族にたいしてすこしでも粗暴で不公正にふるまったため、東洋でのわれわれの権威をそこなうようなことがあれば、それはゆるすべからざる日和見主義であろう」（全集三六巻、721ページ）と。不破さんは「レーニンは、グルジア問題の世界史的な意味を、そこまで深く解明して、党大会にその断固とした解決をよびかけたのでした」（406ページ）と指摘します。

病状が悪化して一九二三年四月に開かれる党大会に出席できないことをさとったレーニンは、トロツキーあてに手紙を書き、大会で自分にかわって問題の解決にあたってほしいと要請します。同時に、スターリンにあてた手紙で、妻への侮辱を謝罪するか、自分と絶縁するかを迫ります。しかし、党大会でレーニンの覚え書は内々で処理され、「スターリンの大国主義は、無傷のまま、いや党大会での承認という最高の裏付けをえて、勝利を誇りました。そして、レーニンは、事態に介入する手段を失ったまま、病気とのたたかいをつづけ、一九二四年一月二一日、その生涯を閉じたのでした。ときに五三歳でした」（414ページ）。

おわりに――レーニン以後

「問題は、スターリンだけのことではありませんでした。状況をいっそう深刻にしたのは、レーニンが去ったあとの党中央に、レーニンの考えを全面的に理解し、それを受けつぎうる人物が、一人もいなかったという点にありました」（417ページ）と、著者は指摘します。実際、レーニンがなお病床にあるときから党中央委員会のレーニン離れは日を追ってすすみ、その死後、最後の三年間でのレーニンの理論的政治的展開の主要な到達はことごとく投げ捨てられていきました。

レーニンが遺言で、自分のいなくなった中央委員会の団結を心配して提案したスターリンを書記長からはずす提起――レーニンはこの問題を「些細《ささい》なことだとしても、決定的な意義をもつようになりかねない」と警告していました――が実行されなかったのも、その一つです。グルジア問題では、党大会はレーニンがまだ生きていたにもかかわらず、レーニンと正反対の結論をくだしました。レーニンが転換させた革命戦略でも、一九二三年一〇月には、ドイツ共産党が「時期尚早の蜂起《ほうき》」をくわだてみじめな失敗をします。これを背後で指導したのが、コミンテルン議長のジノビエフらでした。

レーニン死後、スターリンはレーニンを天までもちあげ、自分をレーニンの忠実な後継者として演出しますが、それはまったく欺瞞《ぎまん》にすぎませんでした。不破さんは、スターリンの『レーニン主義の基礎について』なる著作をあらためて読み、「いままであまり明瞭《めいりよう》にはとらえていなかったこの著作の決定的な誤りが、きわめて鮮明にうかびあがってきました。それは、スターリンが、この著作のなかで、一九二一～二三年のレーニンの探究を完全に無視し、意図的にそれに背をむけていることです」（441ページ）と喝破し、スターリンがこの著作で民族問題に一章をあてながら、レーニンがあれほど重視した「大国排外主義」の危険については完全に無視していることなどを具体的にあげています。

コミンテルン第五回大会（一九二四年六～七月）は、革命路線におけるレーニンの到達からの背反、後退のしあげのようなものでした。多数者革命を強調した第三回大会の精神は事実上否定され、社会民主主義をファシズムと同列において批判する新しい見地が提起され、統一戦線も労働者・農民の政府も投げ捨てられます。「こうして、一九二一年の『三月行動』批判に始まったレーニンの積極的探究とその成果は、レーニン死後わずか五ヵ月で、コミンテルンの方針から根こそぎ一掃されてしまったのです」（４４７ページ）。その後、一九二〇年代末から三〇年代にかけての農業の集団化、大量弾圧、侵略と併合への政策転換などはすでに周知のところです。著者はそれに先行する形で、「レーニンの探究とその精神を否定する大きな伏流（それはレーニンの生前に始まっていました）がすでに存在し、一つの支配的な流れとなっていました。ここには、ソ連史の研究のうえでの大きな問題」（４４９ページ）があると指摘しています。

わたしはこうした歴史をふまえて、いま、乱暴に投げ捨てられたレーニンの探究と到達に本書が新たな光をあてたことの大きな意義を、あらためて実感しています。そして、当時とは歴史的社会的条件を大きく異にしながら、日本共産党が、その綱領路線において多数者革命と統一戦線、そのうえにたつ政府を提起し、また、ソ連、中国の大国主義的干渉と党の存亡をかけてたたかいぬき、ソ連共産党の解体を「巨悪」の崩壊と歓迎した確固とした自主独立の立場をとっていることの深い意味について、いっそう認識を深めています。この路線と科学的社会主義が、二一世紀にふさわしい発展と飛躍をとげるために、本書が多くの人々によって研究され、積極的に活用されるよう、心から期待して筆をおきます。

初出誌紙

一　歴史認識における進歩と反動
靖国派は日本をどこへ導くか
――日本会議のイデオロギーの本質と矛盾　『前衛』二〇〇七・九
首相の靖国参拝を許さぬ国民の歴史認識を
――〝過去の克服〟ドイツと日本　『前衛』二〇〇五・九
侵略戦争と真摯に向き合い、未来をひらく
――日本共産党綱領に学ぶ　「民青新聞」二〇一四・六・九、一三

二　変革の立場と知識人の諸相
狂気・理性・そして現実――三島由紀夫の自殺をめぐって　『前衛』一九七一・二
現代市民主義の展開と限界　『文化評論』一九七四・二
傍観者の転倒した論理と変節の美化
――小田実氏の思想と「べ平連」　『前衛』一九九四・六
発揮される文化・知識人の良識と力
――丸山真男「近代日本の思想と文学」批判　『前衛』二〇〇六・一一

三、科学的社会主義の擁護

日本共産党が確立した原則の歴史的位置　『前衛』一九九五・三
——その国際的先駆的意義について

「あれか、これか」でなく、弁証法の見地で　『前衛』一九九〇・六

科学的社会主義と人間の問題　『赤旗評論特集版』一九九二・一二・一四

世界最終戦争の狂信と科学的社会主義　『前衛』一九九五・七

不破哲三「レーニンと資本論」（第三巻）に学ぶ　『月刊学習』一九九九・八

不破哲三「レーニンと資本論」（第七巻）を読む　『前衛』二〇〇一・七

あとがき

わたしは、二〇一四年一月まで約半世紀にわたって日本共産党の中央委員会で活動してきました。そのなかで少なからぬ論文、論評を党機関紙誌に書く機会がありましたが、多くはその時々の必要に迫られてのものです。それらのなかからいまも読むに耐えそうだと自己判定したものを集めたのが本書です。大学院で哲学を学んでいた私がたまたま党本部の仕事をするようになったのは、一九六四年でした。以来、ソ連や中国の毛沢東派からの干渉・攻撃とのたたかい、七〇年代の党躍進と保守陣営からの巻き返し、社会党の右転落、ソ連・東欧の崩壊とそれを利用しての国際的な反共大合唱、それをのりこえての前進、さらに小選挙区制と共産党締め出しの「二大政党」とのたたかいなど、予期もしなかった波乱と激動を体験してきました。そしていま、集団的自衛権の容認、憲法の事実上の破壊という安倍政権の暴走によって、日本は外国で戦争する国に変質させられるのか、それとも憲法を守り、その原理に立つ平和外交による新しい国際秩序と国づくりの道を切り開くのか、歴史的な岐路に立たされています。安倍政権の暴走にたちむかう実質上唯一の政党である日本共産党が、広範な国民とともにになう責任はいよいよ大きくなっていると痛感する毎日です。本書がそのために少しでも役立てばと願う次第です。

収録論文のいくつかについて若干の注釈をしておきます。

第一章の「靖国派は日本をどこへ導くか」は、第一次安倍政権の成立時に書いたものですが、内容的にはいまも通用すると考えました。

第二章の「現代市民主義の展開と限界」は、六〇年代〜七〇年代にかけての市民運動の勃興、とりわけ小田実氏と「べ平連」運動に並々ならぬ関心をいだいた当時の私が、尊敬する上田耕一郎氏が書かれた「日本型プラグマチズム変質の限界」(『文化評論』一九六二年六・七・八月号)にも触発され、その続編をと自負して書いたものです。

小田氏がこれを読んだのが一因となって、日本共産党とコンタクトをとる気になった、と人伝てに聞いた記憶がありますが、氏が亡くなったいま確認するすべはありません。「傍観者の転倒した論理と変節の美化」は、当時精魂を傾けて書いたもので、土井洋彦、山口富男氏との共著『変革の立場と傍観者の論理』(新日本出版社)に収録されていますが、刊行から二〇年を経ていることもあり、本書に改めて収録しました。

第三章に、不破哲三氏の『レーニンと「資本論」』(新日本出版社)について書いた二つの論考を収録しました。不破氏のマルクス、エンゲルス研究、レーニン研究は、歴史のなかで古典を読むという方法による前人未踏の貴重な探求であり、理論的にも実践的にも画期的な意義をもつものと考え、もっともっと光をあて、広く学び研究するに値すると常々感じてきました。そのための刺激にすこしでもなればと考えた次第です。とりあげたのは、私がかかわってきたレーニンの哲学に関する巻と、中国、ベトナムなどの試行をみるうえでも、日本における未来社会の展望にも直結するネップ(新経済政策)を中心に論じた巻にかぎられますが、マルクス、エンゲルスはもとよりレーニンについても、不破氏の仕事が広範囲にわたり、どの分野でも驚くべき成果をあげていることは、近年におけるマルクスの革命論の研究をあげるだけで十分でしょう。

なお、執筆から時間を経過しているもののなかには、情勢のとらえ方などいまからみると一面的なところや、「左」をよそおった反共分裂主義者に「トロツキスト」という呼称を使っているなど不適切な用語も含まれています。そのままにしましたので、読者が適切に正して読んでほしいと思います。最後に、本書の装丁を引き受けてくれた娘の涼子と光陽出版社のみなさんに謝意を記しておきます。

足立正恒（あだち　せいこう）
1938年生れ。日本共産党名誉役員。
「しんぶん赤旗」編集委員、論説委員会責任者、党学習･教育局次長、理論・政治誌『前衛』編集長、党学術・文化委員会責任者、中央委員を歴任。
著書『唯物論と弁証法』(新日本出版社)、『現代の反動思想と観念論』(同)、『エンゲルス　フォイエルバッハ論』(学習の友社)、共著『変革の立場と傍観者の論理』(新日本出版社) 他。

変革の思想と論理　歴史認識と科学的社会主義

2015年3月3日　第1刷発行

著者　足立正恒
発行者　明石康徳
発行所　光陽出版社
〒162-0811　東京都新宿区築地町8番地
Tel 03-3268-7899　Fax 03-3235-0710
印刷所　株式会社光陽メディア

ISBN978-4-87662-581-9 C0031